国家自然科学基金项目“基于复杂系统建康管理的能源
方法研究”（项目编号：71971175）

经管文库·管理类

前沿·学术·经典

# 可持续运行：面向能源互联网的综合管理优化

SUSTAINABLE OPERATION: INTEGRATED MANAGEMENT OPTIMIZATION FOR ENERGY INTERNET

徐 雷 著

**图书在版编目（CIP）数据**

可持续运行：面向能源互联网的综合管理优化/徐雷著．--北京：经济管理出版社，2023.12

ISBN 978-7-5096-9522-7

Ⅰ.①可… Ⅱ.①徐… Ⅲ.①互联网络-应用-能源发展-研究-中国 Ⅳ.①F426.2-39

中国国家版本馆 CIP 数据核字（2023）第 241215 号

组稿编辑：白　毅
责任编辑：白　毅
责任印制：许　艳
责任校对：王淑卿

出版发行：经济管理出版社
（北京市海淀区北蜂窝 8 号中雅大厦 A 座 11 层　100038）
网　址：www.E-mp.com.cn
电　话：（010）51915602
印　刷：唐山玺诚印务有限公司
经　销：新华书店
开　本：720mm×1000mm/16
印　张：16
字　数：310 千字
版　次：2024 年 9 月第 1 版　2024 年 9 月第 1 次印刷
书　号：ISBN 978-7-5096-9522-7
定　价：98.00 元

# 目　录

# 第 1 章 绪论

## 1.1 能源互联网运行管理的研究背景

历经四十余载的改革开放，我国业已发展成为世界第二大经济体和最大的发展中国家。高速的增长在很大程度上是以煤为主的大量高碳能源驱动的，伴随严重的环境污染问题，且能源需求还将持续提升。同时，我国面临“富煤、贫油、少气”的现实情况，石化能源对外依存度过高、能源品种之间耦合度与协调性不强，使能源安全成为紧迫问题，也对我国能源工业提出了新要求[1]。经济社会发展与传统能源结构不可持续的矛盾加剧，催生了新型能源结构与供给方式[2]。2004 年，《经济学人》发表 *Building the Energy Internet*[3] 一文，首次提出建设能源互联网。2011 年，《第三次工业革命》[4] 一书将能源互联网作为第三次工业革命的重要标志，能源互联网开始在世界范围引起关注。美国的可再生能源电力能源转换与管理（FREEDM）项目、欧洲的能源互联网（Internet of Energy）体系、日本的新一代能源和社会体系示范计划等，都是近年来发达经济体对能源互联网的积极探索[5]。2015 年，我国提出“探讨构建全球能源互联网”的倡议。2016 年，全球能源互联网发展合作组织成立，成为首个由中国发起成立的能源国际组织。中国能源互联网建设已成为全球能源互联网的一个重要示范。

在党的十八大报告提出“推动能源生产和消费革命”后，习近平总书记在党的二十大报告中指出，要“深入推进能源革命”，为我国在高质量发展中确保能源安全，指明了前进方向，提出了一系列新要求。国家“十三五”规划中也明确提出“建设‘源—网—荷—储’协调发展、集成互补的能源互联网”[6]。能源互联网主要指利用互联网的开放对等理念与体系架构，以电力系统为核心平台、以可再生能源接入为主，形成多能耦合的综合能源系统[7]，并通过综合利用大数据、云计算等互联网技术，促进能源与信息融合，构建信息驱动、实时监测、智能管理的新型能源体系。作为新一代能源系统的实现形式与产业形态，能源互联网创新推进能源供给侧改革、提高工业企业能源配置效率，优化能源结构并解决能源短缺、环境污染等问题，保障国家能源安全[8~9]，已成为学术界和产业界新的研究热点。《国家中长期科学和技术发展规划纲要（2006—2020 年）》[10]强调了在信息和能源等前沿领域推动多学科交叉集成。国家发改委联合国家能源局发布《能源生产和消费革命战略（2016—2030）》[11]，三部联合发布《发展改革委　能源局　工业和信息化部　关于推进“互联网+”智慧能源发展的指导意见》[12]。“973 计划”和“863 计划”也先后将重大系统可靠性及性能管理作为重要支持方向。因此，建设可靠、高效运行的能源互联网是推动我国能源革命的必然选择，也为共同应对新工业革命与经济社会可持续发展提供有力支撑，具有重要的现实价值和战略意义。

作为典型开放的复杂巨系统，能源互联网规模庞大且耗资颇多，较一般复杂系统对可靠性的要求更为苛刻，一旦发生故障或失效事故，易造成重大经济损失乃至严重社会影响。然而能源互联网所采用的互联网架构的最大问题是其发展之初相关顶层设计不够，系统规模化发展后的运行可靠性成为制约因素，使可靠性成为互联网架构成功应用于能源系统的关键。因此，要对能源互联网可靠性进行及时有效的评价，从战略高度认识可靠性评价介于系统分析后期与决策分析前期中的中枢地位。从系统全寿命周期角度看，可靠性评价分为设计阶段评价和运行阶段评价。传统的设计可靠性评价以同一类型样本进行统计分析来推断该类总体的静态可靠性，而运行可靠性评价针对单个特定系统进行动态判断[13]。加之能源互联网系统设备本身的设计可靠性很高，但其运行环境变化及系统动态行为明显，如雷、雨、雪等天气因素会加大系统故障概率，这都凸显出能源互联网运行管理的基础性、关键性和紧迫性。组成能源互联网的微电网、分布式能源等基本能量自治单元，使其具有大量交互成分，状态变量众多、非线性特征突出，不能通过全部局部特性来刻画系统整体的特性，因而其运行可靠性评价必然是多维度的综合评价[14]。理论上，运行可靠性评价主要依据故障数据，而高设计可靠性决定了能源互联网往往只有微小故障或性能下降数据，典型的小样本问题使其运行可靠性综合评价也必须采用综合化的方法进行。由此，能源互联网运行可靠性综合评价即包括评价维度以及评价方法两方面的综合，亟须引入综合系统健康管理（Integrated System Health Management，ISHM）作为能源互联网运行可靠性综合评价方法研究的综合化基础与技术支撑。ISHM 概念是在 21 世纪初由 NASA 的系统健康监测项目、美国国防部尖端复杂装备运维管理项目演化形成的[15]。现已逐步集成针对复杂系统的信息融合、评价诊断、预测及决策支持等体系化能力，并从初期的航天军工领域延伸到经济社会更广泛领域的复杂系统可靠性管理过程中[16]。综合利用系统健康状态监测信息，建立参数、系统状态和可靠性之间的联系，可将系统健康管理的先进方法体系同运行可靠性评价有机衔接，进而展开基于复杂系统健康管理的能源互联网运行可靠性综合评价方法研究。

能源互联网本质上是物质、能量与信息高度耦合的全新复杂系统，表现出多尺度动态性和复杂网络特性，加之能源互联网系统反馈结构复杂、设备数量众多、建设改造频繁、庞大数据量形成高度信息化环境下的多元大数据特征，使其具有更广阔的开放性和更大的系统复杂性[17]。此外，在可再生能源的高渗透率下，大量接入的风能、太阳能等可再生能源带来了更大的非线性和不确定性。简单依据单方面指标统计、依靠专家经验定性评价已不能满足能源互联网科学化管理的需要。针对能源互联网运行可靠性，既要从整体上得到评价结果，又要从关键节点上得到细致量化指标。如何科学地获取完整、系统、宏观和微观兼顾、定性与定量相结合的综合评价结果，是一项十分重要并具有挑战性的工作。可见，能源互联网运行可靠性综合评价是一项复杂系统工程，其综合评价的理论与方法体系也亟待确立[7]。因此，能源互联网运行管理是一项复杂系统工程，要在分析能源互联网体系架构和运行特征基础上，系统研究能源互联网运行管理问题，通过对电力充裕度、需求侧响应、动态经济调度、多能耦合与协同优化控制、能源市场运行机制，以及极端事件下的能源保障等体系化的研究，保障能源系统与设施安全高效运作，提升系统建设和运行的可靠性及经济性，并进一步支持系统规划、运行优化及改造建设等方案的制定。

本书以复杂系统健康管理为基础，研究能源互联网如何科学、系统地实现运行管理，这是全面提升能源互联网建设、运行和管理水平的一项重要工作，也是当前我国经济社会转型和国力提升关键时期需要研究的问题之一[9]。对于促进能源互联网综合管理、系统维护及可靠性管理系列标准的体系化建立，增进复杂系统管理科学化与提升能源系统运行管理水平，乃至保障能源安全与实现低碳可持续发展均具有重要的理论价值和实践意义。一方面，能源互联网运行可靠性和经济性面临诸多新挑战，开展本项研究有助于推动复杂系统综合评价理论与方法的发展，拓宽综合系统健康管理相关理论的研究和应用领域。另一方面，能源系统装备的可靠性与智能化也是实现中国制造业发展目标的前提。通过运行可靠性综合评价研究促进能源系统设计与制造水平提升，从而促进能源装备行业两化融合、智能制造。由于本书研究更贴合能源互联网实际建模，使综合评价方法可以为能源系统运行管理的实际问题提供解决思路，并能应用于具有复杂网络特征的更广泛的复杂系统综合评价过程中，也为行业企业、研究机构及政府部门进行相关的科学决策与政策制定提供参考。

## 1.2 国内外研究现状与发展动态分析

针对能源互联网运行可靠性综合评价，与本书主题直接相关有能源互联网及其可靠运行和复杂系统健康管理相关研究。以下将从这两个方面论述与本书研究内容相关的新近研究进展。

### 1.2.1 能源互联网及其可靠运行相关研究

目前各国学术界和工业界对能源互联网定义及总体架构的侧重各有不同，综述已有文献有利于博采众长，开阔研究视野，并探索符合我国能源互联网实际的研究路径。Huang 等[18] 针对可再生能源消纳问题，开展了未来可再生能源电力能源转换与管理项目研究，首次提出能源互联网系统的主要架构和特征。在此基础上，美国国家可再生能源实验室进一步开展了名为“能源网络集成”的大型研究[19]。欧洲主导的能源互联网项目源自德国的信息能源技术支持项目，其在多能系统互联尤其是电力和天然气网络耦合方面，也进行了诸多研究与实践[20]。日本启动的“新一代能源和社会体系示范计划”提出了面向能源互联网的能源部署和管理构想[21]。我国在推进国内能源互联网研究与建设的同时，也在积极推广全球能源互联网理念。Yang 等[22] 对全球能源互联网的发展进行了阶段划分。Wang[23] 系统梳理了能源互联网系统的关键技术。Wang 等[24] 对能源互联网的架构、方法和新兴技术进行了全面的审视和分析。可见，能源互联网已受到各国政府和研究机构的高度重视，能源互联网理念与技术也已在国内外引发关注，从能源互联网的基本概念及形态、发展模式与路径、框架和关键技术等方面展开广泛研究。相关研究表明，除社会经济、资源及技术条件外，信息物理融合也是能源互联网综合评价的基础和关键问题之一[25]。能源生产领域信息物理融

合的有关研究主要关注安全生产、提高能源生产效率。Xie 等[26] 针对未来用于能源互联网分布式传感和控制的信息物理系统进行了初步建模。清华大学电力系统国家重点实验室联合美国阿贡国家实验室，提出了一种电力系统信息物理融合建模与综合安全评估的构想及展望[27]。Sani 等[28] 提出基于物联网的能源互联网信息物理安全框架，探析能源互联网系统组成、数据和事件的安全性与可靠性，并将能源互联网信息融合机制确立为其可靠性研究亟待跟进的重要方向。

能源互联网相关研究已在系统概念和框架、建模与仿真、规划与运行控制、经济性分析与优化等方面取得了初步的成果[29~34]。然而，作为系统规划与运行的基础，针对能源互联网可靠性评价的相关研究仍处于起步阶段，尚缺乏具有系统性和可操作性的理论与方法框架。电力系统作为能源互联网的核心，其可靠性评估研究可追溯至 1960 年。Billinton[35] 首次讨论了发输电系统的可靠性评价问题。此后，历经数十年的深入研究和实践，电力系统可靠性评价已经逐渐成为综合数学模型、概率与随机过程、计算机优化与数值计算等多个领域的系统性理论问题，并针对不同的评价主体，发展出了一系列评价方法和相应指标[36~37]。同时，相较于传统的可靠性评价方法，实时的运行可靠性评价研究尚属新生事物。Kim 和 Kolarik[38] 首次提出实时条件可靠性的概念后，之后几十年的研究过程中形成了以性能退化分析方法为主的实时运行可靠性评价方法[39]，其研究重点涉及如何将间接数据转换为支持运行可靠性评价的数据，并通过随机过程描述可靠性或性能变化[40~41]。

一些学者开始将传统的可靠性评价方法结合决策模型应用于能源互联网领域，并对能源互联网可靠性和风险评价问题进行了初步的探讨，且取得了积极进展。Lund 等[42] 系统评价了能源互联网运行的灵活性措施，以实现高水平的可再生能源电力生产。Sun 等[43] 提出了一种新的基于能量函数的能源互联网系统稳定性评估和非线性控制方法。还有文献[44] 针对能源互联网的微网能量单元，讨论了基于储能多状态模型的可靠性评价算法。Wei 等[45] 介绍了能源互联网近期的研究进展，建立了新的能源互联网安全风险评估框架。但已有研究主要围绕静态的设计可靠性或是局部的可靠性评价问题，还未充分考虑系统运行阶段以及整体的可靠性评价，不能针对能源互联网运行可靠性评价问题进行直接简单套用。能源互联网的运行可靠性评价相关研究仍比较少见，结合系统组成、运行特征和状态演化机理分析的可靠性建模问题亟待解决。而囊括指数分布的 Weibull 分布能真实地反映系统设备寿命，在可靠性建模方面逐渐受到研究人员的青睐。围绕 Weibull 分布参数估计[46]、可靠性模型及其应用，学术界已展开了大量研究工作[47~48]。但采用分布假设的局限性仍然突出，在可靠性建模前需要对数据进行假设与检验，这样才能获得所服从的分布函数类型与参数。针对能源互联网运行可靠性评价的特点，提出系统运行可靠性建模新理论，全面突破指数分布假设的局限性，使之更加符合工程实际，成为当前能源互联网运行可靠性评价研究的当务之急。

从目前研究情况来看，可再生能源大规模接入对能源互联网运行可靠性评价提出了严峻挑战。多种因素不确定性条件下的评价效果仍不理想，缺乏对能源互联网内多种能源形式和众多节点造成系统整体评价误差的有效应对，这也影响了评价的有效性和系统安全裕度[49]。此外，接入大量分布式电源的能源互联网同时具备发电和配电双重属性，使其可靠性评价关注的重点以及研究方法均与传统能源系统可靠性评价存在差异。含分布式电源的微电网可靠性评价方法，为能源互联网可靠性评估研究提供了有益的借鉴和参考[50~51]。新近的研究表明，状态稳定性评价在能源互联网可靠性评价中开始受到关注[52~53] 由于对系统状态仍缺乏充分的估计和判断，传统的直观性能退化及确定性评价理论已不再适用于能源互联网，实时动态的运行状态及可靠性评价问题尚待深入探讨。同时，能源互联网有较完善的状态监测系统来采集监测信息，这些状态数据以系统状态为载体，是系统健康管理的重要输入数据，同时也反映了运行可靠性信息。目前越来越多研究开始通过状态监测信息描述复杂系统的运行可靠性[53]。

### 1.2.2 复杂系统健康管理的相关研究

复杂系统健康管理相关研究目前已从探索阶段发展到了理论和方法深化并结合实际应用阶段，涉及航空航天、电力电子、机械交通等多领域复杂系统[54~55]。相关理论与方法的新近研究主要集中在信息融合、可靠性与状态评估、故障诊断、预测与决策等方面[15]，并取得了一些重要的成果。其中，信息融合是综合系统健康管理的关键步骤。Cheng 等[56] 指出，信息融合对于复杂系统健康管理的高质量信息获取，乃至及时有效的预测与决策越来越重要。Zhang 和 Ji[57] 表明，基于传感器选择的主动信息融合能有效地提高信息融合的准确性、经济性和及时性，弱化复杂系统健康管理应用中的复杂性与不确定性。Lin 等[58] 系统研究了面向复杂系统的大数据与知识融合策略，为后续基于信息融合的综合系统健康管理相关问题的研究作了理论上的探索与展望。

对于复杂系统健康管理体系中的状态评价问题，学者从不同角度进行了探讨[59]，在能源复杂系统领域有重要进展。Vasquez-Arnez 等[60] 对孤岛运行中出现故障的微电网进行了状态评估。Medeiros 等[61] 系统地梳理并提出了评估微电网中与运行条件相关的可靠性指标。这些探索性研究将引导可再生能源大规模接入条件下的能源互联网综合评价研究进一步深化，其所采用的模型和方法也在从单一方式向借助信息融合等技术的多样化组合化发展。Tu 等[53] 提出了基于数据的能源互联网快速状态估计方法。Xiong 等[62] 拓展了前人的研究机制，提出一种基于双尺度粒子滤波的状态评价算法。针对能源复杂系统，Nasle[63] 提出了一个用于智能能量监测和电力网络管理的实时预测系统。Cacciato 等[64] 基于实时模型进行了储能系统状态评价。目前对于如何更好地提升系统健康管理的状态评价效果，并在实践中支持系统全方位、整体性的可靠性管理过程的研究，仍处于探索阶段。评价模型还存在对多维复杂系统的适用性不强、仍具有较大不确定性、缺少结合系统运行上下游环节的综合评价等问题与不足，因而尚存很大的研究空间。同时，学术界亟待基于复杂系统健康管理及信息融合技术，发展能源互联网综合评价相关理论及方法体系。

我国相关研究始于 1999 年，中科院率先接触和跟踪了美国预测与健康管理项目涉及的理论及技术。Zhang 等[65] 总结了预测与健康管理在中国的前期发展历程以及研究探索。北京航空航天大学与美国马里兰大学合作，对复杂系统预测与健康管理研究现状进行了综述，提出了复杂系统综合健康管理的构想[66]。总体而言，我国对于复杂系统健康管理的研究从起步期进入了发展期，相关的预测与优化理论、方法及应用研究仍在深化。近年来的研究成果表明，综合系统健康管理相关研究取得了重要进展，极大地推动了相关理论的发展，也为能源互联网运行管理提供了新颖的视角和有力的支持。结合复杂系统运行可靠性和经济性的系统健康管理过程也将是复杂系统运行管理研究的重要方向之一，具有广阔的研究空间和研究价值。

综上所述，一方面，复杂系统运行及系统健康管理研究方兴未艾；另一方面，在能源互联网系统运行不确定环境下，信息融合、评价和决策等方法的研究及应用尚处于起步阶段。如何针对能源互联网运行可靠性，以及改进和拓展既有的复杂系统健康管理和运行管理理论、方法和应用成为迫切需要研究的课题。

## 1.3 本章参考文献

［1］林伯强，孙传旺，姚昕．中国经济变革与能源和环境政策——首届中国能源与环境经济学者论坛综述［J］．经济研究，2017（9）：200-205.

[2] 韩建国．能源结构调整“软着陆”的路径探析——发展煤炭清洁利用，破解能源困局，践行能源革命 [J]．管理世界，2016，269（2）：3-7.

[3] The Economist. Building the energy internet [EB/OL]. http：//www. economist. com/displaystory. cfm? story_id=2476988.

[4] Rifkin J. The third industrial revolution：How lateral power is transforming energy，the economy，and the world [M]. London：Macmillan，2011.

[5] 能源互联网研究课题组．能源互联网发展研究 [M]．北京：清华大学出版社，2017.

[6] 中华人民共和国中央人民政府．中华人民共和国国民经济和社会发展第十三个五年规划纲要 [EB/OL]. https：//www. gov. cn/xinwen/2016-03/17/content_5054992. htm.

[7] 冯庆东．能源互联网与智慧能源 [M]．北京：机械工业出版社，2015.

[8] 曹军威，孙嘉平．能源互联网与能源系统 [M]．北京：中国电力出版社，2016.

[9] 刘振亚．中国电力与能源 [M]．北京：中国电力出版社，2012.

[10] 中华人民共和国国务院．国家中长期科学和技术发展规划纲要（2006—2020 年）[EB/OL]. https：//www. gov. cn/gongbao/content/2006/content_240244. htm.

[11] 国家发改委，国家能源局．能源生产和消费革命战略（2016—2030）[EB/OL]. https：//www. gov. cn/xinwen/2017-04/25/content_5230568. htm.

[12] 发展改革委，能源局，工业和信息化部．发展改革委 能源局 工业和信息化部关于推进“互联网+”智慧能源发展的指导意见 [EB/OL]. https：//www. gov. cn/gongbao/content/2016/content_5082989. htm.

[13] Mi J.，Li Y. F.，Peng W.，et al. Reliability analysis of complex multi-state system with common cause failure based on evidential networks [J]. Reliability Engineering & System Safety，2018（174）：71-81.

[14] Liang L.，Wu J.，Cook W. D.，et al. The DEA game cross-efficiency model and its Nash equilibrium [J]. Operations Research，2008，56（5）：1278-1288.

[15] Xu J. P.，Xu L. Integrated system health management [M]. Amsterdam：Elsevier，2017.

[16] Pecht M. G. Prognostics and health management [M]. New York：Springer，2013.

[17] 查亚兵，张涛，黄卓，等．能源互联网关键技术分析 [J]．中国科

学：信息科学，2014，44（6）：702-713.

［18］ Huang A. Q.，Crow M. L.，Heydt G. T.，et al. The future renewable electric energy delivery and management（FREEDM）system：The energy internet［J］. Proceedings of the IEEE，2011，99（1）：133-148.

［19］ Federation of German Industries（BDI）. Internet of energy：ICT for energy markets of the future. BDI publication No. 439［R］. Berlin：Federation of German Industries，2008.

［20］ Liu X.，Wu J.，Jenkins N.，et al. Combined analysis of electricity and heat networks［J］. Applied Energy，2016（162）：1238-1250.

［21］ 日本产业经济省. Demonstration of a next-generation energy and social system［EB/OL］. http：//www. meti. go. jp/english/press/data/20100408_01. html.

［22］ Yang J.，Yang J.，Gao C.，et al. The division of developmental stages of the global energy Internet［EB/OL］. https：//ieeexplore. ieee. org/document/824328.

［23］ Wang X. Research the key techniques based on the energy internet system［EB/OL］. https：//doi. org/10. 1063/1. 4992941.

［24］ Wang K.，Yu J.，Yu Y.，et al. A survey on energy internet：Architecture，approach，and emerging technologies［J］. IEEE Systems Journal，2018，12（3）：2403-2416.

［25］ Song H.，Fink G. A.，Jeschke S. Security and privacy in cyber-physical systems：Foundations，principles，and applications［M］. New York：John Wiley & Sons，2017.

［26］ Xie L.，Khan U. A. Modeling of future cyber-physical energy systems for distributed sensing and control［J］. IEEE Transactions on Systems Man & Cybernetics Part A Systems & Humans，2010，40（4）：825-838.

［27］ 郭庆来，辛蜀骏，孙宏斌，等. 电力系统信息物理融合建模与综合安全评估：驱动力与研究构想［J］. 中国电机工程学报，2016，36（6）：1481-1489.

［28］ Sani A. S.，Yuan D.，Jin J.，et al. Cyber security framework for Internet of things-based energy internet［J］. Future Generation Computer Systems，2019（93）：849-859.

［29］ 栾文鹏，刘永磊，王鹏，等. 基于可信平台模块的能源互联网新型统一安全架构［J］. 吉林大学学报（工学版），2017（6）：1933-1938.

[30] Gao M., Wang K., He L. Probabilistic model checking and scheduling implementation of energy router system in energy internet for green cities [J]. IEEE Transactions on Industrial Informatics, 2018, 14 (4): 1501-1510.

[31] Sun Q., Han R., Zhang H., et al. A multi agent-based consensus algorithm for distributed coordinated control of distributed generators in the energy internet [J]. IEEE Transactions on Smart Grid, 2015, 6 (6): 3006-3019.

[32] Sun Q., Wang D., Ma D., et al. Multi-objective energy management for we-energy in Energy Internet using reinforcement learning [C]. IEEE Xplore is Temporarily Unavailable, 2017.

[33] Du L., Zhang L., Tian X. Efficient forecasting scheme and optimal delivery approach of energy for the energy internet [J]. IEEE Access, 2018 (6): 15026-15038.

[34] Zhou Z., Xiong F., Huang B., et al. Game-theoretical energy management for energy internet with big data-based renewable power forecasting [J]. IEEE Access, 2017 (5): 5731-5746.

[35] Billinton R. Composite system reliability evaluation [J]. IEEE Transactions on Power Apparatus and Systems, 1969, 88 (4): 276-281.

[36] Billinton R. Power system reliability evaluation [M]. Oxford: Taylor & Francis, 1970.

[37] Davidov S., Pantoš M. Optimization model for charging infrastructure planning with electric power system reliability check [J]. Energy, 2019 (166): 886-894.

[38] Kim Y. S., Kolarik W. J. Real-time conditional reliability prediction from on-line tool performance data [J]. The International Journal of Production Research, 1992, 30 (8): 1831-1844.

[39] Qiao H., Zhu B., Feng Q., et al. Accelerated life testing of reinforced concrete based on performance degradation and reliability modeling [EB/OL]. https://doi.org/10.1061/(ASCE) MT.1943-5533.0002225.

[40] Ruiz-Castro J. E. Markov counting and reward processes for analysing the performance of a complex system subject to random inspections [J]. Reliability Engineering & System Safety, 2016 (145): 155-168.

[41] Hekimoğlu M., Van der Laan E., Dekker R. Markov-modulated analysis of a spare parts system with random lead times and disruption risks [J]. European Journal

of Operational Research, 2018, 269 (3): 909-922.

[42] Lund P. D. , Lindgren J. , Mikkola J. , et al. Review of cnergy system flexibility measures to enable high levels of variable renewable electricity [J]. Renewable and Sustainable Energy Reviews, 2015 (45): 785-807.

[43] Sun Q. , Zhang Y. , He H. , et al. A novel energy function-based stability evaluation and nonlinear control approach for energy internet [J] . IEEE Transactions on Smart Grid, 2017, 8 (3): 1195-1210.

[44] 闫涛, 唐巍, 王越. 基于储能多状态模型的含微网配电系统可靠性评估 [J] . 电网技术, 2017, 41 (7): 2222-2228.

[45] Wei M. F. , Yang Z. N. , Zhou F. , Hou H. Discussion on risk assessment of energy internet [C]. IEEE Conference on Energy Internet and Energy System Integration (EI2), 2017.

[46] Ng H. K. T. Parameter estimation for a modified weibull distribution, for progressively type-II censored samples [J] . IEEE Transactions on Reliability, 2005, 54 (3): 374-380.

[47] Wolstenholme L. C. Reliability modelling: A statistical approach [M]. London: Routledge, 2017.

[48] Awad M. Economic allocation of reliability growth testing using weibull distributions [J] . Reliability Engineering & System Safety, 2016 (152): 273-280.

[49] Zhou K. , Yang S. , Shao Z. Energy internet: The business perspective [J] . Applied Energy, 2016 (178): 212-222.

[50] Adefarati T. , Bansal R. C. Reliability, economic and environmental analysis of a microgrid system in the presence of renewable energy resources [J] . Applied Energy, 2019 (236): 1089-1114.

[51] Wang S. , Zhang X. , Ge L. , et al. 2-D wind speed statistical model for reliability assessment of microgrid [J] . IEEE Transactions on Sustainable Energy, 2016, 7 (3): 1159-1169.

[52] Wang K. , Li H. , Feng Y. , et al. Big data analytics for system stability evaluation strategy in the energy Internet [J] . IEEE Transactions on Industrial Informatics, 2017, 13 (4): 1969-1978.

[53] Tu C. , He X. , Liu X. , et al. Resilient and fast state estimation for energy internet: A data-based approach [J] . IEEE Transactions on Industrial Informatics,

2019, 15 (5): 2969-2979.

[54] Kothamasu R., Huang S. H., VerDuin W. H. System health monitoring and prognostics-a review of current paradigms and practices [J]. The International Journal of Advanced Manufacturing Technology, 2006 (28): 1012-1024.

[55] Pecht M. Prognostics and health management of electronics [M]. New York: John Wiley & Sons, 2008.

[56] Cheng S., Azarian M. H., Pecht M. G. Sensor systems for prognostics and health management [J]. Sensors, 2010, 10 (6): 5774-5797.

[57] Zhang Y., Ji Q. Efficient sensor selection for active information fusion [J]. IEEE Transactions on Systems, Man, and Cybernetics, Part B (Cybernetics) 2010, 40 (3): 719-728.

[58] Lin H. L., Wang Y. Z., Jia Y. T., et al. Network big data oriented knowledge fusion methods: A survey [EB/OL]. https://www.researchgate.net.

[59] Zhou K., Fu C., Yang S. Big data driven smart energy management: From big data to big insights [J]. Renewable and Sustainable Energy Reviews, 2016 (56): 215-225.

[60] Vasquez-Arnez R. L., Ramos D. S., Huayllas T. E. D. C. Overvoltage condition assessment of a microgrid due to faults occurring in the islanded mode of operation [J]. Energy and Power Engineering, 2015, 7 (11): 525.

[61] Medeiros R., Xu X., Makram E. Assessment of operating condition dependent reliability indices in microgrids [J]. Journal of Power and Energy Engineering, 2016, 4 (4): 56.

[62] Xiong R., Zhang Y., He H., et al. A double-scale, particle-filtering, energy state prediction algorithm for lithium-ion batteries [J]. IEEE Transactions on Industrial Electronics, 2018, 65 (2): 1526-1538.

[63] Nasle A. Real-time predictive systems for intelligent energy monitoring and management of electrical power networks [EB/OL]. https://www.freepatentsonline.com/y2019/0332073.html.

[64] Cacciato M., Nobile G., Scarcella G., et al. Real-time model-based estimation of SOC and SOH for energy storage systems [J]. IEEE Transactions on Power Electronics, 2017, 32 (1): 794-803.

[65] Zhang S., Kang R., He X. China's efforts in prognostics and health mana-

gement [J] . IEEE Transactions on Components and Packaging Technologies, 2008, 31 (2): 509-518.

[66] Li Y. B. , Li B. , Zhang S. Y. , Gao Y. H. The research status of complex system integrated health management system (CSIHM) architecture [C] . IEEE International Conference on Industrial Engineering and Engineering Management, 2007.

# 第2章　能源互联网运行风险的系统性分析与测度

我国目前面临着发展低碳经济和改善能源结构的双重制约，发展以可再生能源为主的能源互联网产业是中国经济和能源发展战略转型的必然趋势，是我国能源行业未来的发展方向，也是能源产业发展的新业态，将从根本上改善我国能源结构，推动传统能源产业向绿色、智慧的方向转变。建设能源互联网规模大、成本高，其自身系统的复杂和耦合特性很容易引发系统性风险，造成巨大的经济损失，甚至引发严重的社会影响。因此，为达成能源互联网的可持续运行，先应对其综合风险进行系统性分析和测度。

本章首先系统梳理能源互联网涉及的经济社会环境（市场和政策）、运行管理以及产业运作的三大类风险，并通过综合风险的影响因素与风险因素间的因果关系分析，建立了能源互联网运行综合风险的系统动力学测度模型。结合实证案例，分析了不同情形下运行风险的演化，为高效管控能源互联网运行提供了理论支持。结果表明，能源互联网运行风险总体呈现反浴盆曲线的变动趋势，其最终风险略高于初始风险，且运行管理风险和产业运作风险是影响能源互联网综合风险的主要因素，经济社会环境风险相对较小。

## 2.1　能源互联网运行风险相关研究进展

目前，能源互联网运行风险的相关研究主要分为两方面：能源互联网产业相关研究和能源互联网系统运行风险研究。

### 2.1.1 能源互联网产业相关研究

在能源互联网市场形成初期，学者们主要围绕能源互联网产业进行研究，研究范围主要涉及商业模式、市场机制、效益评估、资源配置和产业优化等宏观层面。张世尧等[1] 借助互联网思维分析了能源互联网的商业模式和市场机制，认为能源互联网的商业模式应从价值创造、信息增值、业务革新与效益挖掘四方面来实现，而市场机制应靠能量耦合、价格耦合与衍生交易来支撑。董瑞彪等[2] 基于 IES 价值分析，提出了一种能源互联网运营商定价的方法。首先量化出能源互联网 IES 的价值增量（相对于传统能源系统）。其次按比例将价值增量配额给运营商与客户。最后按照不同需求确定不同定价方法和商业模式。姜华彪等[3] 借鉴传统能源行业的商业模式，从产品、客户、供应链与收益形式出发探究了能源互联网的商业模式，并借鉴大数据和互联网金融模式，衍生出以 B2B 模式、C2C 模式与第三方平台模式为主的能源互联网商业模式的拓展模型。刘正阳等[4] 从价值网络重构视角出发分析了能源互联网的商业模式创新，并使用商业模式冰山理论和 CET@ I 方法论对能源互联网的商业模式创新进行了集成分析，证实了隐性知识对商业模式创新意义重大。刘敦楠等[5] 借助信息经济学原理分析了能源互联网产业，他们认为，能源互联网的介入增加了传统能源行业的信息透明度与充分度，从而改善了能源市场的资源配置。其次预测了能源互联网的商业模式相对于传统能源交易的发展趋势。最后还构想了能源互联网未来的商业模式，并给出了商业模式与市场机制的发展建议。杨锦春等[6] 从理论分析和实际案例两方面探究了能源互联网对经济运行核心资源配置及产业优化的影响。从能源供给主体、能源时空转移、信息优势和能源结构转变四方面出发探讨了能源互联网对资源配置的具体影响，并从技术创新、高技术产业属性出发探讨了其对产业优化的影响。韩旭等[7] 分析了能源互联网下微网运营管理所面临的机遇与挑战。从低市场和管制市场两阶段出发，分别提出了相应的运营管理水平评价和运营激励政策体系，从而有针对性地优化了微网运营管理。欧阳邵杰等[8] 首先基于能源互联网架构与特征，描述了能源互联网市场体系与层级演化过程；其次从时间和空间维度提出了面向能源互联网电力系统的规划方法与运营模式；最后评价了面向能源互联网电力系统规划的综合效益。Liu 等[9] 提出了一种基于区间优化的能源互联网规划策略，优化了区域能源互联网的成本区间，并使用规划策略找出了最优配置。Liu 等[10] 在系统分析欧洲互联电网现状及其发展历史的基础上，总结了欧洲电网的四个关键发展阶段，并基于此对我国能源互联网发展和建设提出了相应建议。Lin 等[11] 通过构建的混合整数线性规划模型来优化社区能源互联网的能源共享。Jiang 等[12] 在解释了能源互联网与城市可持续发展概念的基础上，使用案例证实了能源互联网能有效地提升能源效率和保护环境，对城市可持续发展具有良好的经济社会效益。Wang 等[13] 提出了一种新颖的方法来解决能源互联网的设计问题，该方法主要包括分布式能源系统的帕累托多目标优化、双层分布式能源系统配置和网格设计，这些方法有助于从能源互联网中选取出双层分布式能源系统与网格设计的最佳组合，与单独优化相比，该法可降低总成本60%。Yang 等[14] 利用系统动力学建立了区域能源互联网二氧化碳排放的动态评价模型，并使用案例证实了能源互联网在减排方面具有良好的长效性，尤其在供电方减排方面最为明显。Li 等[15] 利用中国 2018~2019 年的空气质量指数数据进行了准自然实验，以此来评估能源互联网示范项目对中国空气质量的影响，结果证实，能源互联网示范项目能改善特定区域的空气质量，我国应继续大力推进能源互联网建设。

### 2.1.2 能源互联网系统运行风险研究

围绕能源互联网运行风险问题，学者们也做了大量研究，主要包括不同视角下的能源互联网运行风险研究、能源互联网重要子系统风险研究。相关的研究也是从风险因素识别到风险评价，再到风险管控不断迈进。

#### 2.1.2.1 不同视角下的能源互联网运行风险研究

不少学者从不同视角探讨能源互联网运行风险，为后续研究的深入提供了诸多有益的借鉴。刘晓明等[16] 基于能源互联网的研究现状，指出能源互联网面临着多能源系统耦合、能源储存、能源网络联合规划以及信息物理系统耦合等风险。马原等[17] 利用系统动力学模型分析了能源互联网下波动性能源风险扰动过程中的风险因素，将其划分为人为风险、设备风险、环境风险和信息流风险四大类。李红亮等[18] 从能源互联网能源效率与经济效率视角出发，系统识别了能源互联网项目的风险因素，结合项目与 DEA 模型特点建立了风险评估指标体系，并使用灵敏性找出了对能源、经济效率影响最大的风险指标，相对应地给出了优化项目的政策建议。张向宏等[19] 从保障能源互联网安全出发，提出了一种由物理安全、供应链安全与数据能量安全组成的能源互联网安全防护体系，并结合防护体系组成为防护体系建设提出了相应建议。丁茂生[20] 等总结了信息物理融合下能源互联网可靠性研究的相关理论与方法，将能源互联网可靠性评估模型分为物理侧元件、信息侧元件和事件模型三类。不少研究将传统电力系统可靠性指标

拓展为广义能源系统可靠性指标来使用，探索了能源互联网信息物理融合系统对社会、经济、环境等方面的风险影响。许多学者也着重研究能源互联网受到的安全攻击风险，如拒绝服务攻击（Dos）[21]、虚假数据攻击[22] 和数据完整性攻击[23]。Deng 等[24] 和 Wang 等[25] 也只解决了能源互联网数据遭到攻击时面临的安全问题，并未考虑其他因素对能源互联网的影响。Sani 等[26] 提出了一个网络安全框架来解决能源互联网中的能源管理风险和网络安全，但该框架并未考虑物理环境和设备可靠性对能源互联网的影响。张馨[27] 从国家、企业和项目三个层面识别出了能源互联网项目中电网投资的 27 个风险因素，分别涉及政治、经济、政策、运行、财务、管理、技术以及市场风险，并评估了能源互联网中的电网投资风险。丁一等[28] 将物理层面的能源互联网风险评估研究现状划分为原件可靠性建模、综合能源系统健壮性评价以及系统耦合风险评估三部分，并分别综述了各部分的研究现状。江艺宝等[29] 又从信息及市场层面归纳了能源互联网风险评估的研究现状，将其划分为能源系统与信息物理系统耦合风险评价、市场环境风险测度和信息及市场耦合风险评估三部分，并分别综述了各部分的研究现状。

#### 2.1.2.2 能源互联网重要子系统风险研究

从能源互联网概念及其架构可知，能源互联网包含两个极其重要的子系统：一是能源供应基础综合能源系统，二是实现手段信息物理融合系统。国内外学者主要从信息侧、能源侧出发分析信息物理融合系统的风险，如信息侧的信息价值损失、故障跨空间传播、安全漏洞，能源侧的元件失效、负载过高等风险。李存斌等[30] 针对能源互联网电力信息融合系统的风险传递，提出了电力信息系统构建方法、连锁故障的跨空间传播和电力信息融合系统脆弱性评价三个研究方向，并借助风险元理论构建了研究方向的三维架构，为研究能源互联网电力信息交互与风险传递等问题提供了思路。孙润波等[31] 深度剖析了能源互联网下信息物理融合系统的架构，将该架构划分为信息空间和物理空间。基于信息空间和物理空间特征建立了拓扑模型，进而建立了能源互联网信息物理融合系统跨空间传播模型，为今后研究能源互联网信息物理融合系统跨空间风险传递提供了参考。李小鹏等[32] 首先从拓扑结构、交互风险和系统运行等层面识别了能源互联网电力信息融合系统的动态风险与传递仿真。其次从环境影响、元件故障、适应性减弱等方面建立电力 CPS 运行风险体系。杨至元等[33] 在综述信息物理融合系统安全分析技术的基础上，归纳了信息物理融合系统所面临的各类网络威胁，并讨论了信息物理融合下系统所面临的安全漏洞与网络攻击等网络威胁风险。赵丹丹等[34] 基于信息物理融合系统在区块链环境下的特点，探讨了信息物理融合系统的级联失效风险，并使用仿真实验分析了失效风险的主要影响因子。侯栋宸等[35] 使用变权模糊层次分析法从电力侧、信息侧和安全漏洞属性三方面对配电信息物理融合系统进行了风险评估，除常规的能源侧风险因素外，提出了信息价值损失和安全漏洞等信息侧风险因素，并基于改进图理论构建了风险传播模型，实现了对故障跨空间传播下配电网信息物理融合系统的风险测度。蓝水岚等[36] 提出了一种混合整数非线性规划模型来分析协同攻击下信息攻击和物理攻击对信息物理融合系统的风险影响。徐丙凤等[37] 提出了一种基于状态事件故障树的信息物理融合系统风险模型，探究了信息设备故障、安全漏洞等信息管理风险对信息物理融合系统的影响。李存斌等[38] 使用复杂网络与风险传递理论从拓扑层面研究了能源互联网信息物理融合系统故障跨空间风险传播现象，并分析了其风险影响。何宜倩等[39] 系统分析了静态风险节点失效和动态信息传输失效对信息物理融合系统的风险影响，并分别给出了相应的应对之策。Akhuseyinoglu 等[40] 提出了一种访问控制框架来解决与信息物理融合系统相关的安全问题，如网络和物理元件间的集成与交互。Yaacoub 等[41]、Othman 等[42] 和 Alguliyev 等[43] 都基于信息物理融合系统体系结构，对研究信息物理融合系统风险和安全性的现有文献进行了解析与分类，指出信息物理融合系统中信息系统面临着信息机密性、完整性、可用性等安全威胁。侯栋宸等[35] 通过信息系统所面临的安全威胁度量了信息价值损失，并以此作为信息物理融合系统风险的评价指标。

与信息物理融合系统风险研究不同，学者们对综合能源系统的研究主要集中在系统可靠性方面，主要涉及系统可靠性指标识别与可靠性评估。陈柏森等[44] 在分析综合能源系统结构与系统间耦合关系的基础上，从能源、装置、能量单元和用户端四方面评估了区域综合能源系统的可靠性水平，并从提高可靠性角度给出了相应建议。吕佳炜等[45] 通过指标供能可靠性和平均中断时间计算了不同运行方式下综合能源系统的可靠性。张弛等[46] 首先使用粒子群—内点混合优化算法评价了区域综合能源系统的可靠性，其次给出了计算可靠性指标负荷损失与网络综合损耗的优化算法，最后简析了指标可再生能源渗透率对系统可靠性的影响。陈娟伟等[47] 系统分析了综合能源系统中影响供电可靠性的因子，并使用平均停电时间、平均停电频率、用户平均停电时间和平均供电可用率等指标评估了供电可靠性。李更丰等[48] 结合国内外综合能源系统可靠性研究现状，归纳了系统运行可靠性评估研究现状，并给出了测度混合驱动综合能源系统运行可靠性的思路。由综述内容可知，大多系统可靠性还是主要通过设备故障率、平均故障停电时间等基础性指标来度量。路红池等[49] 使用时序蒙特卡洛模拟法评价了需求响应下的综合能源系统可靠性，并证实了减少负荷损失能显著增加系统可靠性。严超等[50] 总结了综合能源系统可靠性建模、风险建模、评估算法以及相关衡量指标的研究现状。Huai 等[51] 提出了一种用于复杂综合能源系统能源供应可靠性分析的方法。Liu 等[52]、Chen 等[53] 和 Li 等[54] 也都评估了在不同条件下综合能源系统的可靠性，但并未动态地评估综合能源系统的可靠性水平。

为了研究能源互联网综合风险，学者们做了大量的研究工作，从风险因素识别，到风险因素评估，再到风险管控。但以前的研究主要集中在从不同角度对能源互联网进行静态的风险分析和评估，抑或是分析和评估能源互联网重要子系统的风险，很少有学者从系统层面动态地评估能源互联网的风险，因此自然也忽略了系统间耦合的影响。能源互联网是一个复杂且耦合的能源网络，而系统动力学能充分反映因素间的因果关系，是一种研究复杂系统的方法，能够很好地解决风险评估中系统复杂性和动态性的问题。与传统的风险评估方法相比，系统动力学不仅可以定性与定量地研究系统结构和动态行为，而且可以充分反映风险因素的动态变化以及不同风险因素间的相互作用，从而达到全面动态地评估能源互联网运行综合风险的目的。

## 2.2　能源互联网运行风险的系统分析

### 2.2.1　风险分类

能源互联网运行所涉及风险因素众多，且大部分风险因素因系统耦合特性而与其他风险因素相互作用，部分风险因素甚至会对整个系统产生影响。能源互联网是使用信息物理融合系统（技术手段）连接多个综合能源系统的能源网络。结合前人对能源互联网架构体系与相关风险的研究，本书将能源互联网风险划分为综合能源系统可靠性风险和信息物理融合风险。回顾前文文献综述可知，能源互联网具有明显的动态特性，它所在的经济、社会或自然环境的变化也会影响系统风险。因此，本节全面系统地分析了能源互联网的风险来源，将其划分为三层：经济社会环境层、运行管理层和产业运作层。能源互联网综合风险划分如图 2-1 所示。

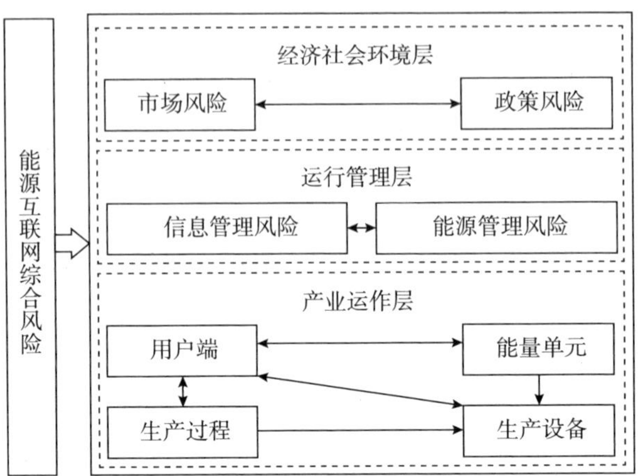


**图 2-1　能源互联网的综合风险分类**

本书在将能源互联网综合风险划分为三大类的基础上，系统分析每类风险的影响因子，建立了能源互联网综合风险评估指标体系，具体如表 2-1 所示。建立评估指标体系能更好地识别能源互联网系统中的风险因素，避免遗漏系统的风险因素。

**表 2-1　能源互联网运行风险评估指标体系**

| 一级指标 | 二级指标 | 三级指标 |
|---|---|---|
| 经济社会环境风险 | 市场风险 B1 | 竞争力 B11 |
| | | 市场增长潜力 B12 |
| | | 市场准入壁垒 B13 |
| | 政策风险 B2 | 上网电价政策 B21 |
| | | 行业政策 B22 |
| | | 行业管制 B23 |
| | | 关税政策 B24 |
| 运行管理风险 | 信息管理风险 B3 | 信息价值损失 B31 |
| | | 信息设备故障 B32 |
| | | 故障跨空间传播 B33 |
| | | 安全漏洞 B34 |
| | 能源管理风险 B4 | 关键部件故障 B41 |
| | | 能源耦合风险 B42 |
| | | 负荷损失率 B43 |

续表

| 一级指标 | 二级指标 | 三级指标 |
| --- | --- | --- |
| 产业运作风险 | 生产过程 B5 | 能源转换效率 B51 |
| | | 可再生能源渗透率 B52 |
| | | 环境污染水平 B53 |
| | | 能源经济性水平 B54 |
| | 生产设备 B6 | 设备利用率 B61 |
| | | 设备故障率 B62 |
| | | 投资运维成本 B63 |
| | | 设备使用寿命年限 B64 |
| | 能量单元 B7 | 配电网负载率 B71 |
| | | 网络综合损耗 B72 |
| | | 援建效益能力 B73 |
| | | 故障平均中断时间 B74 |
| | 用户端 B8 | 能源投资回报 B81 |
| | | 用户舒适度 B82 |
| | | 主动削峰负荷 B83 |
| | | 智能设备普及度 B84 |

### 2.2.2　因果关系分析

能源互联网运行风险相关因素众多，各风险因素间的关系错综复杂，部分与部分的关系、部分与整体的关系，这些关系的相互作用使相关风险进一步变化，且难以分析量化。要想准确地评估风险，就必须有效地解决能源互联网风险因素间相互影响的问题。因此，必须从能源互联网综合风险系统视角来理解与识别整个系统的复杂性与动态性，全面剖析风险系统中的风险因素与因果关系。而系统动力学方法完美契合了这一点，本小节将使用系统动力学系统地分析各风险因素间的因果关系。

#### 2.2.2.1　经济社会环境风险

经济社会环境风险是指运营环境的政策、市场等各方面的风险。这些风险因素的改变会使行业的生产运营受到冲击，使利润减少。我国一直在大力扶持能源产业，特别是以可再生能源为主的能源互联网产业。基于前文对经济社会环境风险的风险因素识别，将经济社会环境风险主要分为市场风险与政策风险。

市场风险指各种市场因素的不确定性对行业实现既定目标的不利影响。我国能源行业市场化程度较低、市场准入壁垒较大，且市场价格机制不完善。我国能源互联网的市场风险受外部环境因素影响较大。对于外部环境来说，市场风险主要包括市场竞争力、市场增长潜力与市场准入壁垒。具体而言，市场增长潜力主要受当前市场规模、市场需求以及市场潜力的影响。市场竞争力主要受产品竞争力的影响，且产品竞争力受竞争策略和环境竞争力影响较大。此外，能源互联网产业建设成本高、行业要求较高，因此市场准入壁垒高。

政策风险指由于政策发生变化带来的风险，包括产业相关政策与价格政策的不确定性。为了促进能源互联网发展，我国出台了不少税收减免、补贴等相关激励政策，大大减轻了行业负担。各地政府也都推出了相应的产业政策来支持能源互联网的发展，但这些政策的可实施性和不确定性也会给能源互联网产业带来相应的风险。我国大力扶持能源互联网产业，本节中的政策风险主要包括行业管制、行业政策、税收政策与上网电价政策。社会环境风险模块的因果关系图如图 2-2 所示。

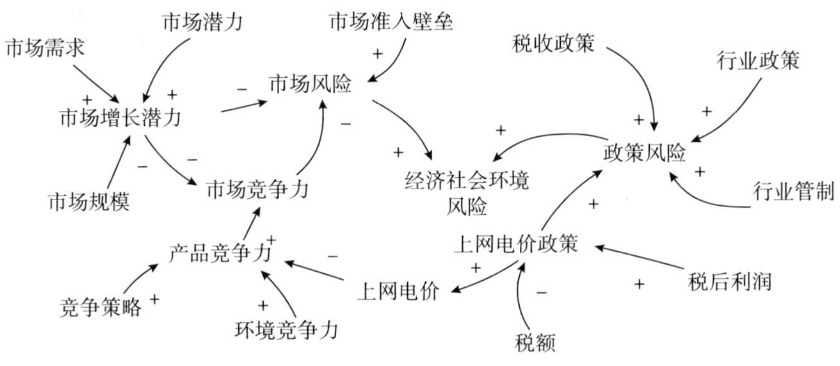


**图 2-2　经济社会环境风险模块因果循环**

### 2.2.2.2　运行管理风险

信息物理融合风险指由信息物理融合系统所引致的风险。信息物理融合作为能源互联网的技术支撑手段，实现了物理世界与信息世界的交互融合。基于前文对信息物理融合风险的风险因素识别，信息物理融合风险主要包括信息层的信息管理风险和物理层的能源管理风险。信息管理风险指因信息层变化所引致的风险，信息管理风险不仅面临着信息设备故障、网络攻击引致的安全漏洞风险，也包括信息管理不当而引起的信息价值损失和系统故障跨空间传播。具体而言，信

息设备故障主要通过故障威胁程度、影响范围与复杂程度来度量；安全漏洞风险通过漏洞准入难度和可用难度来衡量；信息价值损失的影响由信息属性信息可用性、保密性和完整性来决定。能源管理风险指因物理层（能源层）变化而引致的风险，主要包括部件失效、能源负荷损失以及能源系统间的耦合风险。信息物理融合风险模块的因果关系如图 2-3 所示。

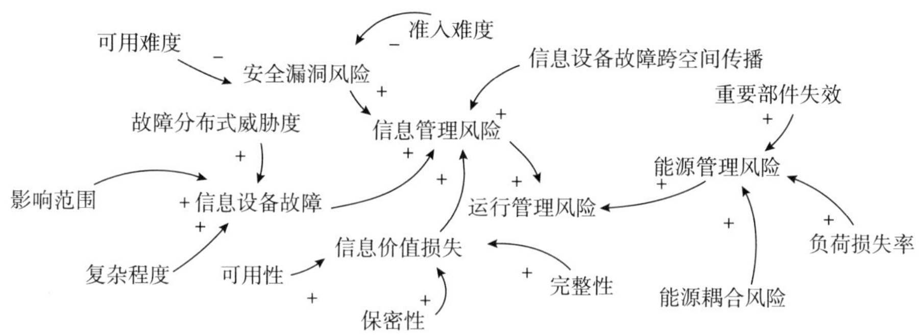


**图 2-3　运行管理风险模块因果循环**

2.2.2.3　产业运作风险

综合能源系统可靠性是对整个综合能源系统可靠性水平的描述与度量，综合能源系统可靠性风险是从系统可靠性的视角来度量其风险水平。综合能源系统作为能源互联网的物理基础，其主要由供能系统、配电网、终端用户与能源转换储存组成。本节的综合能源系统可靠性风险评估主要考量了各能源环节从规划建设到运营的各个方面，从能源生产、能源设备、能量单元和用户端四个环节来度量。能源生产环节考量了多元能源耦合、利用效率、环境影响等方面，其可靠性风险主要由能源转换效率、可再生能源渗透率、环境污染与能源经济性水平来测度。能源设备主要包括能源生产、转换与储存装置，其可靠性风险主要通过设备利用率、失效率、投资运维成本和设备使用寿命来衡量。能量单元是连接能源与用户间的桥梁，也是系统的网架核心，其可靠性风险主要使用指标配电网负载率、网络综合损耗、援建效益能力以及平均故障停电时间来度量。用户端为用户提供优质高效的能源服务，使用指标能源投资回报率、用户舒适度、主动削峰负荷和智能设备普及度来评价用户端的可靠性风险。对整个综合能源系统来说，配电网负载率会直接影响设备的使用寿命，也侧面反映了设备利用率的大小，且随着我国大力支持可再生能源发展，可再生能源渗透率不断升高，其出力增加，消纳本地负荷的能力增强，配电网负载率也会相应降低。综合能源系统可靠性风险模块的因果关系如图 2-4 所示。

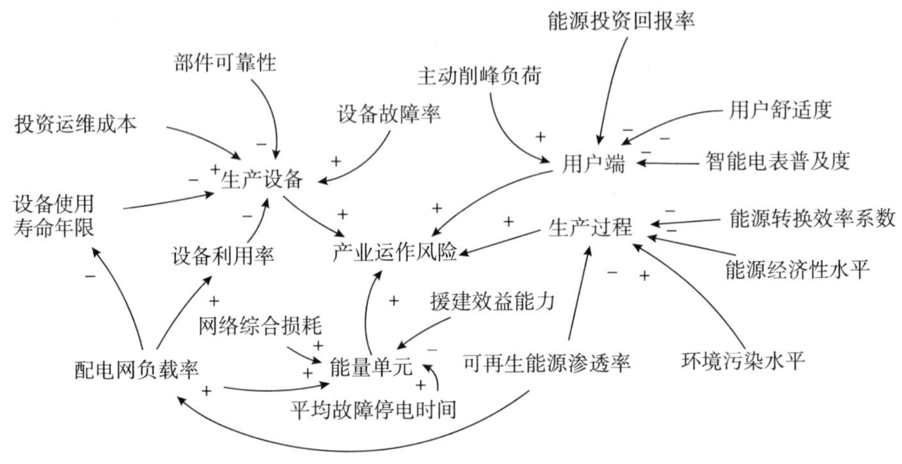


**图 2-4　产业运作风险模块因果循环**

# 2.3　基于系统动力学的分析测度方法

## 2.3.1　系统动力学及其适用性

美国福瑞斯特教授（Forrester）于 1956 年提出系统动力学方法，该方法主要用于研究与分析信息反馈系统。在系统动力学模型中，时间延迟函数和反馈回路的运用有助于分析复杂系统随时间推移的动态行为，可以通过系统动力学建模来分析系统结构、功能和行为之间的动态关系。任何系统动力学模型中都有四个基本构造块，包括存量（状态变量）、流量、转换器（辅助变量和常量）和连接器（箭头）。存量代表系统的状态，会因流入和流出过程之间的差异而造成延迟；流量是存量的变化率；转换器用于描述系统的内部信息；而箭头则反映了系统变量间的关系。系统动力学初期主要用于工业管理，通过建模来模拟变化趋势，进而发现问题。20 世纪 80 年代后，该方法进入了比较成熟的阶段，它的应用范围也逐渐扩大。目前应用的领域已经涉及投资策略、政策制定、企业规划、供应链

分析、医疗保健管理和新产品开发等各方面，该方法经过不断发展，已经较为成熟。

系统动力学的运行原理就是分析系统内多重因果反馈结构，找出各因素间的因果关系，建立因果循环图；基于因果循环图和各因素间的函数关系搭建流程图，从而将复杂系统抽象化为仿真模拟来研究系统的动态行为，以求寻找较优的系统结构或系统行为。在建模过程中，主要使用 DYNAMO 仿真语言和 Vensim 软件等实现对真实系统的仿真模拟。

如图 2-5 所示，系统动力学建模基本步骤主要包括系统分析、结构分析、建立方程、建立模型、模型模拟、模型检验和政策分析与模型使用。具体来说，系统分析部分主要涉及任务调查、问题定义和界限划定，该部分要深入分析研究系统，确定系统目标，明确系统问题，并收集相关资料。结构分析部分主要涉及反馈结构分析和变量定义，在反馈回路上确定其极性和耦合关系，明确局部系统与总体系统间的反馈机制。在系统分析和结构分析的基础上，确定各变量间的函数关系，拟合出对应的关系方程，将关系方程录入模型，从而建成系统动力学模型。建成后的系统动力学模型仍需进行模型检验，若模型输出结果不合理，需不断重复前面的步骤来修改模型，直到模型的有效性达标，有效且合理的模型也是进行下一步政策分析与模型使用的前提。

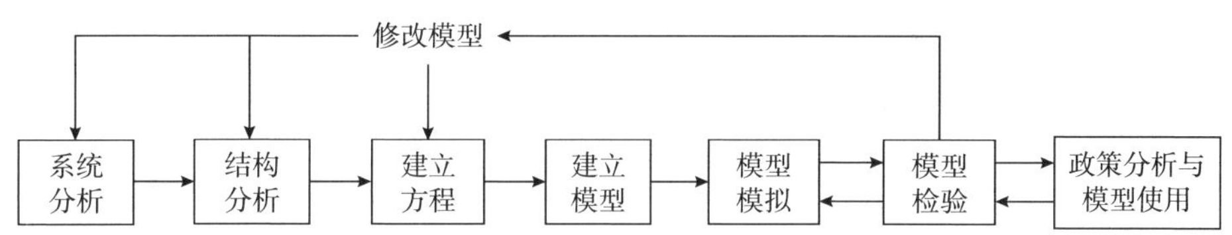


**图 2-5　系统动力学建模基本步骤**

综上可知，系统动力学是研究和管理复杂反馈系统的有效方法，本节将从以下三个方面来分析将系统动力学用于能源互联网综合风险评估的适用性问题。

首先，能源互联网是一个复杂的能源系统，风险影响因素众多，且系统中的耦合结构使风险因素间相互作用，进一步加大了系统分析综合风险的难度。此外，部分风险因素间的耦合关系难以刻画，而系统动力学能从整个能源互联网综合风险系统角度出发，深入分析系统内各风险因素间的因果关系，进一步厘清风险因素间的关联关系，从而实现对风险的有效评估，系统动力学原理也就决定了其能够用于分析复杂的能源互联网综合风险系统。

其次，能源互联网是一个动态变化的能源系统，其风险因素的影响程度也是时刻变化的。从前文能源互联网风险的文献综述可知，传统的风险分析方法大多未考虑项目整个周期中风险的动态变化，只是静态地分析了某一状态下的风险。此外，传统的风险分析方法也忽略了不同风险因素随时间推移的相互作用。只有从整个系统的视角出发，将其视作一个大的反馈系统，才能够正确地分析系统随时间推移的变化。系统动力学能将复杂系统抽象化为仿真模拟来研究系统的动态行为，能很好地体现系统局部间以及局部与整体间的动态关系，从而评估动态变化的能源互联网综合风险。

最后，与其他方法比较而言，系统动力学结合了定量分析、定性分析和综合推理，对于变量间的关系，不仅能使用线性方程刻画，也能用非线性方程刻画，这些特性都决定了其能够更好地研究复杂系统和动态系统。此外，系统动力学发展至今，将其用于风险分析的研究已趋于成熟。Liu 等[55] 使用系统动力学评估了可再生能源投资风险。复旦大学王其藩[56] 使用系统动力学来研究风险管理，并分析了将系统动力学用于风险评估的优势。越来越多的学者使用该方法进行风险相关研究，这也为本节的研究提供了理论依据。

### 2.3.2 AHP—熵权组合赋权法

使用系统动力学评估能源互联网综合风险，有两大难点：其一，识别能源互联网的风险因素以及厘清各风险因素间的因果关系。其二，完善各风险因素间的函数关系。本节将风险关系拟合为线性关系。各风险因素的风险值大小受自身风险评分与风险影响系数的影响，而风险影响系数也就是风险影响的权重系数。

权重的大小反映了指标在评价体系中的相对重要程度，指标权重越大，则该指标对评价体系的重要程度越高，反之重要程度越低，权重的大小直接反映了指标在总体系中所占的比例，所以确定指标权重尤为重要。当前，根据原始数据来源不同，指标权重的计算方法可以分为主观赋权、客观赋权和组合赋权三种方法。主观赋权法是基于专家知识经验和个人偏好等计算指标权重。尽管该法能较好地反映主观意图，却缺乏科学的计算依据。考虑到具有明显的缺点，其通常适用于数据收集困难或信息不准确的情境。主观赋权法主要包括层次分析法、主观加权法和模糊统计法等。与主观赋权法不同，客观赋权法是基于原始信息通过相关数学处理方式获得指标权重，因此，它在某种程度上避免了主观赋权法的弊端。在大多数情况下，通过该法计算出的权重准确性更高，但可能也存在着计算结果与实际情形不符且难以解释的缺陷。客观赋权法主要包括主成分分析法、多目标规划法、熵权法与离差最大化法等。而第三种组合赋权法是在前面两种方法的基础上，将二者进行集成，形成一种新的组合赋权法。该法既能有效反映主观意图，又保留了评估目标的客观特性，进而得到更合理的评估结果。本节拟选取第三种赋权法，选择 AHP-熵权组合赋权法确定风险指标权重。

2.3.2.1　AHP 方法概述

层次分析法是由美国学者萨蒂（T. L. Saaty）于 20 世纪 70 年代初提出的，是决策评价工具中最为常用的方法。AHP 工作程序的基本思路是先分层后综合。首先，将分析的问题层次化，即将问题分解为目标层、准则层和方案层的元素。其次，将每层次的元素两两比较，通过构造判断矩阵计算各元素的相应权重。最后，将计算出的相应权重进行排序，以此来确定最低层方案层中各元素的权重。层次分析法的具体步骤如下：

（1）建立判断矩阵。通过比较同一层指标的相对重要程度构造判断矩阵。若 $w_i$ 表示第 i 个指标的权重，A 为判断矩阵，则

$$AW=\begin{pmatrix} 1 & w_1/w_2 & \cdots & w_1/w_n \\ w_2/w_1 & 1 & \cdots & w_2/w_n \\ \vdots & \vdots & \ddots & \vdots \\ w_n/w_1 & w_n/w_2 & \cdots & 1 \end{pmatrix}=\begin{pmatrix} w_1 \\ w_2 \\ \vdots \\ w_n \end{pmatrix} \tag{2.1}$$

即 $(A-nI)\cdot W=0$，进而算出相应特征值与特征向量。其中，n 为指标个数，I 为单位阵，则 W 为该矩阵的特征向量，再使用 $AW=\lambda_{max}W$ 便可算出指标的对应权重 $W=[w_1, w_2, \cdots, w_n]$。

此外，我们通常会引入赋值表来衡量元素间的相对重要程度。层次分析法判断矩阵标度与含义如表 2-2 所示。

**表 2-2　层次分析法判断矩阵标度与含义**

| 序号 | 含义 | $D_{ij}$ 赋值 |
|---|---|---|
| 1 | i、j 两元素重要性相同 | 1 |
| 2 | 元素 i 比元素 j 稍微重要 | 3 |
| 3 | 元素 i 比元素 j 明显重要 | 5 |
| 4 | 元素 i 比元素 j 强烈重要 | 7 |
| 5 | 元素 i 比元素 j 极端重要 | 9 |
| 6 | 元素 i 比元素 j 稍不重要 | 1/3 |
| 7 | 元素 i 比元素 j 明显不重要 | 1/5 |

续表

| 序号 | 含义 | $D_{ij}$ 赋值 |
|---|---|---|
| 8 | 元素 i 比元素 j 强烈不重要 | 1/7 |
| 9 | 元素 i 比元素 j 极端不重要 | 1/9 |

注：$D_{ij}$ 赋值为 2、4、6、8、1/2、1/4、1/6、1/8 时，表示 $D_{ij}$ 赋值为上述标准之间的折中值。

（2）一致性检验。由于各指标的评分具有主观性，当指标选取较多或对标度缺乏清晰认知时，指标排序可能出现矛盾、整体排序缺乏满意一致性等现象。因此，在确认权重可用前需进行一致性检验。

计算一致性指标 CI 和一致性比例 CR，则有：

$$CI=\frac{\lambda_{max}-n}{n-1} \tag{2.2}$$

$$CR=\frac{CI}{RI} \tag{2.3}$$

其中，RI 为随机一致性指标，具体数值如表 2-3 所示。

**表 2-3　随机一致性指标**

| n | 3 | 4 | 5 | 6 | 7 | 8 | 9 | 10 | 11 | 12 |
|---|---|---|---|---|---|---|---|---|---|---|
| RI | 0.58 | 0.89 | 1.12 | 1.24 | 1.32 | 1.41 | 1.45 | 1.49 | 1.52 | 1.54 |

当 $CR=0$ 时，A 为完全一致性矩阵；当 $CR<0.1$ 时，A 为满意一致性矩阵，满足一致性检验；当 $CR>0.1$ 时，A 不具有一致性，需对其进行调整，直到满足一致性检验。

2.3.2.2　熵权法概述

熵是法国学者克劳修斯于 1865 年提出的，用来阐明热力学第二定律。之后，奥地利学者玻尔兹曼首先使用熵来解决统计问题。从那时起，熵就成为衡量系统混乱或不确定性的指标。熵权法是由美国科学家香农（Shannon）于 1947 年提出的，熵权法不受主观因素影响，根据各指标观测值的固有信息来计算指标权重。下面详细介绍熵权法的具体步骤：

第一步：确定原始数据矩阵。若有 m 个评价方案，每个方案有 n 个评价指标，则原始数据矩阵为：

$$X=\begin{pmatrix} x_{11} & x_{12} & \cdots & x_{1n} \\ x_{21} & x_{22} & \cdots & x_{2n} \\ \vdots & \vdots & \ddots & \vdots \\ x_{m1} & x_{m2} & \cdots & x_{mn} \end{pmatrix} \tag{2.4}$$

其中，$x_{ij}$ 为第 i 个方案的第 j 个指标的数值。

第二步：计算第 j 项指标下第 i 个方案的特征比重，具体如下：

$$p_{ij}=\frac{x_{ij}}{\sum_{i=1}^{n} x_{ij}},\quad (i=1,\ 2,\ \cdots,\ n;\ j=1,\ 2,\ \cdots,\ m) \tag{2.5}$$

第三步：计算熵值。第 j 项指标的熵值为：

$$e_j=-\frac{1}{\ln(m)}\sum_{i=1}^{m} p_{ij}\ln p_{ij} \tag{2.6}$$

第四步：求熵权。第 j 项指标的熵权为：

$$\theta_j=(1-e_j)/\sum_{j=1}^{n}(1-e_j) \tag{2.7}$$

2.3.2.3　组合权重

将专家的主观评价与项目的客观情况相结合，超越了传统单一的评价方法，达到了主观与客观兼顾的目的，消除了指标的差异性，使评价结果更加科学准确。

本节使用“加法集成”对层次分析法和熵权法权重系数进行集成，加法集成后的权重为 $w_i$，则有：

$$w_i=\mu\alpha_i+(1-\mu)\beta_i,\quad i=1,\ 2,\ \cdots,\ n;\ 0\leqslant\mu\leqslant1 \tag{2.8}$$

其中，$\alpha_i$ 和 $\beta_i$ 分别为层次分析法和熵权法确定的指标权重系数；$\mu$ 为决策者对不同赋权法的偏好，可由决策者根据偏好信息来确定。

## 2.4　能源互联网运行风险测度模型

通过前文分析，我们对能源互联网综合风险系统有了初步的认知，也基本厘清了各风险因素间的因果关系，构建了相应的因果循环图。本节将在三个模块因果循环图的基础上构建整个能源互联网综合风险的系统流图，输入各风险因素之间的线性函数关系，进而构建系统动力学风险评估模型。同时利用 AHP-熵权组合赋权法确定各风险指标的权重系数，并检验模型的科学性合理性。

### 2.4.1 基于系统动力学的风险测度建模

第 2、3 节通过分析能源互联网综合风险构建了相应的因果循环图，该循环图反映了各风险因素之间的关联关系，若需进一步厘清风险因素间的主次与函数关系，需要构建相对应的存量流量图。我们将能源互联网综合风险主要分为经济社会环境风险、运行管理风险和产业运作风险，这三大类风险是本节的重点研究对象，主要通过这三大类风险来测度能源互联网综合风险的整体情况。因此，本节将经济社会环境风险、运行管理风险和产业运作风险设为状态变量，将能源互联网综合风险确定为水平变量，其变化率设为相应的速率变量，将其他的变量设为辅助变量或常量。因包含的风险因素众多，此处不详细列出。本节基于第 2、3 节能源互联网综合风险三大模块的因果循环图，使用系统动力学软件 Vensim 构建出能源互联网综合风险存量流量图，具体如图 2-6 所示。

在构建出存量流量图后，还需完善各风险因素间的函数关系，本节将风险因素间的函数关系假设为线性函数关系，其风险值主要取决于影响因子与权重大小。因此我们需估算影响因子的风险值，也就是明确系统边界，将其风险值作为模型的初始值。基于能源互联网综合风险评估存量流量图，确定本模型的边界风险因素。主要包括市场规模、市场潜力、市场需求、产品竞争力、市场准入壁垒、风电上网电价政策、火电上网电价政策、光电上网电价政策、风电税收政策、火电税收政策、光电税收政策、额外税收政策、行业管制、额外税收补贴、安全漏洞准入难度、安全漏洞可用难度、信息价值可用性、信息价值保密性、信息价值完整性、信息设备故障分布式威胁度、信息设备故障影响范围、信息设备故障复杂程度、故障的跨空间传播、负荷损失率、能源耦合风险、关键部件故障、主动削峰负荷、能源投资回报率、能源经济性水平、可再生能源渗透率、能源转换效率、平均故障停电时间、配电网负载率、设备使用寿命年限、设备利用率、网络综合损耗、配电网负载率、援建效益能力、设备故障率、投资运维成本、用户舒适度和智能设备普及度。

能源互联网的边界风险因素众多，不同的风险因素其发生的概率和对系统风险的影响程度都不同，只有清楚各风险因素发生的概率和对系统风险的影响程度，才能准确地测度整个系统的综合风险，进而更精准地防控风险，因此需科学地量化边界风险因素。从量化边界风险因素的难易程度来看，可将边界风险因素分为两类，易于量化的边界风险因素为第一类，可通过查询项目相关数据资料来

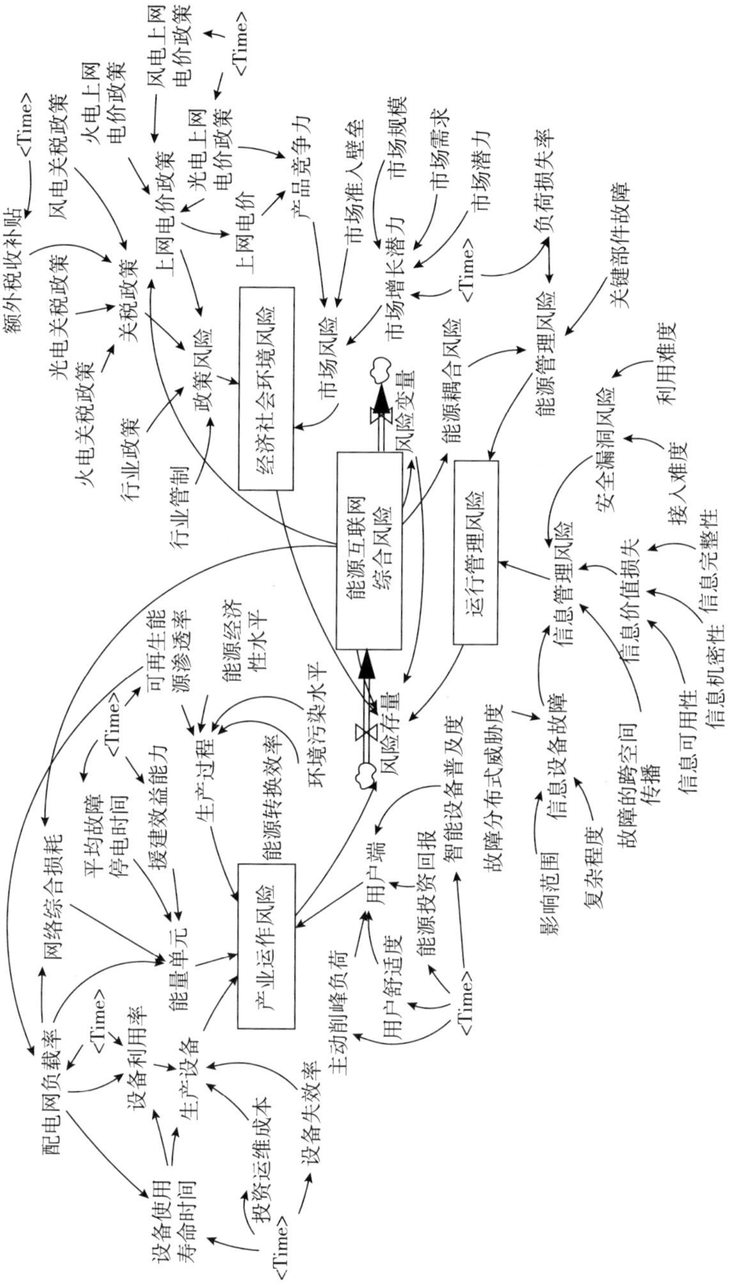

图 2-6　能源互联网运行风险的系统动力学模型

评分确定。难以量化的边界风险因素为第二类，可结合坐标风险图，通过专家打分的方式来量化边界风险。如图 2-7 所示，风险坐标图按风险发生概率与损失程度的不同，划分为 9 个评级，每个单元代表着不同风险发生概率与损失程度的组合，风险因素的评级越高，则风险损失期望越大，反之则越小。应根据项目的实际情况，整理相关数据资料，邀请多位专家评分，以专家评分的均值作为最终评分。

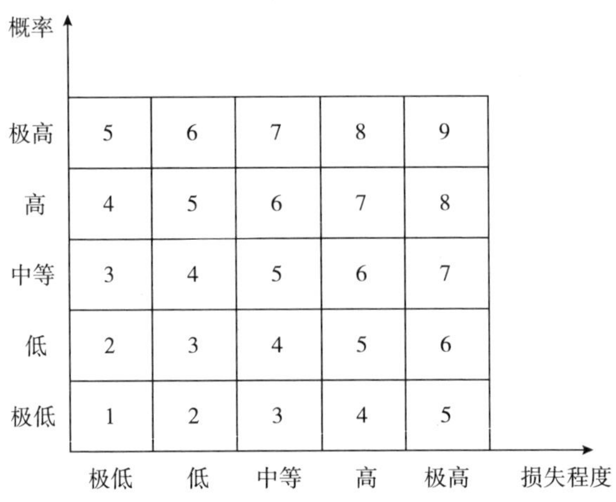


**图 2-7　风险坐标**

## 2.4.2　子风险系统测度函数

基于前文分析可知，能源互联网综合风险主要来自经济社会环境、运行管理和产业运作中的不确定性。不同风险因素间的关联关系可以通过因果循环图反映出来。因此，使用系统动力学理论分析能源互联网综合风险可以克服传统评价方法的不足，使评价结果更符合实际情况。本节基于系统动力学原理，给出了能源互联网综合风险测度函数，包括经济社会环境风险测度函数、运行管理风险测度函数和产业运作风险测度函数三部分，表示如下：

$$R_{energy\ internet}=R_{reliability}\cdot\omega_{reliability}+R_{CPS}\cdot\omega_{CPS}+R_{M\&P}\cdot\omega_{M\&P} \tag{2.9}$$

其中，$R_{energy\ internet}$、$R_{M\&P}$、$R_{CPS}$、$R_{reliability}$ 分别表示能源互联网综合风险、经济社会环境风险、运行管理风险和产业运作风险；$\omega_{M\&P}$、$\omega_{CPS}$、$\omega_{reliability}$ 分别表示经济社会环境风险、运行管理风险和产业运作风险的影响系数。

2.4.2.1　经济社会环境风险测度函数

计算公式如下：

$$R_{M\&P}=R_{market}\cdot\omega_{market}+R_{policy}\cdot\omega_{policy} \tag{2.10}$$

其中，$R_{market}$ 和 $R_{policy}$ 分别表示市场风险和政策风险；$\omega_{market}$ 和 $\omega_{policy}$ 分别表示市场风险和政策风险的风险影响系数。

（1）市场风险。市场风险的影响因素很多，市场准入壁垒、市场竞争力和增长潜力的不确定性都会给能源互联网市场带来风险。因此有：

$$R_{market}=R_{feed-in\ tarrif}\cdot\omega_{feed-in\ tarrif}+R_{electrical\ demand}\cdot\omega_{electrical\ demand}-R_{competiveness}\cdot\omega_{competiveness}-R_{grow\ capacity}\cdot\omega_{grow\ capacity}\tag{2.11}$$

$$R_{competiveness}=R_{strategy}+R_{env}\tag{2.12}$$

$$R_{growcapacity}=R_{request}+R_{capacity}+R_{potential}+R_{marketing}\tag{2.13}$$

其中，$R_{electricity\ demand}$、$R_{competiveness}$、$R_{grow\ capacity}$ 分别表示电力需求、市场增长潜力、市场竞争力的风险影响；$\omega_{electricity\ demand}$、$\omega_{competiveness}$、$\omega_{grow\ capacity}$ 分别表示电力需求、市场增长能力和市场竞争力的风险影响系数；$R_{strategy}$、$R_{env}$ 分别表示竞争策略、环保竞争力的风险影响；$R_{request}$、$R_{capacity}$、$R_{potential}$、$R_{marketing}$ 分别表示市场需求、市场容量、市场潜力和营销能力的风险影响。

（2）政策风险。能源互联网的发展离不开相关政策的扶持。本节在充分考虑上网电价政策、税收政策、行业政策和政策监管的基础上，引入延迟函数，建立了政策风险测度函数，具体如下：

$$R_{policy}=R_{feed-in\ tarrif}\cdot\omega_{feed-in\ tarrif}+R_{P_{electricity}}\cdot\omega_{P_{electricity}}+R_{industry}\cdot\omega_{industry}+R_{regulate}\cdot\omega_{regulate}\tag{2.14}$$

$$R_{feed-in\ tarrif}=R_{integrate}^{wind}\cdot\varphi_{wind}+R_{integrate}^{solar}\cdot\varphi_{solar}+R_{electricity}^{thermal}\cdot\varphi_{thermal}+DELAY\ (R_{energy\ internet},\ T)\tag{2.15}$$

$$R_{P_{electricity}}=R_{P_{electricity}}^{wind}\cdot\omega_{wind}+R_{P_{electricity}}^{solar}\cdot\omega_{solar}+R_{P_{electricity}}^{thermal}\cdot\omega_{thermal}-R_{subsidy}\cdot\omega_{subsidy}+DELAY(R_{energy\ internet},\ T)\tag{2.16}$$

其中，$R_{feed-in\ tarrif}$、$R_{P_{electricity}}$、$R_{industry}$、$R_{regulate}$ 分别表示上网电价政策、关税政策、行业政策和产业监管政策的风险影响；$\omega_{feed-in\ tarrif}$、$\omega_{P_{electricity}}$、$\omega_{industry}$、$\omega_{regulate}$ 分别表示上网电价政策、税收政策、行业政策和产业监管政策的风险影响系数；$R_{integrate}^{wind}$、$R_{integrate}^{solar}$、$R_{integrate}^{thermal}$ 分别表示风电、光电、火电上网电价对上网电价政策的风险影响；$\varphi_{wind}$、$\varphi_{solar}$、$\varphi_{thermal}$ 分别表示风、光、火上网电价对上网电价政策的风险影响系数；$R_{P_{electricity}}^{wind}$、$R_{P_{electricity}}^{solar}$、$R_{P_{electricity}}^{thermal}$、$R_{subsidy}$ 分别表示风电、光电、火电和电力附加关税补贴的风险影响；$\omega_{wind}$、$\omega_{solar}$、$\omega_{thermal}$、$\omega_{subsidy}$ 分别表示风电、光电、火电和电力附加关税补贴的风险影响系数。

#### 2.4.2.2　运行管理风险测度函数

由前文可知，运行管理风险受两个因素的影响，包括信息管理风险和能源管理风险，表示如下：

$$R_{CPS}=R_{information}\cdot\omega_{information}+R_{energy}\cdot\omega_{energy} \tag{2.17}$$

其中，$R_{information}$ 和 $R_{energy}$ 分别表示信息管理风险和能源管理风险；$\omega_{information}$ 和 $\omega_{energy}$ 分别表示信息管理和能源管理的风险影响系数。

（1）能源管理风险。基于对能源互联网综合风险分析可知，能源耦合、关键部件故障和负载损失率都会影响能源管理风险。因此有：

$$R_{energy}=R_{EC}\cdot\varphi_{EC}+R_{CCF}\cdot\varphi_{CCF}+R_{LLR}\cdot\varphi_{LLR} \tag{2.18}$$

其中，$R_{EC}$、$R_{CCF}$、$R_{LLR}$ 分别表示能源耦合、关键部件故障和负荷损失率的风险影响；$\varphi_{EC}$、$\varphi_{CCF}$、$\varphi_{LLR}$ 分别表示能源耦合、关键部件故障和负荷损失率的风险影响系数。

（2）信息管理风险。与能源管理风险相比，信息管理风险主要受安全漏洞、信息设备故障、故障跨空间传播和信息价值损失的影响。因此有：

$$R_{information}=R_{SB}\cdot\varphi_{SB}+R_{CSSF}\cdot\varphi_{CSSF}+R_{IEF}\cdot\varphi_{IEF}+R_{LIV}\cdot\varphi_{LIV} \tag{2.19}$$

$$R_{LIV}=R_{LIV}^{availability}\cdot\psi_{LIV}^{availability}+R_{LIV}^{confidentiality}\cdot\psi_{LIV}^{confidentiality}+R_{LIV}^{integrity}\cdot\psi_{LIV}^{integrity} \tag{2.20}$$

$$R_{SH}=R_{SB}^{access}\cdot\psi_{SB}^{access}+R_{SB}^{availability}\cdot\psi_{SB}^{availability} \tag{2.21}$$

其中，$R_{SB}$、$R_{CSSF}$、$R_{IEF}$ 和 $R_{LIV}$ 分别表示安全漏洞、故障跨空间传播、信息设备故障和信息价值损失的风险影响；$\varphi_{SB}$、$\varphi_{CSSF}$、$\varphi_{IEF}$ 和 $\varphi_{LIV}$ 分别表示安全漏洞、故障跨空间传播、信息设备故障和信息价值损失的风险影响系数；$R_{LIV}^{availability}$、$R_{LIV}^{confidentiality}$ 和 $R_{LIV}^{integrity}$ 分别表示信息可用性、机密性和完整性对信息价值损失风险影响；$\psi_{LIV}^{availability}$、$\psi_{LIV}^{confidentiality}$ 和 $\psi_{LIV}^{integrity}$ 分别表示信息可用性、机密性和完整性对信息价值损失的风险影响系数；$\psi_{LIV}^{availability}$、$\psi_{LIV}^{confidentiality}$ 和 $\psi_{LIV}^{integrity}$ 的值分别为 0.23、0.23 和 0.54[35]；$R_{SB}^{access}$ 和 $R_{SB}^{availability}$ 分别表示安全漏洞接入难度和利用难度的风险影响；$\psi_{SB}^{access}$ 和 $\psi_{SB}^{availability}$ 表示安全漏洞接入难度和利用难度的风险影响系数，二者取值皆为 0.5[35]。

#### 2.4.2.3　产业运作风险测度函数

产业运作风险主要涉及生产过程、生产设备、能量单元和用户端四方面，其风险测度函数如下：

$$R_{reliability}=R_{equipment}\cdot\omega_{equipment}+R_{unit}\cdot\omega_{unit}+R_{production}\cdot\omega_{production}+R_{user}\cdot\omega_{user} \tag{2.22}$$

其中，$R_{equipment}$、$R_{unit}$、$R_{production}$ 和 $R_{user}$ 分别表示生产设备、能量单元、生产过程和用户端的风险影响；$\omega_{equipment}$、$\omega_{unit}$、$\omega_{production}$ 和 $\omega_{user}$ 分别表示生产设备、能量单元、生产过程和用户端的风险影响系数。

（1）生产过程。生产过程受可再生能源的渗透性、能源经济性水平、环境污染水平和能源转换效率的影响。表示如下：

$$R_{production}=R_{PRE}\cdot\varphi_{PRE}+R_{EPL}\cdot\varphi_{EPL}+R_{ECEC}\cdot\varphi_{ECEC}+R_{EEL}\cdot\varphi_{EEL} \tag{2.23}$$

其中，$R_{PRE}$、$R_{EPL}$、$R_{ECEC}$ 和 $R_{EEL}$ 分别表示可再生能源渗透率、环境污染水平、能源转换效率系数和能源经济性水平的风险影响；$\varphi_{PRE}$、$\varphi_{EPL}$、$\varphi_{ECEC}$、$\varphi_{EEL}$ 分别表示可再生能源渗透率、环境污染水平、能源转换效率系数和能源经济性水平的风险影响系数。

（2）生产设备。设备利用率、设备故障率和设备使用寿命年限等都会影响生产设备的可靠性风险。为了衡量生产设备的可靠性风险，本节利用系统动力学原理建立了如下风险测度函数：

$$R_{equipment}=R_{EUR}\cdot\varphi_{EUR}+R_{EFR}\cdot\varphi_{EFR}+R_{IMC}\cdot\varphi_{IMC}+R_{SLF}\cdot\varphi_{SLF} \tag{2.24}$$

$$R_{EUR}=R_{EUR}^{DN}\cdot\psi_{EUR}^{DN}+R_{EUR}^{SLF}\cdot\psi_{EUR}^{SLF}+DELAY\ (R_{energyinternet},\ T) \tag{2.25}$$

$$R_{SLF}=R_{SLF}^{DN}\cdot\psi_{SLF}^{DN}+DELAY\ (R_{energy\ internet},\ T) \tag{2.26}$$

其中，$R_{EUR}$、$R_{EFR}$、$R_{IMC}$ 和 $R_{SLF}$ 分别表示设备利用率、设备故障率、投资维护成本和设备使用寿命的风险影响；$\varphi_{EUR}$、$\varphi_{EFR}$、$\varphi_{IMC}$ 和 $\varphi_{SLF}$ 分别表示设备利用率、设备故障率、投资维护成本和设备使用寿命的风险影响系数；$R_{EUR}^{DN}$ 和 $R_{EUR}^{SLF}$ 分别代表配电网负载率和设备使用寿命对设备利用率的风险影响；$\psi_{EUR}^{DN}$ 和 $\psi_{EUR}^{SLF}$ 分别表示配电网负载率和设备使用寿命对设备利用率的风险影响系数；$R_{SLF}^{DN}$ 表示配电网负载率对设备使用寿命的风险影响；$\psi_{SLF}^{DN}$ 表示配电网负载率对设备使用寿命的风险影响系数；DELAY（$R_{energy\ internet}$，T）表示延迟函数，T 指时滞周期。

（3）能量单元。能量单元作为综合能源系统的网架核心，在系统中发挥着至关重要的作用。通常，能量单元受配电网络负载率和网络综合损耗等因素的影响。表示如下：

$$R_{unit}=R_{DN}\cdot\varphi_{DN}+R_{NCL}\cdot\varphi_{NCL}+R_{SAIDI}\cdot\varphi_{SAIDI}+R_{ABC}\cdot\varphi_{ABC} \tag{2.27}$$

$$R_{NCL}=R_{NCL}^{DN}\cdot\psi_{NCL}^{DN}+DELAY\ (R_{energy\ internet},\ T) \tag{2.28}$$

$$R_{DN}=R_{DN}^{PRE}\cdot\psi_{DN}^{PRE}+DELAY\ (R_{energy\ internet},\ T) \tag{2.29}$$

其中，$R_{DN}$、$R_{NCL}$、$R_{SAIDI}$ 和 $R_{ACC}$ 分别表示配电网负载率、网络综合损耗、平均中断持续时间和援建效益能力的风险影响；$\varphi_{DN}$、$\varphi_{CNL}$、$\varphi_{SAIDI}$ 和 $\varphi_{ACC}$ 分别表示配电网负载率、网络综合损耗率、平均中断持续时间和援建效益能力的风险影响系数；$R_{NCL}^{DN}$ 表示配电网负载率对网络综合损耗的风险影响；$\psi_{NCL}^{DN}$ 表示配电网负载率对网络综合损耗的风险影响系数；$R_{DN}^{PRE}$ 表示可再生能源渗透率对配电网负载率的风险影响；$\psi_{DN}^{PRE}$ 表示可再生能源渗透率对配电网负荷率的风险影响系数。

（4）用户端。用户端作为能源的服务主体，其可靠性风险使用能源投资回报、用户舒适度、主动削峰负荷与智能设备普及度来测度。表示如下：

$$R_{user}=R_{SMP}\cdot\varphi_{SMP}+R_{EROI}\cdot\varphi_{EROI}+R_{PPCL}\cdot\varphi_{PPCL}+R_{UCL}\cdot\varphi_{UCL} \tag{2.30}$$

其中，$R_{SMP}$、$R_{EROI}$、$R_{PPCL}$ 和 $R_{UCL}$ 分别表示智能设备普及度、能源投资回报、主动削峰负荷和用户舒适度的风险影响；$\varphi_{SMP}$、$\varphi_{EROI}$、$\varphi_{PPCL}$ 和 $\varphi_{UCL}$ 分别表示智能设备普及度、能量投资回报、主动削峰负荷和用户舒适度的风险影响系数。

### 2.4.3 模型检验

模型验证的关键是验证已建立的 SD 模型与实际情况间的匹配程度，也就是验证模型的有效性。模型检验方法主要包括内部合理性验证、极端条件验证、积分误差检验以及参数估计检验等。此处，我们分别使用内部合理性验证、极端条件验证与积分误差检验来验证本节系统动力学模型的有效性。

首先，通过系统动力学软件 Vensim 可以直接验证模型内部的合理性，如变量设置是否合理、变量单位是否正确等。如果模型设置不正确，系统将报错并突出显示相应的错误。本节的模型在经历多次模型修改后，已通过软件的内部检验。

其次，我们设置了以下两个极端情景来进行极端条件验证：①上网电价、负荷损失率和网络综合损耗的风险值为 0。②上网电价、负荷损失率和网络综合损耗的风险评分设为满分，风险值分别为 0.735、1.056 和 0.319。模拟结果如图 2-8 所示，结果表明，模型输出仍有意义，能够模拟极端条件下的实际情况。

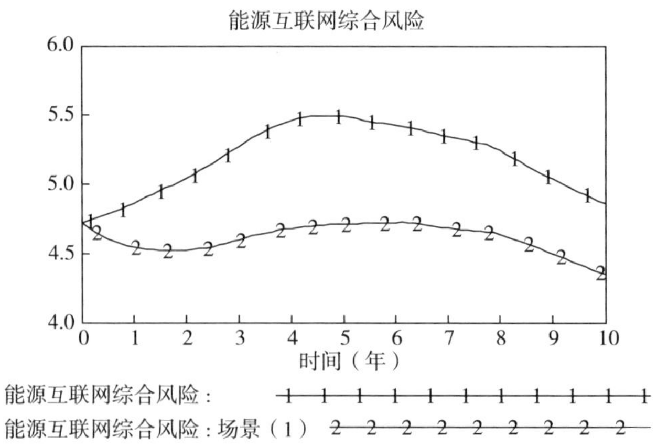


**图 2-8　极端条件下模拟运行结果**

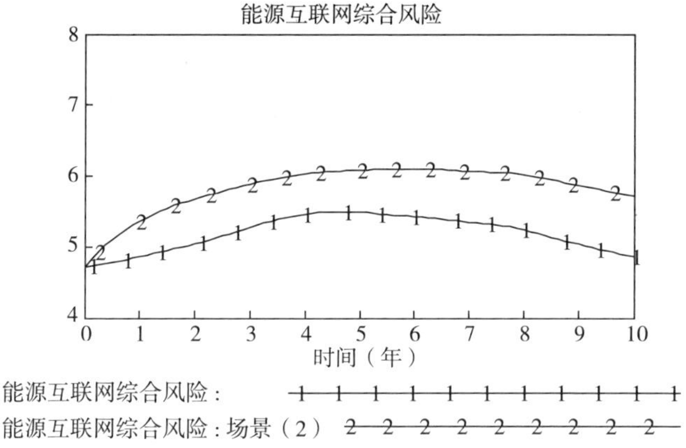


图 2-8　极端条件下模拟运行结果（续）

最后，我们选择不同的步长仿真来进行积分误差检验，分别选择 DT=0.5、DT=0.25、DT=0.125 三个时间间隔。其仿真结果表明，不同步长的仿真结果的曲线趋势几乎相同，这些误差不会影响最终分析，所以我们认为积分误差是可以接受的。

## 2.5　实证案例

本节选取了我国主要能源供应地和能源互联网示范基地内蒙古自治区，来实证检验能源互联网运行风险的测度过程。

### 2.5.1　数据收集与处理

内蒙古自治区位于中国北部，从东北向西南倾斜延伸，拥有丰富的煤炭、太阳能与风能资源。煤炭储量与风能储量均居我国首位，其中，煤炭存量超过 1 万亿吨，风能总储量 10.1 亿千瓦。此外，内蒙古太阳能资源也十分丰富，年日照时数达到 2600~3400 小时，且年太阳总辐射量为 4800~6400 兆焦每平方米。目前，内蒙古的自然优势也使可再生能源形成了以风电为主、光电为辅、水电和生物质发电为补充的多元化能源格局。内蒙古的电力主要通过丰沙线、丰万Ⅱ回 500 千伏线路与汗沽双回输电线路输送到山东、江苏、京津冀城市群等地，是典型的能源互联网示范基地。2021 年底，该地区的总装机容量为 1.25 亿千瓦，输电能力达到 1864 亿千瓦时。其中，可再生能源装机容量达到 4051.2 万千瓦，同比增长 10.6%；占总装机容量的 33%，同比增加 2%。其中，风力装机容量达到 2868 万千瓦，光伏装机容量为 923.9 万千瓦，水电装机容量为 283.1 万千瓦，生物发电的装机容量为 120 万千瓦。本节将风险值区间设为［0，10］。模型中的基础参数及其初始值如表 2-4 所示。

表 2-4 基础参数及其初始值

| 基础参数 | 初始值 | 单位 | 基础参数 | 初始值 | 单位 |
|---|---|---|---|---|---|
| 附加关税补贴 | 0.01 | 元/千瓦时 | 目标装机容量 | 5500 | 万千瓦 |
| 风能上网电价 | 0.5133 | 元/千瓦时 | 设备利用率 | 78 | % |
| 光能上网电价 | 1.1567 | 元/千瓦时 | 火能运维成本 | 0.66 | 元/千瓦时 |
| 火能上网电价 | 0.2980 | 元/千瓦时 | 风能投资成本 | 9536 | 元/千瓦时 |
| 上网电价 | 0.54 | 元/千瓦时 | 光能投资成本 | 20626 | 元/千瓦时 |
| 设备使用寿命年限 | 20 | 年 | 装机容量 | 6451 | 万千瓦 |
| 增长潜力 | 3 | 百万千瓦 | 电力需求 | $3.1\times10^{11}$ | 千瓦时 |
| 配电网负载率 | 63.8 | % | 网络综合损耗率 | 5.07 | % |
| 部件可靠性 | 98.9 | % | 故障平均中断时间 | 16.5 | 小时 |
| 可再生能源渗透率 | 15.6 | % | 设备故障率 | 0.11 | % |
| 每月电力需求增长率 | 0.25 | % | 供电可靠率 | 98.89 | % |
| 外送电量 | 1064 | 亿千瓦时 | 设备利用率 | 67.5 | % |
| 全社会用电量 | 1537 | 亿千瓦时 | 发电量 | 2300 | 亿千瓦时 |
| 负荷率 | 23.35 | % | 税收 | 79.9 | 亿元 |
| 税收年平均增速 | 4.0 | % | | | |

### 2.5.2 确定测度体系指标权重

若要通过构建系统动力学模型来测度能源互联网运行风险，需确定各风险因素的风险值，而风险因素的风险值取决于风险评分与权重大小。上一节结合风险坐标图估算了边界因素的风险评分，还需计算出各风险因素的影响程度，即风险权重。在前文我们详细介绍了各种权重计算方法，按照指标原始数据的不同可分为三类，最终选用了 AHP-熵权组合赋权法来确定风险指标权重。

#### 2.5.2.1 运用 AHP 确定指标权重

首先，确定各层次的风险因素，构造递接层次结构，并通过专家评分构造判

断矩阵（见表 2-5）。其次，使用软件 Yaahp 计算出单层次排序的权向量。最后，进行一致性检验，确认风险因素权重的合理性。

表 2-5 判断矩阵

| 目标层 | B1 | B2 | B3 | B4 | B5 | B6 | B7 | B8 | $W_i$ |
|---|---|---|---|---|---|---|---|---|---|
| B1 | 1 | 1/4 | 1/9 | 1/8 | 1/4 | 1/3 | 1/4 | 1/3 | 0. 0272 |
| B2 | 4 | 1 | 1/2 | 1/2 | 1 | 2 | 1 | 2 | 0. 1236 |
| B3 | 9 | 2 | 1 | 1 | 2 | 3 | 2 | 3 | 0. 2311 |
| B4 | 8 | 2 | 1 | 1 | 2 | 3 | 2 | 3 | 0. 2278 |
| B5 | 4 | 1 | 1/2 | 1/2 | 1 | 2 | 1 | 2 | 0. 1236 |
| B6 | 3 | 1/2 | 1/3 | 1/3 | 1/2 | 1 | 2 | 1 | 0. 0895 |
| B7 | 4 | 1 | 1/2 | 1/2 | 1 | 1/2 | 1 | 2 | 0. 1072 |
| B8 | 3 | 1/2 | 1/3 | 1/3 | 1/2 | 1 | 1/2 | 1 | 0. 0698 |

在得到目标层权重的基础上进行一致性检验。最大特征值向量 $\lambda_{max}=8.1826$，则 $CI=\frac{8.1826-8}{8-1}=0.026$，$RI=1.41$，故 $CR=\frac{CI}{RI}=0.0184<0.1$，满足一致性检验。

在计算市场风险指标权重后进行一致性检验。最大特征向量 $\lambda_{max}=3.0092$，则 $CI=\frac{3.0092-3}{3-1}=0.0046$，$RI=0.58$，故 $CR=\frac{CI}{RI}=0.0079<0.1$，满足一致性检验。市场风险判断矩阵如表 2-6 所示。

表 2-6 市场风险判断矩阵

| B1 | B11 | B12 | B13 | $W_i$ |
|---|---|---|---|---|
| B11 | 1 | 1 | 4 | 0. 4579 |
| B12 | 1 | 1 | 3 | 0. 4161 |
| B13 | 1/4 | 1/3 | 1 | 0. 1260 |

在计算政策风险指标权重后进行一致性检验。最大特征向量 $\lambda_{max}=4.1213$，则 $CI=\frac{4.1213-4}{4-1}=0.0424$，$RI=0.89$，故 $CR=\frac{CI}{RI}=0.0454<0.1$，满足一致性检验。政策风险判断矩阵如表 2-7 所示。

表 2-7　政策风险判断矩阵

| B2 | B21 | B22 | B23 | B24 | $W_i$ |
|---|---|---|---|---|---|
| B21 | 1 | 2 | 9 | 9 | 0. 5272 |
| B22 | 1/2 | 1 | 9 | 9 | 0. 3728 |
| B23 | 1/9 | 1/9 | 1 | 2 | 0. 0586 |
| B24 | 1/9 | 1/9 | 1/2 | 1 | 0. 0414 |

在计算信息管理风险指标权重后进行一致性检验。CR = 0. 0000<0. 1，满足一致性检验。信息管理风险判断矩阵如表 2-8 所示。

表 2-8　信息管理风险判断矩阵

| B3 | B31 | B32 | B33 | B34 | $W_i$ |
|---|---|---|---|---|---|
| B31 | 1 | 1/2 | 1/2 | 1 | 0. 1666 |
| B32 | 2 | 1 | 1 | 2 | 0. 3334 |
| B33 | 2 | 1 | 1 | 2 | 0. 3334 |
| B34 | 1 | 1/2 | 1/2 | 1 | 0. 1666 |

在计算能源管理风险指标权重后进行一致性检验。CR = 0. 0000<0. 1，满足一致性检验。能源管理风险判断矩阵如表 2-9 所示。

表 2-9　能源管理风险判断矩阵

| B4 | B41 | B42 | B43 | $W_i$ |
|---|---|---|---|---|
| B41 | 1 | 1 | 5 | 0. 4546 |
| B42 | 1 | 1 | 5 | 0. 4546 |
| B43 | 1/5 | 1/5 | 1 | 0. 0908 |

在计算能源生产风险指标权重后进行一致性检验。CR = 0. 0000<0. 1，满足一致性检验。生产过程风险判断矩阵如表 2-10 所示。

表 2-10　生产过程风险判断矩阵

| B5 | B51 | B52 | B53 | B54 | $W_i$ |
|---|---|---|---|---|---|
| B51 | 1 | 1 | 1 | 1 | 0. 25 |
| B52 | 1 | 1 | 1 | 1 | 0. 25 |
| B53 | 1 | 1 | 1 | 1 | 0. 25 |
| B54 | 1 | 1 | 1 | 1 | 0. 25 |

在计算能源设备风险指标权重后进行一致性检验。CR = 0.0000<0.1，满足一致性检验。生产设备风险判断矩阵如表 2-11 所示。

**表 2-11　生产设备风险判断矩阵**

| B6 | B61 | B62 | B63 | B64 | $W_i$ |
|---|---|---|---|---|---|
| B61 | 1 | 1 | 1/2 | 1 | 0.2 |
| B62 | 1 | 1 | 1/2 | 1 | 0.2 |
| B63 | 2 | 2 | 1 | 2 | 0.4 |
| B64 | 1 | 1 | 1/2 | 1 | 0.2 |

在计算能量单元风险指标权重后进行一致性检验。CR = 0.0000<0.1，满足一致性检验。能量单元风险判断矩阵如表 2-12 所示。

**表 2-12　能量单元风险判断矩阵**

| B7 | B71 | B72 | B73 | B74 | $W_i$ |
|---|---|---|---|---|---|
| B71 | 1 | 1 | 1 | 1 | 0.25 |
| B72 | 1 | 1 | 1 | 1 | 0.25 |
| B73 | 1 | 1 | 1 | 1 | 0.25 |
| B74 | 1 | 1 | 1 | 1 | 0.25 |

在计算用户端风险指标权重后进行一致性检验。CR = 0.0000<0.1，满足一致性检验。用户端风险判断矩阵如表 2-13 所示。在计算所有风险指标权重后，进行层次排序与权重值换算，汇总结果如表 2-14 所示。

**表 2-13　用户端风险判断矩阵**

| B8 | B81 | B82 | B83 | B84 | $W_i$ |
|---|---|---|---|---|---|
| B81 | 1 | 1 | 1 | 1 | 0.3333 |
| B82 | 1 | 1 | 1 | 1 | 0.1667 |
| B83 | 1 | 1 | 1 | 1 | 0.3333 |
| B84 | 1 | 1 | 1 | 1 | 0.1667 |

**表 2-14　方案层要素对决策目标的权重**

| 指标层 | B1 | B2 | B3 | B4 | B5 | B6 | B7 | B8 | 层次总排序 |
|---|---|---|---|---|---|---|---|---|---|
| | 0.0272 | 0.1236 | 0.2311 | 0.2278 | 0.1236 | 0.0895 | 0.1072 | 0.0698 | |
| B11 | 0.4579 | | | | | | | | 0.0125 |
| B12 | 0.4161 | | | | | | | | 0.0113 |

续表

| 指标层 | B1 | B2 | B3 | B4 | B5 | B6 | B7 | B8 | 层次总排序 |
|---|---|---|---|---|---|---|---|---|---|
| | 0. 0272 | 0. 1236 | 0. 2311 | 0. 2278 | 0. 1236 | 0. 0895 | 0. 1072 | 0. 0698 | |
| B13 | 0. 1260 | | | | | | | | 0. 0034 |
| B21 | | 0. 5272 | | | | | | | 0. 0652 |
| B22 | | 0. 3728 | | | | | | | 0. 0461 |
| B23 | | 0. 0586 | | | | | | | 0. 0072 |
| B24 | | 0. 0414 | | | | | | | 0. 0051 |
| B31 | | | 0. 1666 | | | | | | 0. 0385 |
| B32 | | | 0. 3334 | | | | | | 0. 0770 |
| B33 | | | 0. 3334 | | | | | | 0. 0770 |
| B34 | | | 0. 1666 | | | | | | 0. 0385 |
| B41 | | | | 0. 4546 | | | | | 0. 1036 |
| B42 | | | | 0. 4546 | | | | | 0. 1036 |
| B43 | | | | 0. 0908 | | | | | 0. 0207 |
| B51 | | | | | 0. 25 | | | | 0. 0309 |
| B52 | | | | | 0. 25 | | | | 0. 0309 |
| B53 | | | | | 0. 25 | | | | 0. 0309 |
| B54 | | | | | 0. 25 | | | | 0. 0309 |
| B61 | | | | | | 0. 2 | | | 0. 0179 |
| B62 | | | | | | 0. 2 | | | 0. 0179 |
| B63 | | | | | | 0. 4 | | | 0. 0358 |
| B64 | | | | | | 0. 2 | | | 0. 0179 |
| B71 | | | | | | | 0. 25 | | 0. 0268 |
| B72 | | | | | | | 0. 25 | | 0. 0268 |
| B73 | | | | | | | 0. 25 | | 0. 0268 |
| B74 | | | | | | | 0. 25 | | 0. 0268 |
| B81 | | | | | | | | 0. 3333 | 0. 0233 |
| B82 | | | | | | | | 0. 1667 | 0. 0116 |
| B83 | | | | | | | | 0. 3333 | 0. 0233 |
| B84 | | | | | | | | 0. 1667 | 0. 0116 |

#### 2. 5. 2. 2 运用熵权法确定指标权重

依据式（2. 1）至式（2. 4）计算出各风险指标权重，计算结果如表 2-15 所示。

表 2-15　风险指标及其权重

| 一级指标 | 二级指标 | 三级指标 | $e_j$ | 权重 |
|---|---|---|---|---|
| 经济社会环境风险 | 市场风险 | 市场竞争力 | 0.976 | 0.0119 |
| | | 市场增长潜力 | 0.978 | 0.0113 |
| | | 市场准入壁垒 | 0.994 | 0.0033 |
| | 政策风险 | 上网电价政策 | 0.855 | 0.0756 |
| | | 行业政策 | 0.915 | 0.0422 |
| | | 行业管制 | 0.992 | 0.0032 |
| | | 税收政策 | 0.994 | 0.0024 |
| 运行管理风险 | 信息管理 | 信息价值损失 | 0.902 | 0.0524 |
| | | 信息设备故障 | 0.852 | 0.0745 |
| | | 系统故障跨空间传播 | 0.852 | 0.0745 |
| | | 安全漏洞风险 | 0.913 | 0.0459 |
| | 能源管理 | 重要部件失效 | 0.902 | 0.0366 |
| | | 能源耦合风险 | 0.902 | 0.0366 |
| | | 负载损失率 | 0.792 | 0.1268 |
| 产业运作风险 | 生产过程 | 能源转换效率系数 | 0.944 | 0.0277 |
| | | 可再生能源渗透率 | 0.940 | 0.0302 |
| | | 环境污染水平 | 0.943 | 0.0282 |
| | | 能源经济性水平 | 0.943 | 0.0282 |
| | 生产设备 | 设备利用率 | 0.967 | 0.0164 |
| | | 设备失效率 | 0.962 | 0.0198 |
| | | 投资维护成本 | 0.950 | 0.0228 |
| | | 设备使用寿命年限 | 0.965 | 0.0179 |
| | 能量单元 | 配电网负载率 | 0.938 | 0.0326 |
| | | 网络综合损耗 | 0.937 | 0.0332 |
| | | 援建效益能力 | 0.945 | 0.0286 |
| | | 平均故障停电时间 | 0.939 | 0.0318 |
| | 用户端 | 能源投资回报率 | 0.947 | 0.0279 |
| | | 用户舒适度 | 0.970 | 0.0159 |
| | | 主动削峰负荷量 | 0.955 | 0.0231 |
| | | 智能电网普及度 | 0.966 | 0.0186 |

#### 2.5.2.3　组合确定能源互联网综合风险权重

计算组合权重 $w_i$，其中，$\mu=0.2$，具体结果如表 2-16 所示。

**表 2-16 风险指标组合权重**

| 一级指标 | 二级指标 | 三级指标 | $e_j$ | 权重 | 排序 |
| --- | --- | --- | --- | --- | --- |
| 经济社会环境风险（0.15） | 市场风险（0.0266） | 市场竞争力 | 0.976 | 0.0120 | 22 |
| | | 市场增长潜力 | 0.978 | 0.0113 | 23 |
| | | 市场准入壁垒 | 0.994 | 0.0033 | 25 |
| | 政策风险（0.1234） | 上网电价政策 | 0.855 | 0.0735 | 3 |
| | | 行业政策 | 0.915 | 0.0430 | 6 |
| | | 行业管制 | 0.992 | 0.0040 | 24 |
| | | 税收政策 | 0.994 | 0.0029 | 26 |
| 运行管理风险（0.45） | 信息管理（0.2444） | 信息价值损失 | 0.902 | 0.0500 | 4 |
| | | 信息设备故障 | 0.852 | 0.0750 | 2 |
| | | 系统故障跨空间传播 | 0.852 | 0.0750 | 2 |
| | | 安全漏洞风险 | 0.913 | 0.0444 | 5 |
| | 能源管理（0.2056） | 重要部件失效 | 0.902 | 0.0500 | 4 |
| | | 能源耦合风险 | 0.902 | 0.0500 | 4 |
| | | 负载损失率 | 0.792 | 0.1056 | 1 |
| 产业运作风险（0.4） | 生产过程（0.1160） | 能源转换效率系数 | 0.944 | 0.0283 | 12 |
| | | 可再生能源渗透率 | 0.940 | 0.0303 | 10 |
| | | 环境污染水平 | 0.943 | 0.0287 | 11 |
| | | 能源经济性水平 | 0.943 | 0.0287 | 11 |
| | 生产设备（0.0794） | 设备利用率 | 0.967 | 0.0167 | 20 |
| | | 设备失效率 | 0.962 | 0.0194 | 17 |
| | | 投资维护成本 | 0.950 | 0.0254 | 15 |
| | | 设备使用寿命年限 | 0.965 | 0.0179 | 18 |
| | 能量单元（0.1223） | 配电网负载率 | 0.938 | 0.0314 | 8 |
| | | 综合网络损耗 | 0.937 | 0.0319 | 7 |
| | | 援建效益能力 | 0.945 | 0.0282 | 13 |
| | | 平均故障停电时间 | 0.939 | 0.0308 | 9 |
| | 用户端（0.0823） | 能源投资回报率 | 0.947 | 0.0270 | 14 |
| | | 用户舒适度 | 0.970 | 0.0150 | 21 |
| | | 主动削峰负荷量 | 0.955 | 0.0231 | 16 |
| | | 智能电网普及度 | 0.966 | 0.0172 | 19 |

从计算结果可知，二级指标对测度目标的影响大小排序结果为：信息管理风险>能源管理风险>政策风险>能量单元>生产过程>用户端>生产设备>市场风险。

其中，三级指标中负载损失率、信息设备故障、系统故障跨空间传播 3 个指标的权重相对较大，说明运行管理风险对能源互联网综合风险影响最大；市场竞争力、市场增长潜力与市场准入壁垒的权重相对较小，表明市场风险对综合风险影响较小。

### 2.5.3 运行风险值测算

在进行系统动力学模型仿真前，需对模型中的所有常数、表函数以及状态变量的初始值赋值。为了使风险指标的初始风险值更科学，笔者邀请相关领域专家结合研究现状和当地历史数据对风险指标进行评分，然后根据风险指标评分及其权重确定各风险指标的初始风险值，风险指标的初始风险值如表 2-17 所示。

表 2-17 风险指标的初始风险值

| 风险指标 | 初始风险值 | 风险指标 | 初始风险值 |
|---|---|---|---|
| 竞争力 | 0.0491 | 可再生能源渗透率 | 0.1515 |
| 市场增长潜力 | 0.0113 | 环境污染水平 | 0.0287 |
| 市场准入壁垒 | 0.0165 | 能源经济性水平 | 0.0861 |
| 上网电价政策 | 0.6475 | 设备利用率 | 0.1503 |
| 行业政策 | 0.1290 | 设备故障率 | 0.0000 |
| 行业管制 | 0.0120 | 投资运维成本 | 0.2286 |
| 税收政策 | 0.0154 | 设备使用寿命年限 | 0.1253 |
| 信息价值损失 | 0.1500 | 配电网负载率 | 0.1884 |
| 信息设备故障 | 0.1500 | 网络综合损耗 | 0.4379 |
| 故障跨空间传播 | 0.3856 | 援建效益能力 | 0.2256 |
| 安全漏洞 | 0.2106 | 平均故障时间 | 0.1848 |
| 关键元件失效 | 0.1500 | 能源投资回报率 | 0.1350 |
| 能源耦合风险 | 0.3861 | 用户舒适度 | 0.0750 |
| 负荷损失率 | 0.2112 | 主动削峰负荷 | 0.1155 |
| 能源转换效率系数 | 0.0849 | 智能设备普及度 | 0.0860 |

### 2.5.4 风险测度结果分析

在计算出风险指标的初始值后，便可使用软件 Vensim 对能源互联网综合风险评估进行仿真。在模型设置上，仿真时间设为 10 年，初始时间与结束时间分别设为 0 与 10，时间单位为年，Integration type 设为 Euler，并勾选保存每一阶结果，将以上案例的初始风险值录入所建的系统动力学模型中进行仿真，便可得到能源互联网运行综合风险，以及经济社会环境风险、运行管理风险和产业运作风险的模拟结果，具体如图 2-9 所示。

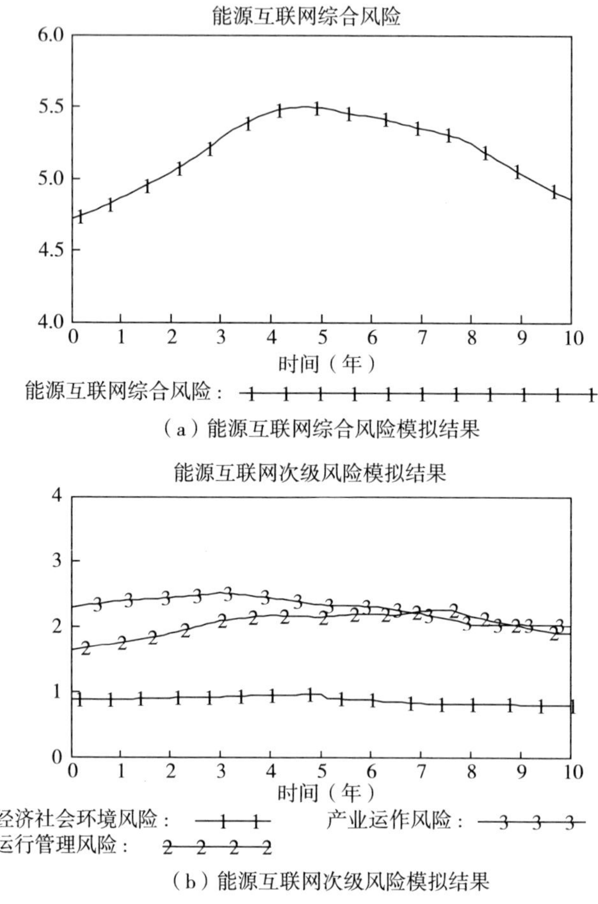


（a）能源互联网综合风险模拟结果

（b）能源互联网次级风险模拟结果

**图 2-9　能源互联网运行综合风险模拟结果**

如图 2-9（a）所示，能源互联网综合风险在模拟范围内呈现先上升后下降的变动趋势。图 2-9（b）显示了经济社会环境风险、运行管理风险和产业运作风险的变动趋势，它们在模拟范围皆呈现先上升后下降的变动趋势。运行管理风险和产业运作风险在模拟范围内相交两次，但经济社会环境风险相对稳定。

根据以上模拟结果可知，在整个仿真阶段，运行管理风险和产业运作风险较高，经济社会环境风险较低。一方面，我国一直大力支持能源互联网的发展，因此经济社会环境风险相对较低；另一方面，中国能源互联网的发展更多是受技术的制约，这主要体现为综合能源系统可靠性不够高和信息物理融合技术薄弱，从而导致产业运作风险与运行管理风险高。产业运作风险在初期要高于运行管理风险，而随着信息设备故障和攻击安全漏洞概率的增加，在模拟中后期，出现了运行管理风险高于产业运作风险的情形。此外，从风险角度来看，产业运作风险与运行管理风险皆由设备驱动，而设备可靠性风险随着系统的运行而上升，技术进步和人工维护又相应地降低了这两个风险，总体上呈反浴盆曲线变动趋势。该仿真结果不仅符合我国实际国情，从系统可靠性的角度来看，也符合风险评估的预期趋势。

2.5.4.1　经济社会环境风险

如图 2-10（a）和图 2-10（b）所示，经济社会环境风险与政策风险和市场风险具有相同的变化趋势，且二者均呈现先上升后下降的变动趋势。市场风险随时间上下波动，政策风险远远高于市场风险。此外，正是因为市场风险的影响较小，经济社会环境风险和政策风险才具有相同的变动趋势。

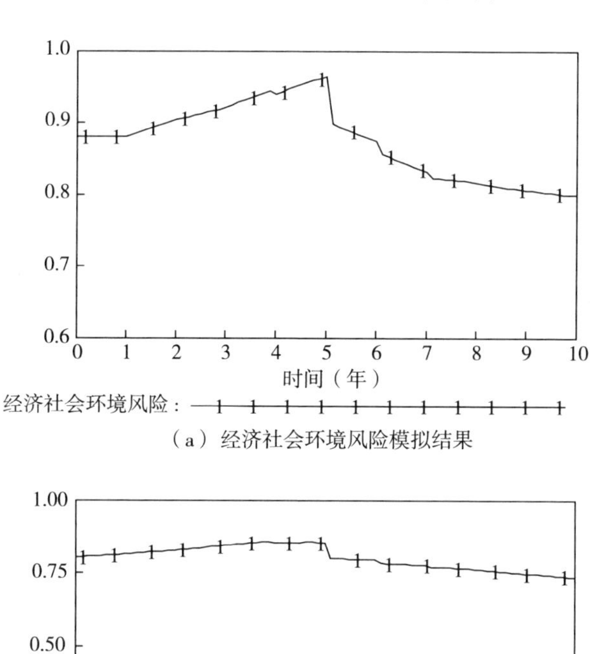


（a）经济社会环境风险模拟结果

（b）政策风险与市场风险模拟结果

**图 2-10　能源互联网三类风险模拟结果**

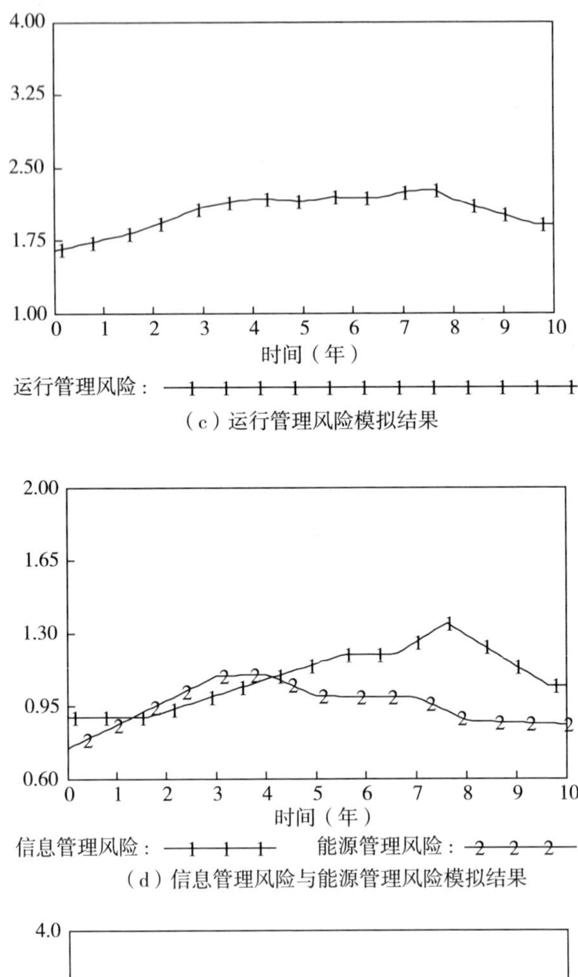


（c）运行管理风险模拟结果

（d）信息管理风险与能源管理风险模拟结果

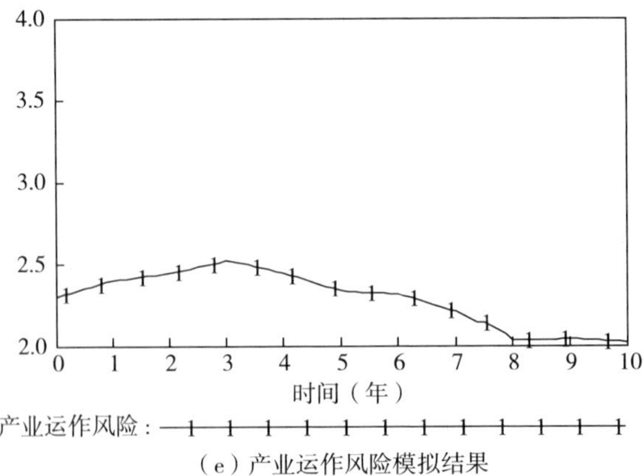


（e）产业运作风险模拟结果

**图 2-10　能源互联网三类风险模拟结果（续）**

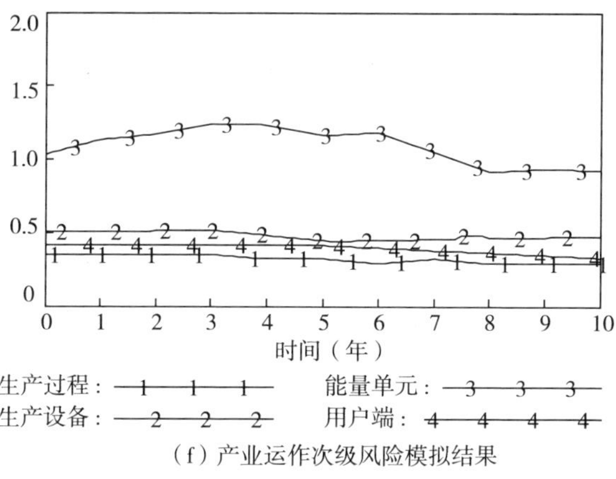


（f）产业运作次级风险模拟结果

**图 2-10　能源互联网三类风险模拟结果（续）**

以上模拟结果表明，行业政策和关税政策相对稳定，且对政策风险的影响较小，政策风险更多的是受上网电价政策的影响。在早期，随着政府不断地降低上网电价，政策风险不断上升。而近年来，政府又提出了一系列扶持政策，如提高额外税收补贴、降低税收，这又相应地降低了政策风险。因此，政策风险在整个模拟期间呈先升后降的变化趋势，这不仅反映了我国的实际国情，而且也得到了 Yang 等、Chebotareva 等和 Li 等的证实[57~59]。

#### 2.5.4.2　运行管理风险

从图 2-10（c）和图 2-10（d）可以看出，运行管理风险、信息管理风险和能源管理风险均呈现先上升后下降的变化趋势，且信息管理风险和能源管理风险在模拟范围内出现了两次相交的情形。

运行管理风险主要受信息管理风险和能源管理风险的影响。近年来，能源管理技术的进步降低了负载损失率和能量耦合风险，从而降低了能源管理风险。但运行管理风险更容易受信息管理风险的影响，如信息设备故障和故障跨空间传播。在早期，信息设备故障的增加使运行管理风险增高。但随着电网增加传输容量和合理配置变压器，负载损耗率大大降低，又相应地降低了运行管理风险。所以运行管理风险呈现先上升后下降的变动趋势。

#### 2.5.4.3　产业运作风险

如图 2-10（e）所示，产业运作风险在大体上也呈现先上升后下降的变动趋势。我们发现，能量单元对产业运作风险影响最大，如图 2-10（f）所示，能量单元作为系统网架核心，对产业运作风险影响最大。由于其他风险因素对产业运作风险的影响较小且相对稳定，使能源单元风险与产业运作风险的变化趋于一致。在早期，随着能源系统的运行，配电网负载率和网络综合损耗逐渐增加，这无疑增加了能源单元的风险。而随着配电网调度方式的优化和故障平均中断时间的减少，能源单元风险降低，相应地降低了产业运作风险。因此，产业运作风险与能量单元风险呈现出先上升后下降的变化趋势。此外，产业运作多由设备驱动，一般来说，设备可靠性在其寿命周期内呈浴缸曲线变化趋势。但从风险角度来看，系统设备的可靠性风险应与之相反，呈现反浴盆曲线变化趋势。产业运作风险呈反浴盆曲线变化趋势也从侧面印证了模拟结果的科学性和合理性。

### 2.5.5 影响因素分析

#### 2.5.5.1 关键风险因素

能源互联网综合风险影响指标众多，各风险指标对综合风险的影响也有所不同。在我国大力推进能源互联网建设的背景下，扶持政策的不断加磅与相关技术的不断进步都会使能源互联网综合风险发生变化。本节基于各风险指标权重与历年风险值均值，选择 10 个对能源互联网综合风险影响最大的指标，以降低能源互联网综合风险为目的，以 20%变动风险指标来考察对风险指标自身*、所属层与综合风险的影响程度，变动前后各风险值均值模拟结果如表 2-18 所示。

**表 2-18 风险指标变动前后风险值均值模拟结果**

| 风险指标 | 综合风险 | 经济社会环境风险 | 运行管理风险 | 产业运作风险 | 风险指标自身* |
|---|---|---|---|---|---|
| 上网电价 | 5.205/5.146 | 0.873/0.817 | — | — | 0.644/0.588 |
| 网络综合损耗 | 5.205/5.134 | — | — | 2.277/2.211 | 0.501/0.435 |
| 能源耦合风险 | 5.205/5.150 | — | 2.059/2.007 | — | 0.410/0.357 |
| 负荷损失率 | 5.205/5.088 | — | 2.059/1.947 | — | 0.401/0.296 |
| 故障跨空间传播 | 5.205/5.111 | — | 2.059/1.969 | — | 0.386/0.300 |
| 信息设备故障 | 5.205/5.045 | — | 2.059/1.902 | — | 0.345/0.202 |
| 配电网负载率 | 5.205/4.840 | — | — | 2.277/1.929 | 0.235/0.069 |
| 安全漏洞风险 | 5.205/4.739 | — | 2.059/1.562 | — | 0.211/0.169 |
| 援建效益能力 | 5.205/5.174 | — | — | 2.277/2.248 | 0.199/0.171 |
| 投资运维成本 | 5.205/5.177 | — | — | 2.277/2.250 | 0.196/0.170 |

注：表中风险指标为对综合风险影响最大的 10 个风险因素，表中数据展示了风险指标变动 20%时，综合风险、所属层、风险指标自身*风险值在变动前后的对比情况。

#### 2.5.5.2 典型因素分析

基于前文对能源互联网综合风险关键风险因素的分析，我们知晓风险指标上网电价、安全漏洞风险与配电网负载率对各自所属层影响最大，对能源互联网综

合风险影响较大。本节将其作为典型因素来详细分析它们各自对所属层与综合风险的影响程度。在设置各指标值变动 20%后，变动前后所属层与综合风险模拟对比结果如图 2-11 所示。

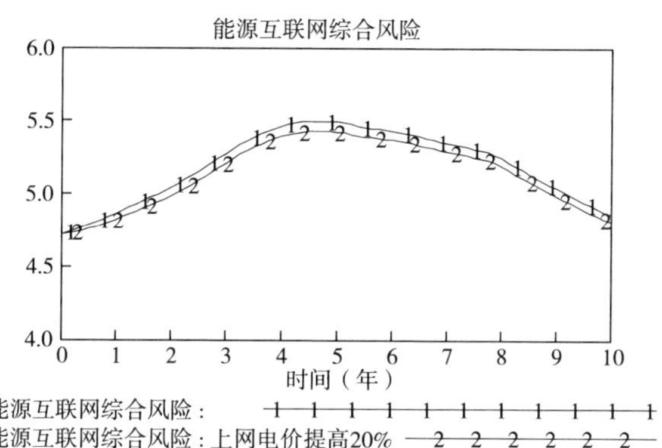


（a）上网电价提高后的综合风险对比

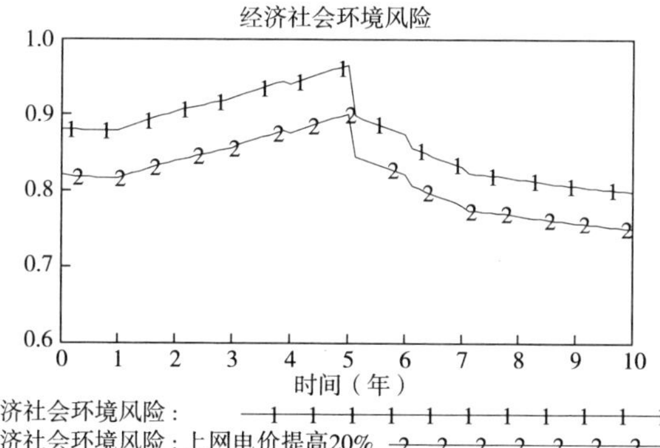


（b）上网电价提高后的经济社会环境风险对比

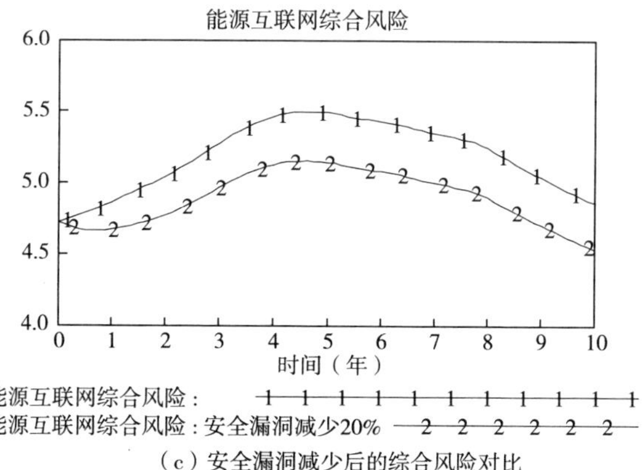


（c）安全漏洞减少后的综合风险对比

**图 2-11　决策实验模拟结果**

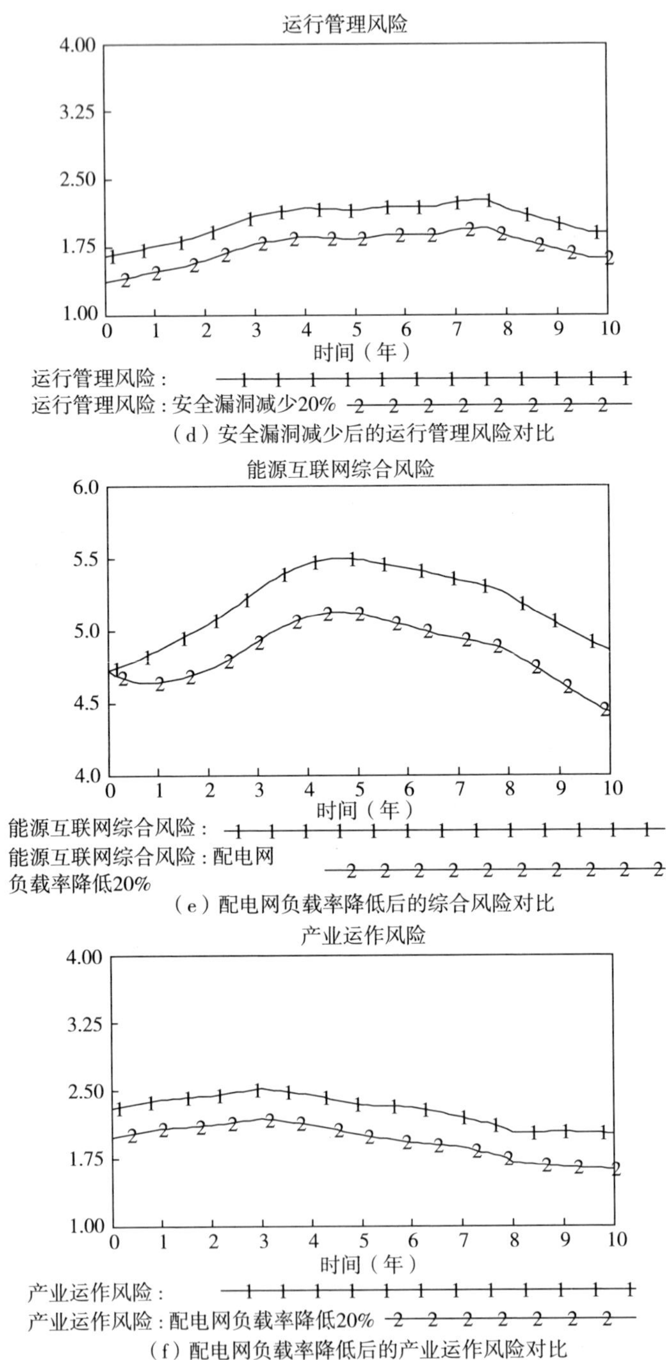


（d）安全漏洞减少后的运行管理风险对比

（e）配电网负载率降低后的综合风险对比

（f）配电网负载率降低后的产业运作风险对比

**图 2-11 决策实验模拟结果（续）**

（1）上网电价。随着我国不断推进能源互联网建设，政府提高上网电价对能源互联网行业来说，也是一种有效的激励政策。通过仿真，能源互联网综合风险和经济社会环境风险均低于基准情景，这意味着提高上网电价使综合风险和经济社会环境风险都得到了降低。

由前文可知，上网电价是经济社会环境风险的主要风险源。从图 2-11（a）和图 2-11（b）可以看出，上网电价上涨 20%大大地降低了经济社会环境风险和能源互联网综合风险，但并未改变经济社会环境风险和能源互联网综合风险的变动趋势。具体而言，上网电价上涨 20%，导致历年社会环境风险的均值由 0.873 降低至 0.817，降低了 6.94%。此外，上网电价上涨 20%，使历年能源互联网综合风险的均值由 5.205 降至 5.146，降低了 1.14%。

（2）安全漏洞风险。相较于设备故障所导致的风险，人为攻击安全漏洞所导致的后果更加严重。增加安全漏洞的接入难度与利用难度是降低安全漏洞风险的有效途径。从图 2-11（c）和图 2-11（d）可以看出，安全漏洞减少 20%可以显著地降低运行管理风险和能源互联网综合风险，但并未改变运行管理风险和能源互联网的变化趋势。具体来看，安全漏洞减少 20%使运行管理风险的均值从 2.059 降低至 1.562，降低了 31.82%。此外，安全漏洞减少 20%也使能源互联网综合风险的均值由 5.205 降低至 4.739，降低了 9.83%。

（3）配电网负载率。在国家对电网的持续支持下，加强运作管理和合理配置变压器会不断地降低配电网负载率。如图 2-11（e）和图 2-11（f）所示，配电网负载率降低 20%，降低了产业运作风险和能源互联网综合风险，由于配电网负载率对整个产业运作风险和能源互联网风险的影响有限，配电网负载率的降低并未改变二者的变动趋势。配电网负载率降低 20%，使产业运作风险的均值由 2.277 降至 1.929，降低了 18.04%。同时，配电网负载率降低 20%也使能源互联网综合风险的均值由 5.205 降至 4.84，降低了 7.54%。

## 2.6　本章小结

我们将能源互联网运行的综合风险分为三类：经济社会环境风险、运行管理风险和产业运作风险。考虑到能源互联网风险传递特征，建立了综合风险因果循环图和存量流量图，进而建立了基于系统动力学的能源互联网综合风险评估模型。此外，使用案例仿真验证了本章所提方法的科学性合理性。

结果表明，首先，运行管理与产业运作是整个阶段综合风险的主要风险来源。在能源互联网综合风险评估中，政府一直大力支持行业发展，因此经济社会环境风险相对较小，风险主要来自运行管理与产业运作两方面。其次，产业运作风险在初期要高于运行管理风险，而随着可再生能源的渗透率、信息设备故障和网络安全面临的脆弱性攻击概率的增加，运行管理风险将会高于产业运作风险。最后，因在能源互联网中，运行管理与产业运作主要通过信息物理融合系统与综合能源系统等设备实现，我们从设备可靠性的角度来看风险，在生命周期内其呈现反浴盆曲线趋势，这也侧面印证了本章模拟结果的合理性。尽管我们的工作还远远没有完成，但它确实提供了评估能源互联网风险的通用方法框架，并且对于能源互联网综合风险的管理和控制具有一定的指导意义。未来的研究将集中考虑更多的能源互联网风险因素。此外，学者们还可以深入研究能源互联网风险的管理和控制，包括如何有效地控制风险以及如何建立减少风险的科学管理方法。与这些方面有关的研究可以帮助减少损失，这都有利于能源互联网的发展。

## 2.7 本章参考文献

［1］张世尧．能源互联网的商业模式与市场机制［J］．现代商业，2016（24）：72-73.

［2］董瑞彪，刘永笑，黄武靖，等．基于综合能源系统价值分析的能源互联网运营商定价方法［J］．电力建设，2019，40（11）：87-96.

［3］姜华彪，陶启刚，雷晓凌．能源互联网商业模式创新研究［J］．价值工程，2019，38（27）：127-130.

［4］刘正阳，胡毅，乔晗，等．能源互联网时代新能源企业的商业模式创新分析——以远景能源为例［J］．科技促进发展，2017，13（3）：133-144.

［5］刘敦楠，曾鸣，黄仁乐，等．能源互联网的商业模式与市场机制（二）［J］．电网技术，2015，39（11）：3057-3063.

［6］杨锦春．能源互联网：资源配置与产业优化研究［D］．上海：上海社会科学院，2019.

［7］韩旭．能源互联网条件下微网运营优化及综合评估模型研究［D］．北

京：华北电力大学，2018.

［8］欧阳邵杰．面向能源互联网的电力系统时空多维规划及运营模式研究［D］. 北京：华北电力大学，2017.

［9］Yangyang Liu，Guangli Wang，Jiangxin Zhou. Optimal planning strategy for energy internet zones based on interval optimization［J］. Energy Reports，2020（6）：1255-1261.

［10］Zengxun Liu，Yan Zhang，Ying Wang. Development of the interconnected power grid in Europe and suggestions for the energy internet in China［J］. Global Energy Interconnection，2020（3）：111-119.

［11］Chuncheng Lin，Yifang Wu，Wanyu Liu. Optimal sharing energy of a complex of houses through energy trading in the Internet of energy［J］. Energy，2021（220）：11961.

［12］Zhihong Jiang，Jian Han，Wenzhou Liu. Energy internet-A new driving force for sustainable urban development［J］. Energy Procedia，2018（152）：1206-1211.

［13］Zhengchao Wang，A. T. D. Perera. Integrated platform to design robust energy internet［J］. Applied Energy，2020（269）：114942.

［14］Shuxia Yang，Chunxu Zhu，Li Qiao. Dynamic assessment of energy internet's emission reduction effect：A case study of Yanqing，Beijing［J］. Journal of Cleaner Production，2020（272）：122663.

［15］Lei Li，Yilin Zheng，Shiming Zheng. The new smart city programme：Evaluating the effect of the internet of energy on air quality in China［J］. Science of the Total Environment，2020（1714）：136380.

［16］刘晓明，牛新生，王佰淮，等．能源互联网综述研究［J］. 中国电力，2016，49（3）：24-33.

［17］马原．能源互联网下波动性能源发电风险扰动与决策模型研究［D］. 北京：华北电力大学，2018.

［18］李红亮．电网企业能源互联网试点项目风险评价及应用研究［D］. 北京：华北电力大学，2018.

［19］张向宏，苏禹．能源互联网及其安全防护体系建设研究［J］. 微型机与应用，2015，34（9）：5-11+14.

［20］丁茂生，王洪儒，王超，等．信息物理视角下能源互联网可靠性评估方法综述［J］. 电网技术，2021，45（2）：425-436.

[21] Shichao liu, Xiaoping Liu, Abdulmotaleb El Saddik. Denial-of-Service (DoS) attacks on load frequency control in smart grids [EB/OL]. https://ieexplore.iee.org/abstract/document/6497846.

[22] O. Kosut, L. Jia, R. J. Thomas, L. Tong. Malicious data attacks on the smart grid [J]. IEEE Transactions on Smart Grid, 2011, 2 (4): 645-658.

[23] T. M. Chen, J. C. Sanchez-Aarnoutse, J. Buford. Petri net modeling of cyberphysical attacks on smart grid [J]. IEEE Transactions on Smart Grid, 2011 (2): 741-749.

[24] S. Deng, C. Yuan, L. Yang, X. Qin, A. Zhou. Data recovery algorithm under intrusion attack for energy internet [J]. Future Generation Computer Systems, 2019 (100): 109-121.

[25] K. Wang, X. Hu, H. Li. A survey on energy internet communications for sustainability [J]. IEEE Transactions on Sustainable Computing, 2017, 2 (3): 231-254.

[26] A. S. Sani, D. Yuan, J. Jin, L. Gao, S. Yu. Cyber security framework for internet of things-based energy internet [J]. Future Generation Computer Systems, 2019 (93): 849-859.

[27] 张馨．面向全球能源互联网的跨国电网投资风险评价体系研究 [D]. 北京：华北电力大学，2018.

[28] 丁一，江艺宝，宋永华，等．能源互联网风险评估研究综述（一）：物理层面 [J]. 中国电机工程学报，2016，36（14）：3806-3817.

[29] 江艺宝，宋永华，丁一，等．能源互联网风险评估研究综述（二）——信息及市场层面 [J]. 中国电机工程学报，2016，36（15）：4023-4034.

[30] 李存斌，李小鹏，田世明，等．能源互联网电力信息深度融合风险传递：挑战与展望 [J]. 电力系统自动化，2017，41（11）：17-25.

[31] 孙润波．基于复杂网络的能源互联网跨空间风险模型与仿真研究 [D]. 北京：华北电力大学，2018.

[32] 李小鹏．能源互联网电力信息融合风险传递模型与仿真系统研究 [D]. 北京：华北电力大学，2019.

[33] 杨至元，张仕鹏，孙浩．电力系统信息物理网络安全综合分析与风险研究 [J]. 南方能源建设，2020，7（3）：6-22.

[34] 赵丹丹，阚哲，高一飞，等．面向区块链环境下信息物理融合系统的

风险评估［J］. 网络空间安全，2020，11（1）：39-44.

［35］侯栋宸，孙永辉，张宇航. 基于变权 FAHP 的配电 CPS 风险评估方法［J］. 电力系统及其自动化学报，2020，32（2）：41-47+53.

［36］蓝水岚. 电力信息物理融合系统网络——物理协同攻击研究［D］. 南宁：广西大学，2019.

［37］徐丙凤，何高峰，张黎宁. 基于状态事件故障树的信息物理融合系统风险建模［J］. 计算机科学，2019，46（5）：105-110.

［38］李存斌，张磊，刘定，等. 基于复杂网络的能源互联网信息物理融合系统跨空间风险传递研究［J］. 运筹与管理，2019，28（4）：139-147.

［39］何宜倩. 电网信息物理融合系统高危环节筛选与风险缓解策略研究［D］. 杭州：浙江大学，2019.

［40］N. B. Akhuseyinoglu，J. Joshi. A constraint and risk-aware approach to attribute-based access control for cyber-physical systems［J］. Computers & Security，2020（96）：1-20.

［41］J. Yaacoub，O. Salman，H. Noura，N. Kaaniche，A. Chehab，M. Malli. Cyber-physical systems security：Limitations，issues and future trends［J］. Microprocessors and Microsystems，2020（77）：103201.

［42］L. B. Othmane，D. Jacobson，E. Weippl. Special issue on security and privacy in smart cyber-physical systems［J］. Computers & Security，2019（87）：101611.

［43］Alguliyev，Rasim，Imamverdiyev，Yadigar，Sukhostat，Lyudmila. Cyber-physical systems and their security issues［J］. Computers in Industry，2018（100）：212-223.

［44］陈柏森，廖清芬，刘涤尘，等. 区域综合能源系统的综合评估指标与方法［J］. 电力系统自动化，2018，42（4）：174-182.

［45］吕佳炜，张沈习，程浩忠. 计及热惯性和运行策略的综合能源系统可靠性评估方法［J］. 电力系统自动化，2018，42（20）：9-16.

［46］张弛，唐庆华，严玮，等. 基于粒子群—内点混合优化算法的区域综合能源系统可靠性评估［J］. 电力建设，2017，38（12）：104-111.

［47］陈娟伟，余涛，许悦，等. 气电耦合综合能源系统供电可靠性评估解析算法［J］. 电力系统自动化，2018，42（24）：59-66.

［48］李更丰，黄玉雄，别朝红，等. 综合能源系统运行可靠性评估综述及展望［J］. 电力自动化设备，2019，39（8）：12-21.

[49] 路红池，谢开贵，王学斌，等．计及多能存储和综合需求响应的多能源系统可靠性评估［J］．电力自动化设备，2019，39（8）：72-78.

[50] 严超，别朝红，王灿，等．面向新一代能源系统的风险评估研究现状及展望［J］．电网技术，2019，43（1）：12-22.

[51] H. Su，E. Zio，J. Zhang，et al. A systematic method for the analysis of energy supply reliability in complex integrated energy systems considering uncertainties of renewable energies，demands and operations [J]. Journal of Cleaner Production，2020（267）：117-122.

[52] J. Liu，S. Zhang，H. Cheng. Reliability evaluation of integrated energy system considering the dynamic behaviour of loads and operation strategy [J]. Energy Procedia，2019（158）：6508-6514.

[53] J. Chen，T. Yu，Y. Xu. Fast analytical method for reliability evaluation of electricity-gas integrated energy system considering dispatch strategies [J]. Applied Energy，2019（242）：260-272.

[54] G. Li，Z. Bie，Y. Kou，et al. Reliability evaluation of integrated energy systems based on smart agent communication [J]. Applied Energy，2016（167）：397-406.

[55] X. Liu，M. Zeng. Renewable energy investment risk evaluation model based on system dynamics [J]. Renewable & Sustainable Energy Reviews，2017（73）：782-788.

[56] 王其藩．复杂大系统综合动态分析与模型体系［J］．管理科学学报，1999，2（2）：6.

[57] S. Yang，J. Liu，R. Wang. The improved fuzzy analytic hierarchy process and its application in risk evaluation of wind power project investment [J]. Journal of Information & Computational Science，2014（11）：4547-4553.

[58] G. Chebotareva，W. Strielkowski，D. Streimikiene. Risk assessment in renewable energy projects：A case of Russia [J]. Journal of Cleaner Production，2020（269）：122110.

[59] F. Li，Z. Liu，X. Jia. Investment risk assessment model for wind power projects based on full life cycle theory [J]. East China Electr Power，2012（40）：531-535.

# 第3章　可再生能源发电项目投资风险与综合效益

为应对全球变暖与日益严峻的环境问题，实现经济社会可持续发展，各国纷纷从战略高度重视并大力发展可再生能源。在主要的可再生能源中，我国风能的资源禀赋优越，近年来风力发电产业也得到飞速发展，已成为我国可再生能源产业的核心之一，也使我国风电装机容量成为世界第一。随着风电投资规模不断增大，风电项目投资风险进行分析和综合效益评估成为行业的焦点问题。对风电项目投资风险进行分析与优化，将有助于制定项目的投资与运营计划，降低投资风险和提高决策的科学性及合理性。多维度多角度的风电投资活动综合效益评估也有利于增进项目运行的有效性和经济性。

本章首先介绍了全球风电产业发展现状，重点阐述了我国风电产业发展情况，从整体上对风电的概况进行分析。针对风电项目投资风险，先从经济、技术和政策三个方面梳理项目投资相关的风险因素，并利用蒙特卡洛方法建立投资风险评估模型，将模型应用于某风电项目投资风险评估中。其次根据分析结果提出了基于多目标规划的投资优化模型，并提出相应的风险防范对策。就风电项目的综合效益，从能源资源的角度出发，基于能源、经济和环境之间的关系，进行能源投入回报和全生命周期评估，建立对应的双层多目标模型并进行实例分析，以求针对性地提高风电项目综合效益。

## 3.1　可再生能源发电项目投资风险相关研究进展

随着我国改革开放的不断深入和经济的持续快速发展，中国早已成为世界第二大经济体，是最大的能源消费国和二氧化碳排放国[1]。近些年，我国能源消费剧增，以煤炭、石油为主的化石资源消耗迅速，已无法满足日益增长的能源需求[2]，生态环境日益污染，严重威胁到了经济和社会环境的和谐稳定发展。我国能源危机问题日益严峻，生态环境问题亟待解决，大力发展可再生能源已成为我国应对环境问题和调整能源结构的主要措施之一。国际能源署（IEA）在2016年的《可再生能源市场中期报告》指出，2015年可再生能源发电量是所有新增能源发电量最大的能源[3]，其装机容量预计在未来五年实现持续增长。基于能源独立和碳减排目标，可再生能源在中国可持续发展中起着至关重要的作用[4]。目前，中国主要的可再生能源包括光伏、风能、水能、生物质能等。在发电方式上，风力发电技术愈加成熟，其资源分布广，满足大规模开发的条件，具有环境影响小、施工周期短和生产成本低等优点。因此，风能是我国最具有开发前途、商业潜力和活力的可再生能源之一。从经济技术层面来说，大力推行风电产业能降低我国在能源方面的支出：从环境资源层面来说，风电产业能有效缓解我国目前的能源紧张局势；从宏观层面来说，风电产业的发展有利于对整个地球环境的治理，是非常适合当前形势的战略性选择。本章以风电项目为例，探讨可再生能源发电项目的可持续运营风险与投资综合效益。

由于风能的利用是确保实现世界可持续发展和能源安全的可靠途径之一，风电项目成为许多国家和地区可再生能源开发的重点。自2006起中国连续4年增长率达到100%，成为全球风力发电领导者。至2016年底，中国已成为装机容量最大的国家。在可持续经营方面，项目投资经营者必须尽量减少投资风险。在项目规划阶段，投资决策应基于可持续经营和项目回报，可将项目的投资运营视作一个统一的系统，长期的积极趋势和短期的波动风险并存于风电项目的发展中[5]。在项目规划过程中，要全方面地分析风电项目投资的主要影响因素，合理规划投资过程，减少不确定性事件的发生，减少投资风险。同时，还要基于全生命周期定理，评估项目投资短期波动性风险，对可再生能源发电项目投资决策进行优化，促进可再生能源产业可持续发展。

提高可再生能源投资效益是可持续发展的重要组成部分。目前，风电项目投资效益较低，其开发利用过程评价体系尚需完善。近年来，可再生能源发电尤其风电项目投资效益的研究颇受关注，学者们选取多种方法对投资效益进行评价，并结合投资效益定量分析结果为投资者提供决策支持[6]。由于投资的经济效益一直是每个决策者的重要追求，因此，已有研究一般从经济效益视角出发，基于现金流利润、成本等进行投资经济效益研究，基于资源角度的评价往往被忽视。

### 3.1.1　风电项目发展现状

能源结构的调整使风电的地位升高。“十三五”期间，我国新增风电装机容量800000兆瓦以上，其中，海上新增风电装机容量提高到4000兆瓦以上。“十三五”期间，我国风电投资总额达到7000亿元以上。国家积极调整风电相关政策，推动风电产业发展，风电产业将会成为我国能源结构中的主力军。

风电项目投资成本主要是由设备成本、建设成本、维护运营成本、人工成本等组成。其中，设备成本所占比例较大。从2007年以来，国际上的风电设备的价格一直在降低，从每兆瓦178万美元下降至2015年的93万美元，下降幅度达到了47.75%，使投资成本明显减少，也使投资者对风电项目的青睐一直增加。因此，在项目的生命周期中，投资者和经营者不仅要分析投资风险，而且要在投资过程中实现长期可持续经营。此外，我国风电成本较高的主要原因是弃风现象严重。由于风能资源丰富的地区大量投资风电项目时未做好全面规划，导致装机容量大而地区消纳能力和储存能力有限，再加上外送通道不足，从而弃风现象严重。弃风问题也是学术界的关注点[7~8]。

### 3.1.2　投资风险分析研究现状

项目投资具有不确定性，风险往往影响项目投资运营结果。对投资项目的风险进行分析，做出最优的投资决策成为项目建设中的重要环节。目前已有许多国内外文献从不同角度对投资风险进行分析。

Couture和Gagnon[9]将上网电价定价政策分为独立市场政策和相关市场政策，并分析了各自的优缺点。研究表明，上网电价定价政策在短期市场价格策略中更具有成本效益，同时能够降低投资风险，确保投资回报，能有效地激励投资者进入市场。Kaldellis[10]以希腊风电场为例，构建成本效益模型，分析了投资风险和电价机制带来的影响并提出相应的措施。同时将风力发电与传统发电及光伏发电进行比较，分析风力发电对希腊的社会影响。Aquila等[11]基于巴西电力系统，提出一个涵盖不确定性和可能性的风力发电项目投资分析框架，通过蒙特卡洛方法模拟现金流并进行敏感度分析。研究表明，该项目具有较高的经济可行性。Gass等[12]提出统计模拟方法，将随机风速纳入盈利能力算式中。他们基于MCP方法预测奥地利风电场风速，选取内部收益率作为风电场经济不确定性评价指标。研究表明，不确定性因素对风电场盈利影响较大。Baringo[13]分析风电投资中的不确定性，考虑大量风电投资场景，基于数学规划构建风电项目投资利润最大化目标函数模型并求解。Liu 和 Zeng[14] 运用系统动力学方法对可再生能源投资风险进行研究。他们从技术、政策和市场三个方面分析可再生能源投资风险因素，然后用系统动力学方法建立投资风险因果关系图和风险评估模型。研究表明，在投资早期阶段，政策风险是主要影响因素；在投资成熟阶段，政策风险和技术风险影响降低，市场风险是主要的不确定因素。Jia 等[15] 基于 AHP 方法考虑了设计、投融资、建筑施工和运营维护四个阶段，建立了一个相对完整的风险评估体系。

侯威[16] 分析风力发电投资风险及其特点，并从风电建设各阶段出发分析了风电投资风险因素，建立了风险指标评价体系。他基于 AHP 建立物元可拓风险评价模型，确定风险等级。李文富等[17] 从经济效益、社会效益和环境效益等方面入手，多方面构建风电项目投资风险指标体系，基于 BP 神经网络方法结合实际案例分析风电项目投资风险问题。研究表明，该方法可以精确地评价风电项目投资风险，有助于投资者做出科学合理的投资决策。彭海嚭[18] 对我国大型风电场投资构成做了详细的阐述，从技术、经济、社会和环境等方面分析了风电场建设影响因素，建立评价指标体系。他利用熵权 TOPSIS 法确定了客观权重，主观权重则通过改进后的 AHP 方法确定，并利用粗糙集将主客观权重相结合，结合实证分析验证模型的可靠性和有效性。于澎等[19] 提出风电项目投资具有综合性、不可预知性、间歇性和反调峰性，从技术、管理、经济、市场和政策等方面识别风电项目投资风险。李峰等[20] 从风电生命周期角度出发，考虑风电各个阶段存在的风险因素，建立风电项目投资风险指标体系，基于灰色关联度 TOPSIS 法建立风险评价模型。研究表明，该方法可以帮助决策者从众多方法中选择最优决策。

由此可以看出，国内外有关项目投资风险分析的研究已经有了较多的成果。本章从经济、技术和政策方面分析投资风险指标体系，基于之前的研究成果，采用蒙特卡洛和多目标规划方法构建风电项目投资风险评估优化模型。

### 3.1.3 投资效益分析研究现状

投资项目效益评价是指从不同的角度识别效益影响因素，构建效益评价指标体系，基于一定的理论方法，从不同的角度综合评估项目投资效益的过程。目前众多研究主要是从能源、经济和环境三个方面来评估投资效益的。

3.1.3.1 能源效益研究

能源效益指消耗单位能源对社会的回报值，主要是指能源消耗带来的经济效

益，即能源利用率。世界能源委员会（World Energy Council，WEC）对能源效率的定义为减少获取相同回报时的能源投入量。1996年，Patterson[21] 提出过类似的定义，即用尽可能少的能源投入生产出相同的产品或服务。Bosseboeuf 等[22] 于1997年对能源效率从经济和技术两个方面进行定义。经济方面的能源效率指用较少的能源投入获得更好更多的回报；而技术上的能源效率则是指由于技术进步等，使能源消耗减少。我国学者也从不同方面对能源效率做出定义。从物理角度分析，能源效率是指在生产过程中，有用部分的能源消耗值与实际能源消耗值的比值；从经济角度分析，能源效率是指为终端提供的服务与所消耗的能源总量之比。此外，能源效率问题也是国内外学者研究的重点。

Dilek[23] 研究了2000年加利福尼亚州能源危机对能源部资助的工程审计计划的影响，旨在改善中小企业在各个领域的效率，其中包括能源效益。他使用了差异策略来估计线性概率模型。Yu[24] 利用全球变化评估模型，评估了古吉拉特邦建筑能源政策对建筑行业的影响，有助于该邦采用ECBC并提高建筑项目的能源效益。Buus[25] 提出能源效益评估的方法，通过生产过程的矩阵描述得到能源模型价格（PERM）和能源成本模型（CERM），并利用平均能源投入成本与平均可用能源投入成本之比来研究能源效率。Xu[26] 利用数据包络分析方法以及探索性空间分析法来研究公共机构在能源效益评估中的作用，基于评估结果提出了提高公共机构能源管理绩效的建议。Feng[27] 研究分析了提高能源效率和促进工业部门的节能对中国经济可持续发展的影响，他采用了数据包络分析（DEA）的方法，从技术、管理和规模三个方面分析了中国省级工业部门2000~2014年的能源效率和节能潜力。Bukarica[28] 提出了能源效益市场的概念，讨论能源效益政策的基本目标，即向更高效的产品服务市场转型，其重点是建立能源效益市场模型，并升级现有能源效益障碍模型。

王聪[29] 以山东枣庄市农村户用沼气建设为研究对象，从财务和国民经历两个方面分析沼气建设的经济效益，建立生态效益指标体系，基于沼气能源特点分析能源替代效益，并针对评价结果提出山东枣庄市农村户用沼气建设优化建议，有利于整体效益的提升。吴卫明[30] 采用问卷调查的方法分析沼气池建设对农村家庭能源消费的影响，基于成本效益分析法从沼气农村用户和社会角度出发评价了沼气池建设的经济效益，采用AHP方法对沼气池建设环境效益进行评价，利用投入产出比分析沼气池能源效益，研究结果能为农村新能源发展及政府制定相关激励政策提供参考。冯立杰[31] 从环境效益、安全效益和能源效益三个方面评估新能源煤层气开发利用的综合效益，采用CDM项目方法评估煤层气环境效益。

在安全效益方面，主要影响因素是煤矿瓦斯事故，通过对进行煤层气抽采的矿井与未进行煤层气抽采的矿井的效益进行比较来评估安全效益，从能源替代效益和能源安全效益两方面综合分析煤层气能源效益。综合三类分析构建煤层气开发利用综合效益评估的定量模型，为科学全面评估煤气层开发利用提供有效方法，为以后煤气层项目建设提供科学依据。

3.1.3.2 经济效益研究

经济效益是指投入生产后得到的成果减去所有投资要素的结果，对于项目而言，是指项目运营后带来的财务上的经济收益。经济效益主要用于评估投资活动所带来的盈利，总体来说就是将支出和收入相对比。评价经济效益的方法有很多，通常情况都会选择适合研究对象的经济评价指标。经济效益研究也是综合效益评价的重要部分，在能源研究方面，经济效益主要是和环境效益或者社会效益作为一个整体去综合评估项目的效益，其结果就是投资者判断是否投资或者调整投资决策的重要依据。

Liu 等[32] 从风电站建设、运行维护、调度费用、发电效益、负荷效益和改善效益六个方面分析经济低碳效益，建立基于碳排放交易的经济效益模型。研究表明，DR 风电具有良好的经济效益。Xia 等[33] 从宏观层面出发，基于 2005~2011 年全国县级数据分析风电项目对中国地方经济的影响。研究表明，风力发电对国内生产总值有显著的积极影响。禹英杰[34] 从微观财务效益和宏观国民经济效益两个方面评估风电建设经济效益。环境效益评估主要从风电建设项目对环境的有利影响和不利影响两个方面入手，根据分析的结果对风电项目建设提出建议。黄莹灿等[35] 从定量分析的角度，建立风电经济环境效益评价模型，基于近些年来中国风电节能减排情况建立未来减排效益预测模型，并重点分析了影响测算的因素。结合实例从节能减排的角度分析风电的经济效益，研究表明，该项目具有较好的经济效益。王丽伟[36] 采用支持向量机和 RBF 神经网络法预测风电场风速及发电功率，基于发电机功率预测评估风电场经济效益。研究表明，提高风电场发电功率有助于经济效益的提高。赵文会等[37] 构建超效率 DEA 模型和 Malmquist 指数模型，结合实例分析风电场经济效益，该研究有助于提高风电场投资经济效益和风能的利用效率。刘芳兵[38] 通过成本分析法评价海上风电经济效益，采用模糊层次分析法（FAHP）建立社会效益评价模型，并提出加快海上风电项目发展的相关对策。

3.1.3.3 环境效益研究

风电建设的环境评估对于项目建设运营有着极其重要的参考价值，因此，客

观地定量分析风电项目的环境效益对于可持续发展有重要意义。

Yang[39] 提出，通过协同利益方法能有效地利用资源，从而解决环境问题，计算了中国风力发电的环境效益，并绘制了环境协同效益图，结果表明，风力发电能够扩大整体环境效益。蔡贵珍等[40] 通过计算综合煤耗和简化污染物减排量计算方式来评估风电工程环境效益。孙磊等[41] 对风电效益进行量化分析，建立风电效益指标体系，从成本的角度分析风电环境。研究表明，风力发电具有良好的环境效益。周世文[42] 以宁夏地区为例，综合多方面分析风电工程对环境的影响，建立环境效益模型，得出确切的环境效益值。王晓天[43] 选取内蒙古自治区某个风电场，基于生命周期的方法，对各个生命周期的耗能和温室气体的排放进行计算。研究表明，该风电场的环境效益十分显著，明显优于火力发电厂。

本章以风力发电项目为例，进行可再生能源发电项目风险分析和投资综合效益评估。其中，投资综合效益评估是基于资源角度进行的。

本章从经济、技术和政策三个方面研究分析了我国风电项目投资风险影响因素，基于蒙特卡洛方法选取净现值（NPV）、投资回收期（PT）和内部收益率（IRR）作为风险评价指标建立风险分析模型，并结合实例验证模型的可行性。为了降低投资风险，本章提出基于多目标规划理论的优化模型，帮助决策者制定科学合理的投资计划。从资源的角度出发，基于生命周期评价方法和能源投资回报方法定义风电系统边界，利用双层规划方法建立全方面衡量能源、经济和环境的效益的评价模型，提出提高综合效益的建议。

## 3.2　风力发电产业投资与发展

### 3.2.1　全球风能资源分布

全球风能资源丰富，据统计，全球风能总量约为 $2.74\times10^9$ 兆瓦，其中，可利用的风能资源为 $2\times10^9$ 兆瓦。据 GWEC 估计，平均风速高于 5 米/秒的地区占全球陆地面积的 27%。地形是影响风能资源的重要因素，全球风能资源大多数集中在沿海地带和开阔大陆收缩地带。赤道附近风速较低，平均风速低于 3 米/秒；而南北回归线附近风能资源丰富，平均风速能达到 6 米/秒以上。此外，沿海风能资源极其丰富，风速远远大于内陆地区。

全球风能资源较为丰富的地区是各大陆沿海地区，这些区域的风能资源情况如表 3-1 所示。欧洲是全球风能资源最为丰富地区之一，其沿海地区年平均风速可达 9 米/秒，大部分陆地地区风速基本可达到 6~7 米/秒。北美洲风能资源主要分布在中东部、东西沿海。中东部地区年均风速能达到 7 米/秒以上，东西沿海地区能达到 9 米/秒。亚洲地区由于地形复杂、气候多变，风能资源也很丰富，亚洲东部及其沿海地区风速均在 6~7 米/秒。中国风能资源丰富，分布广泛，其中，风能资源较为丰富的地区主要集中在东南沿海及附近岛屿以及北部，由于地形原因，内陆有些地方风能资源也比较丰富。陆地上 10 米高度层的风能资源储存量约为 32. 26 亿千瓦，实际可开发利用的风能资源约为 2. 53 亿千瓦。

**表 3-1　全球风能资源分布[44]**

| 地区 | 陆地面积（平方千米） | 风力为 3~7 级所占的面积（平方千米） | 风力为 3~7 级所占的面积比例（%） |
|---|---|---|---|
| 北美 | 19339 | 7876 | 41 |
| 拉丁美洲和加勒比 | 18482 | 3310 | 18 |
| 西欧 | 4742 | 1968 | 42 |
| 东欧 | 23049 | 6783 | 29 |
| 中东和北非 | 8142 | 2566 | 32 |
| 撒哈拉以南非洲 | 7255 | 2209 | 30 |
| 太平洋地区 | 21354 | 4188 | 20 |
| 中国 | 9597 | 1056 | 11 |
| 中亚和南亚 | 4299 | 243 | 6 |
| 总计 | 106660 | 29143 | 27 |

### 3. 2. 2　风电产业发展现状

#### 3. 2. 2. 1　全球风电产业投资发展

由于风能资源丰富、开发难度较低、效益较大，全球各大能源企业每年投入大量资金建设风电项目。2017 年全球风电市场投资约为 1046 亿美元，预计到 2025 年投资金额将高达 1114 亿美元。根据 GlobalData 数据，全球风电市场投资额在 2006 年为 243 亿美元，到 2016 投资金额已经达到 1038 亿美元，这十年间复

合增长率为 15.6%。全球能源结构转型是促进风电投资的主要因素。风电产业发展势头迅猛，未来有望成为能源市场主要组成之一。2004 年全球发电量中风电占比不足 1%，截至 2016 年，风电占比已达到 4.2%，预计未来这一比例将进一步提高。图 3-1 是 2004~2016 年全球新增/累计风力发电装机容量。

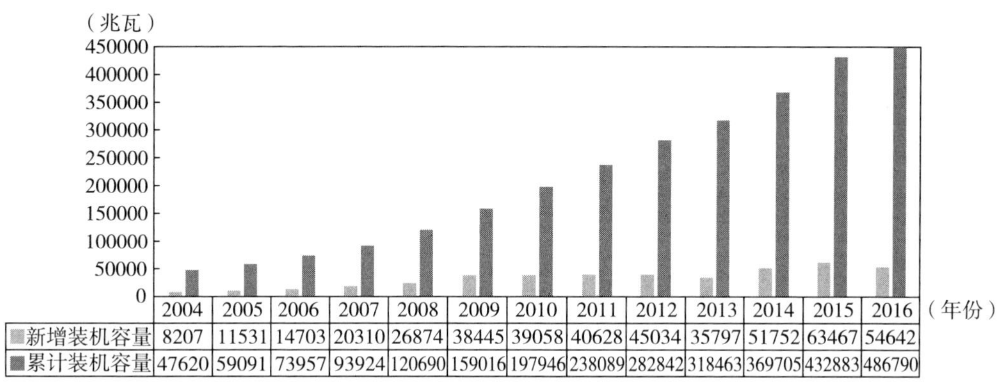


| | 2004 | 2005 | 2006 | 2007 | 2008 | 2009 | 2010 | 2011 | 2012 | 2013 | 2014 | 2015 | 2016 |
|---|---|---|---|---|---|---|---|---|---|---|---|---|---|
| 新增装机容量 | 8207 | 11531 | 14703 | 20310 | 26874 | 38445 | 39058 | 40628 | 45034 | 35797 | 51752 | 63467 | 54642 |
| 累计装机容量 | 47620 | 59091 | 73957 | 93924 | 120690 | 159016 | 197946 | 238089 | 282842 | 318463 | 369705 | 432883 | 486790 |

**图 3-1　2004~2016 年全球风力发电装机容量**

资料来源：《2016 全球风能报告》。

全球新增/累计风力发电装机容量持续增长。据 GWCE 统计，2016 年全球风电新增装机容量为 52.57 吉瓦，累计装机容量达到 486.7 吉瓦，同比增长了 12.6%。全球风电产业快速发展，风电累计装机容量持续上升，全球累计装机容量复合增长率达到 20%以上。尽管如此，世界各个地区的发展情况都有所不同，美国和欧洲的风电行业发展成熟并逐渐达到饱和；中国尽管起步较晚，但其发展已经取得重大进展，市场显现出巨大的活力和潜力。

2015 年中国新增装机容量 30753 兆瓦，占全球新增装机容量的 48.8%，位居世界第一；美国新增装机容量 8595 兆瓦，占当年新增装机容量的 13.6%，位居世界第二。中国的新增装机容量和市场份额远远领先于其他国家。在投资方面，美国、德国和印度是第一梯队，中国与其他发达国家投资相当。显然，中国的风能产业具有良好的资源禀赋和发展势头，同时也有项目投资和可持续经营的迫切需要。

### 3.2.2.2　我国风电产业发展情况

中国蕴藏丰富的风能资源。中国陆地 70 米高度风功率密度达到 150 瓦/平方米以上的风能资源技术可开发量为 72 吉瓦，达到 200 瓦/平方米以上的风能资源技术可开发量为50吉瓦。同时，笔者推算出80米高度风功率密度达到150瓦/平方米以上的风能资源技术可开发量为102吉瓦，达到200瓦/平方米以上的风能资源技术可开发量为75吉瓦。中国陆上风能资源最丰富的地区是西部、东北部及北部，海上风能资源丰富的地区位于东南沿海和台湾海峡。目前，西部和北部地区陆上风电场最多且装机容量最大。由于风能资源丰富，根据现有项目设施和建设情况，这些地区仍有相当大的发展前景。相比之下，东南沿海风能资源丰富地区发展仍然滞后，建设和建设中的装机容量远远低于西部和北部地区。同时，政府积极推进海上风力发电项目建设，发展分布式风力发电项目。

中国在2005年制定了《中华人民共和国可再生能源法》，之后又颁布了一系列有关可再生能源的法律，我国风电产业处于持续上升状态，风电相关的设备生产和风电技术研发都得到了快速发展。图3-2是中国2004~2016年高速增长时期的装机容量变化情况。2004年中国意识到了发展可再生能源的重要性，但当年我国累计风电装机容量仅为753兆瓦，到了2016年累计风电装机容量高达168730兆瓦，复合增长率达到了55.2%。其中，2006~2016年，中国累计风电装机容量连续4年以成倍的速度扩张，之后持续增长。近些年来，由于投资规划等问题，新增装机容量和累计装机容量上涨幅度降低。

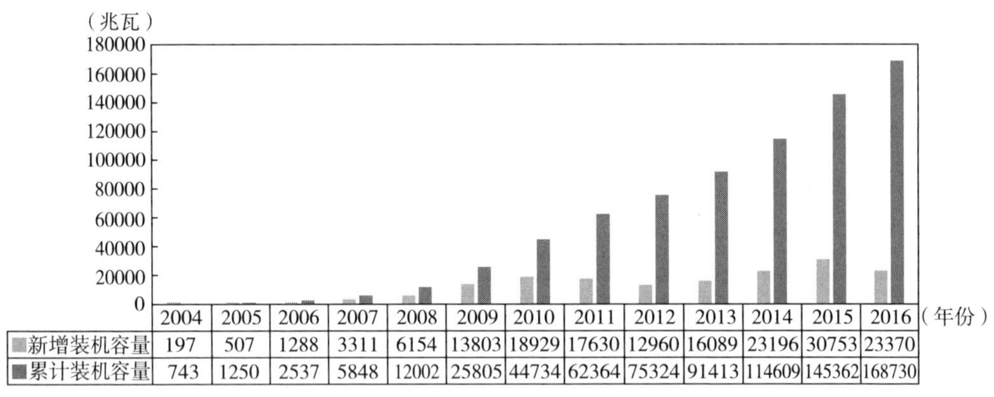


| | 2004 | 2005 | 2006 | 2007 | 2008 | 2009 | 2010 | 2011 | 2012 | 2013 | 2014 | 2015 | 2016 |
|---|---|---|---|---|---|---|---|---|---|---|---|---|---|
| 新增装机容量 | 197 | 507 | 1288 | 3311 | 6154 | 13803 | 18929 | 17630 | 12960 | 16089 | 23196 | 30753 | 23370 |
| 累计装机容量 | 743 | 1250 | 2537 | 5848 | 12002 | 25805 | 44734 | 62364 | 75324 | 91413 | 114609 | 145362 | 168730 |

**图3-2　2004~2016年中国风力发电装机容量**

在政策的支持下，各大风电企业积极投入风电项目建设中，我国风电行业投资热度不减，2017年前9个月完成投资397亿元。近些年我国海上风电项目发展迅猛，2017年我国共有14个海上风电项目获得核准，总装机容量约为4000兆瓦，总投资近760亿元，其中，广东省核准海上风电项目数据居榜首，总装机容量达到289亿元。在众多投资企业中，中国广核集团有限公司投资总额居于首位，单项目投资金额高达80亿元。

与其他可再生能源相比，风力发电建设工期短、安全性高[44]。风电产业发展受到了各方重视，带动了相关设备制造能力的提高。基于技术日益进步，在设备设计和施工方面，中国风电项目建设也达到了世界先进水平[45~46]。2016年，中国成为第一个风电累计装机容量突破160吉瓦的国家，累计风电并网容量达到了12900兆瓦，占风力发电装机容量的8.6%。截至2016年底，中国在全球累计风电装机容量中所占比重已从2004年的1.5%上升到34.6%。

### 3.2.3　中国风电投资发展面临的问题

#### 3.2.3.1　弃风问题严重，风电投资受限

近年来，由于延迟风电场接入电网问题越发严重，以及风电场弃风现象逐渐增多，因此国家不得不限制对弃风严重地区的投资，这严重打击了风电企业的投资积极性，因此，对这两种现象的治理已经刻不容缓。国家风电资源的飞速发展，也已经远远超过风电并网设备的建设速度。欠发达地区的电力供应增长速度超过电力需求的增长，在技术达不到的情况下多出的电量无法输送到外省，发电能力受到了限制。地方上风电场和电网的建设规划不协调，电力行业在进行发展规划时，并没有将如何发展风能考虑进去。同时，对于电网基础设施还缺少有效规划。除此之外，电力发展和电网运营者的支持力度相差较大，导致电网运营者对其负责的风电并网工作缺少积极性。再加上燃煤厂和电网运营者都缺乏激励措施，因此使上述问题越发严重。

#### 3.2.3.2　自主创新研发能力薄弱

随着风电产业在中国的蓬勃发展，与之相关的风电设备制造产业逐渐兴起，制造企业数量随之增加。这些企业大部分都是简单的组装厂。如今我国具有兆瓦级的风电机组制造技术和较强的生产力，但一些机组设备往往依赖进口，这也大大增加了投资成本。由于自主研发水平与发达国家有一定的差距，我国风电设备企业现处于引进仿制再引进再仿制的循环模式，机组的整体创新能力还有待加强，同时还需要提高自主研发能力。因此，当前局势需要尽快得到调整，具体可从如下几方面进行：①从政策层面对风电企业进行支持，激励其提高自身的技术创新能力。②提高企业对于新技术的消化能力和引申能力。③推动企业构建生产链结构，减少对国外技术的依赖。

#### 3.2.3.3　上网电价问题

风电的上网电价一直是行业讨论的焦点，过低的上网电价会将风电项目开发

建设的成本压力从投资者处转移到制造商处，最终会对风电装备制造业造成较大影响。

## 3.3 投资风险及优化方法

### 3.3.1 项目投资风险因素分析

风电项目建设时期和运营时期的情况复杂，存在各种因素和不确定性，会影响到风电项目投资结果，不利于风电产业发展。所以，在项目投资建设前应该充分识别其所面临的各类风险，并针对不同的风险等级做出应对措施，这样才能较大程度地降低在项目建设及运营过程中可能发生的风险或不确定事件。本章从能源—经济—环境（“3E”）系统协调的角度分析风电项目投资风险，主要包括以下几点：

（1）经济风险。项目的经济效益直接影响其正常运营。因此经济风险主要包括项目投资和上网电量。项目投资包括建设投资成本和总发电成本。风电项目建设投资成本可进一步细分为设备采购、安装费用、预算储备金、施工期利息等。因此，由于信息不对称，各厂商的设备价格不同会导致不确定性和投资风险。总发电项目费用由折旧费、摊销费用、利息支出以及维修费、保险费、工资、福利费、材料费等费用构成。项目投资资金筹备情况一般是自有资金占80%，剩余的资金则向银行贷款获得。因此，贷款利率影响着风电项目建设成本。

（2）技术风险。技术风险是指技术设计风险。风电场的选址是一个因素，因为它决定了风能资源的丰富度、风力发电容量和发电量。设备质量也直接影响项目经济实力的稳定性。中国风电相关产业技术日益成熟，但风电项目的技术要求也在不断提高。大型风力发电机技术尚不成熟、维护费用较高，不仅会增加成本，还会延长施工期。因此，维护成本可以看作是主要的技术设计风险。风力发电技术的飞速发展增加了与风电场相关的成本。由于缺乏市场竞争力，转型成本较高，因此，投资决策要集中在先进的国内外风力发电技术上，以提高竞争力，降低成本，提高发电效率。

（3）政策风险。由于政府政策大力支持，我国风电产业迅速发展。财政部、

国家税务总局于2015年发布的《财政部　国家税务总局关于风力发电增值税征收通知》表示，“对纳税人销售自产的利用风力生产的电力产品，实行增值税即征即退50%的政策”。国家制定了相关政策来协助行业发展。2016年《国家发展改革关于调整光伏发电陆上风电标杆上网电价的通知》，其中，四个地理区域的上网电价不同，分别为0.40元/千瓦时、0.45元/千瓦时、0.49元/千瓦时和0.57元/千瓦时。未来五年，这个价格有望下降。

### 3.3.2　评估与优化方法

#### 3.3.2.1　蒙特卡洛方法

（1）蒙特卡洛基本原理。蒙特卡洛方法又称为统计模拟法、随机抽样技术，是一种随机模拟的方法，该方法是1946年由乌拉姆和冯·诺依曼为研制核武器而提出的理论。它在科学技术、数学、物理和经济管理领域都有广泛的使用。其基本思想是针对所求解的问题，建立一个概率模型或随机过程模型，以所求问题的影响因素为概率模型或随机过程的参数，然后通过对高随机过程的概率模型的观察或抽样试验，来计算解的影响因素的统计特征，从而得到所求问题的近似值，精确度则用标准误差来表示[47]。

蒙特卡洛方法运用的范围很广泛，涉及很多问题，但总体可以分为两类：第一类是具有确定性的问题，即所建立的概率模型就是问题的解，首先建立一个随机概率模型，其次对该模型进行随机抽样，最后的算术平均值即为所求结果。第二类是随机性的问题，如物理性问题等，这类问题不仅受到某些确定性因素的影响，还受到随机性因素的影响，虽然它们能用某个方程或函数式来表示，但通常情况下采用直接模拟的方式，即根据实际的概率分布进行抽样试验[48]。

（2）随机变量的概率分布。在蒙特卡洛模拟中常用的概率分布有均匀分布、三角分布、正态分布等。

1）均匀分布。均匀分布又称为矩形分布，在相同长度间的分布概率是等可能的，通常用于无法辨别风险变量值大小的情形中，其概率密度函数为：

$$f(x)=\begin{cases}\dfrac{1}{b-a}, & (a\leqslant x\leqslant b)\\ 0, & \text{其他}\end{cases} \tag{3.1}$$

其中，a和b分别为最大值和最小值。

2）三角分布。三角分布又称为辛普森分布，当能够获取风险变量的最大值、最可能值、最小值时可采用该分布，其概率密度函数为：

$$f(x \mid a, b, c)=\begin{cases}\dfrac{2(x-a)}{(b-a)(c-a)}, & (a \leqslant x \leqslant c) \\ \dfrac{2(b-x)}{(b-a)(b-c)}, & (c<x \leqslant b) \\ 0, & \text{其他}\end{cases} \tag{3.2}$$

其中，a 为底限，c 为众数，b 为上限。

3）正态分布。正态分布又称为高斯分布，当风险变量在任意范围内变化且均值出现的可能性最大时，则可采用正态分布，其概率密度函数为：

$$f(x)=\frac{1}{\sqrt{2\pi}}\exp\left(-\frac{(x-\mu)^2}{2\sigma^2}\right) \tag{3.3}$$

其中，μ 为期望值，σ 为标准方差。

（3）蒙特卡洛方法基本步骤如下：

1）本书选取净现值（NPV）、投资回收期（PT）和内部收益率（IRR）作为风险评估指标。

2）对风电项目投资影响因素进行分析，并选取主要的影响因子，考虑并分析各主要因素的分布函数。

3）建立 NPV、PT、IRR 函数式。

4）对各要素进行随机抽样，确定因素的值。

5）运用模拟工具求出目标函数的值并分析结果。

3.3.2.2 多目标规划

（1）多目标规划理论。多目标规划属于运筹学的范围，是指在指定区域内求解目标函数最优解，多用于解决多目标决策问题。最早是由 Pareto 于 1896 年在向量优化问题中提到的，但当时并没有引起人们的关注。直到 1947 年，Neumaee 和 Morgenstem 从博弈论角度提出了多目标决策问题，才逐步引起了人们的关注。相关领域学者展开多目标规划理论方法研究，该方法逐步发展起来。多目标规划多用于经济管理、工程技术和系统工程等领域，它是一种明确的数学方法，涵盖了在一系列约束条件下的多个决策目标，是寻求在指定区域内满足所有目标函数的最优解的方法，反映决策问题的真实情况。其基本数学方程如下[49]：

$$\begin{aligned}&\max\ Z=[Z_1, Z_2, \cdots, Z_p] \\ &Z_i=f_i(x) \quad i=1, 2, \cdots, p \\ &\text{s.t.}\ \ g_j(x)<b_j \quad j=1, 2, \cdots, m \\ &x=(x_1, x_2, \cdots, x_n)\end{aligned} \tag{3.4}$$

其中，$f_i(x)$和$g_j(x)$代表决策函数，x 和 $b_j(j>0)$是某些不确定参数。该模型有 n 个决策参数、m 个限制模型、p 个目标。一般的优化过程为：首先在相关因素中寻找约束条件，建立模型；其次通过优化模型得到每个目标函数的最优值；最后分析结果并优化关键影响因素。

（2）多目标规划的求解方法。多目标求解的方法有很多，常用的有以下两种：

1）约束法。约束法基于传统的多目标规划求解思路，即将原来的多目标模型转换成单目标模型进行求解。其求解思路是在所有的目标函数里面选择一个最重要的目标作为单目标规划的目标函数，其他的目标函数经过一定的处理转换为单目标规划的约束条件。方程如下：

$$(VP)\begin{cases} V-\min F(x)=[f_1(x),\ \cdots,\ f_p(x)]^T \\ s.t.\ g_i(x)\geqslant 0,\ i=1,\ \cdots,\ m \end{cases}$$

$$S=\{x \mid g_i(x)\geqslant 0,\ i=1,\ \cdots,\ m\} \tag{3.5}$$

设$f_1(x)$为主要目标函数，针对其他各目标$f_2(x)$，…，$f_p(x)$可预先给定一个期望值，记为$f_2^0$，$f_3^0$，…，$f_p^0$，则有$f_j^0\geqslant \min\limits_{x\in S} f_j^0(x)$，j=2，3，…，p。求解问题如下：

$$(P)\begin{cases} \min f_1(x) \\ s.t.\ g_i(x)\geqslant 0,\ i=1,\ 2,\ \cdots,\ m \\ f_j^0(x)-f_j^0\leqslant 0,\ j=2,\ 3,\ \cdots,\ p \end{cases} \tag{3.6}$$

2）分层序列法。分析(VP)中的 p 个目标函数$f_1(x)$，…，$f_p(x)$的重要程度并排序，根据排序结果依次求单目标规划的最优解。假设目标函数的序列为$f_1$，$f_2$，…，$f_p$，先求解$(P_1)\begin{cases}\min f_1(x)\\ s.t.\ x\in S\end{cases}$得到最优解$f_1^*$，记$S_2=\{x \mid f_2(x)\leqslant f_2^*\}\cap S_1$，再求解$(P_2)\begin{cases}\min f_2(x)\\ s.t.\ x\in S_1\end{cases}$得到最优解$f_2^*$，依次进行求解直到$(P_p)\begin{cases}\min f_p(x)\\ s.t.\ x\in S_{p-1}\end{cases}$，最终得到最优值$f_p^*$。那么，$S_p=\{x \mid f_p(x)\leqslant f_p^*\}\cap S_{p-1}$是在分层序列下的最优解集合。

### 3.3.3　风电项目投资风险评估建模

基于前文提到的风险和现行政策，我国风电项目投资风险评估指标主要包括 NPV、PT 和内部收益率 IRR。建模过程如下：

$$NPV=\sum_{i=1}^{n}\frac{(CI_i-CO_i)}{(1+r)^i}$$

$$= \sum_{i=1}^{n} \frac{\begin{pmatrix} CP_i + aG_i(P + S_i) + RV_i + RL_i - \\ I_i - LC_i - OC_i - ST_i - T_i - FVT_i \end{pmatrix}}{(1 + r)^i} \tag{3.7}$$

其中，$CI_i$ 表示年度现金流入值；$CO_i$ 表示年度现金流出值；r 表示折现率；n 表示项目生命周期；$CP_i$ 表示 CDM 项目收入；P 表示上网电价；$aG_i(P+S_i)$ 表示电力销售额；$RV_i$ 表示剩余固定资产价值；$RL_i$ 表示回收流动资金；a 表示上网电力比率；$G_i$ 表示年理论发电量；$LC_i$ 表示流动资金；$OC_i$ 表示经营成本；$ST_i$ 表示销售税；$T_i$ 表示附加所得税；$FVT_i$ 表示实际增值税支付。

实际税收主要包括产出税（$OT_i$）、进项税（$IT_i$）和退税率（$RT_i$），则有：

$$\begin{aligned} FVT_i &= (OT_i - IT_i) \times (1 - RT_i) \\ &= \begin{cases} C_e \times 17\% \times (1-50\%), & i=1 \\ aG_i(P+S_i) \times 17\% \times (1-50\%), & i>1 \end{cases} \end{aligned} \tag{3.8}$$

其中，$C_e$ 表示新购设备成本。

销售税和附加费包括城市维护建设税（$CMT_i$）和额外教育经费（$CEF_i$）。根据计算的增值税，连同 5%的增值税为 CMT，3%的增值税为 CEF，$ST_i$ 可以确定如下：

$$\begin{aligned} ST_i &= VAT_i \times 8\% \\ &= aG_i P \times 17\% \times 8\% \end{aligned} \tag{3.9}$$

另外，根据“三免三减政策”，则有：

$$T_i = \begin{cases} 0, & 0<i \leqslant 3 \\ (CP_i + aG_iP - TC_i - ST_i) \times \dfrac{t}{2}, & 3<i \leqslant 6 \\ (CP_i + aG_iP - TC_i - ST_i) \times t, & i>7 \end{cases} \tag{3.10}$$

其中，$TC_i$ 表示年总费用；t 表示所得税，t=25%。

此外，影响总成本 TC、经营成本 OC 和维护成本 MC 的因素服从正态分布。

通常用于描述风速的概率密度函数有 Weibull、Rayleigh 和 Lognormal 正态分布函数[50~51]。其中，威布尔分布在风速和风能密度评估中最常用[52]。表示如下：

$$f(v) = \left(\frac{k}{c}\right)\left(\frac{v}{c}\right)^{k-1} \exp\left[-\left(\frac{v}{c}\right)^{k}\right] \tag{3.11}$$

其中，v 表示风速，k 表示形状因子，c 表示规模因子。

累积分布函数如下[53]：

$$F(v)=1-\exp\left[-\left(\frac{v}{c}\right)\right]^{k} \tag{3.12}$$

容量因子（CF）是风力发电机生产率的重要指标，表示风力发电机在一段时间内的额定功率（$P_r$）的输出功率（$P_{out}$）[54~55]。具体如下：

$$C_F=\frac{\exp\left[-\left(\frac{v_c}{c}\right)^{k}\right]-\exp\left[-\left(\frac{v_r}{c}\right)^{k}\right]}{\left(\frac{v_r}{c}\right)^{k}-\left(\frac{v_c}{c}\right)^{k}}-\exp\left[-\left(\frac{v_0}{c}\right)^{k}\right] \tag{3.13}$$

其中，$v_c$ 表示切入风速，$v_r$ 表示额定风速，$v_0$ 表示切出风速。

因此，年发电可以表示为[56~57]：

$$G_i=C_F\times b\times P_r\times T \tag{3.14}$$

其中，T 表示风电场运营时间，T=8760 小时；b 表示风电涡轮机可用性。

使用加权边际排放因子（$EF_{OM}$）和容量排放因子（$EF_{BM}$）计算基线排放因子（$EF_i$）：

$$EF_i=\omega_{OM}\times EF_{grid,OMi}+\omega_{BM}\times EF_{grid,BMi} \tag{3.15}$$

其中，$\omega_{OM}$、$\omega_{BM}$ 的值是 0.5。

因此，对于成功注册清洁发展机制项目，年补贴收入（$CP_i$）可以确定为：

$$CP_i=aG_i\times EF_i\times P_c \tag{3.16}$$

基于上述情况，有两种不同的情况：风电项目成功注册 CDM 项目或其不是 CDM 项目，两种情景均采用蒙特卡洛方法模拟 NPV，PT 和 IRR 基于 NPV 进行分析。

投资回收期指的是 NPV 的总现值等于零的年份，表示如下：

$$PT=i'-1+\frac{\sum_{i=1}^{n=i'-1}NPV_i}{|NPV_{i'}|} \tag{3.17}$$

其中，i′是指累计现金流的 NPV 开始具有真正价值的年份。

内部收益率 IRR 是项目在其运行过程中所能承受的最大年度货币贬值或通货膨胀，即

$$IRR=r_1+\frac{|NPV(r_1)|}{|NPV(r_1)|+|NPV(r_2)|}(r_2-r_1) \tag{3.18}$$

其中，$r_1$ 表示基准折现率，$r_2$ 表示高折现率。

### 3.3.4　实例分析

本小节将中国西部的一个风力发电项目作为一个应用实例来阐释上述投资风

险分析方法。该风电项目位于中国西部四川省的一个区域性风电基地，风能丰富且集中。风电基地的建立旨在加快地方经济发展，促进区域能源产业结构调整。

3.3.4.1　数据变量

该风电场位于海拔 3500 米的地区，风能密度分布相对均匀，达到 3 级。要求出电总量为 38918 千瓦时。该项目的建设期为 1 年，设计运作期为 20 年（n=20）。由于估计值的不确定性，a、CF、$I_i$、$T_{Ci}$、$OC_i$、$MC_i$ 和 $C_e$ 是独立变量，而 NPV、IRR 和 PT 是因变量。由公式（3.14）可知，容量因子为 0.34。同时风电项目投资也是重要的不确定参数，因此，CF 服从三角分布[58]。本例中采用的基本数据和分布函数如表 3-2 所示。

**表 3-2　项目基本数据**

| 变量 | 分布 | 参数 |
|---|---|---|
| $v_c$、$v_r$、$v_o$ | | $v_c=3$，$v_r=9.5$，$v_o=20$（米/秒） |
| 装机容量 | | 1500 兆瓦 |
| 发电机容量 | | 1500 千瓦 |
| 上网电价 | | 0.57 元/千瓦时 |
| b | | 0.95 |
| 流动资本 | | 4500 |
| k、c | 布尔分布 | k=1.4，c=6.0 |
| 初始投资 | 三角分布 | Minimum-1218135，mean-1402435，maximum-1692210 |
| 设备成本 | 三角分布 | Minimum-1037528，mean-1092135，maximum-1124901 |
| a | 三角分布 | Minimum-0.78，mean-0.87，maximum-0.96 |
| 容量因子 | 三角分布 | Minimum-0.30，mean-0.34，maximum-0.38 |
| 固定资产剩余价值 | 三角分布 | Minimum-69165，mean-72809，maximum-74993 |
| 维修成本 | 正态分布 | Mean-465780，variance-13973 |
| 年总成本 | 正态分布 | Mean-132200，variance-3966 |
| 运营成本 | 正态分布 | Mean-38091，variance-1143 |

注：Minimum 为最小值，mean 为中值，maximum 为最大值，variance 为方差。

$I_i$ 服从三角分布[59]，其平均值为 1402435 元，最小值和最大值分别为基础数据的 1.5%和 2%[58]。$C_e$ 遵循三角分布，最大值和最小值分别 3%和 5%。a 服从三角分布，平均值为 0.87，最小值和最大值均为 10%。由于 $TC_i$、$OC_i$、$MC_i$ 的不确定性，其服从正态分布，方差值为 3%。前 4 年，维修率为 0.5%；第 5～

11 年，维修率为 1.5%；其他年份为 2%。固定资产的剩余价值和流动资金回收率仅发生在最后一年，在其他年份为零。

3.3.4.2　分析结果

由于不是所有的风电项目都成功注册 CDM 项目，所以模拟分为两部分：没有 CDM 收入的 NPV 和有 CDM 收入的 NPV。

经过 10000 次模拟，NPV 的模拟结果如图 3-3 所示。

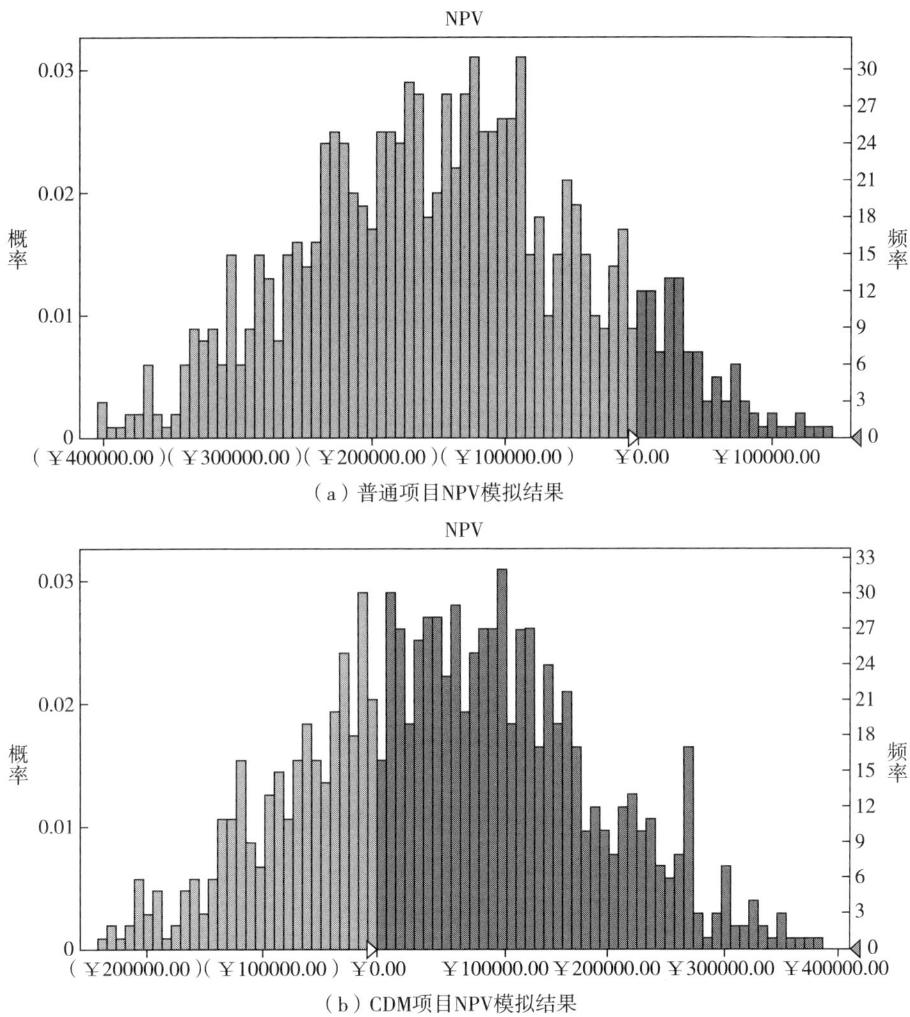

NPV

概率　频率

（￥400000.00）（￥300000.00）（￥200000.00）（￥100000.00）　￥0.00　￥100000.00

（a）普通项目NPV模拟结果

NPV

概率　频率

（￥200000.00）（￥100000.00）￥0.00　￥100000.00 ￥200000.00 ￥300000.00 ￥400000.00

（b）CDM项目NPV模拟结果

**图 3-3　NPV 模拟结果**

如图 3-3（a）所示，P(NPV≥0)= 10.16%，E(NPV)= -161958 千元，大多数 NPV 的值都小于 0，只有极少数大于 0。根据方程(3.18)和方程(3.19)，当 PT≤22&IRR≥8%时，P(PT≤22&IRR≥8%)= 10.24%。因此，该项目受到风险因素的影响，具有较高的投资风险。如图 3-3(b)所示，P(NPV≥0)= 68.9%，E(NPV)= 35336 千元。与第一次模拟结果相比，成功注册 CDM 项目的 NPV 总是大于没有注册成功项目的 NPV。当 PT≤22&IRR≥8%时，P(PT≤22&IRR≥8%)= 68.23%。

每一阶段的最终收益和支付结果是现金流的流动余额，这些现金流被折现率折现，以达到净现值。显然，图 3-3（a）表明，最高概率 NPV 都小于零，说明当 CDM 项目不能成功注册时，极少数 NPV 大于零，PT 小于 21 年，IRR 在 8%以上。相反，在图 3-3（b）中，由于增加了 CDM 收入，大多数 NPV 大于零。因此，可以得出结论，成功注册 CDM 项目对风电项目的收入降低补偿有积极的影响。然而，由于项目的投资和运作仍然存在风险，所以在没有优化的情况下，仅增加 CDM 收入并不是降低风电项目投资风险最有效的方法。

$EF_{OM,i}$ 和 $EF_{BM,i}$ 如表 3-3 所示。

**表 3-3　2015 年中国区域电网基准排放系数（吨二氧化碳每兆瓦时）**

| 地区 | $EF_{OM,i}$ | $EF_{BM,i}$ |
|---|---|---|
| 华北地区 | 1.0416 | 0.4780 |
| 东北地区 | 1.1291 | 0.4315 |
| 华东地区 | 0.8112 | 0.5945 |
| 中部地区 | 0.9515 | 0.3162 |
| 西北地区 | 0.9457 | 0.3162 |
| 华南地区 | 0.8959 | 0.3648 |

### 3.3.5　基于多目标规划的投资优化

由于该项目具有较高的投资风险，本小节根据投资风险评价指标，建立 MOP 模型，获取降低风险的决策支持和项目可持续发展的最佳解决方案。

3.3.5.1　目标和约束条件

（1）目标函数。

1）NPV 最大化。基于上述分析，NPV 可以实现最大的投资回报。表示

如下：

$$\max NPV = \sum_{i=0}^{n} \frac{(CI_i - CO_i)}{(1+r)^i} \tag{3.19}$$

2）PT 最小化。PT 是投资回收期。在项目中，如果 PT 较小，则项目利润增加，风险降低。PT 指 NPV 总现值等于零的年份。缩短 PT 的函数表示如下：

$$\min PT = i' - 1 + \frac{\sum_{i=1}^{n=i'-1} NPV_i}{|NPV_{i'}|} \tag{3.20}$$

3）IRR 最大化。当净现值的总值等于零时，IRR 是折现率的内部收益率。IRR 值越大，项目回报越高。表示如下：

$$\max IRR = r_1 + \frac{|NPV(r_1)|}{|NPV(r_1)| + |NPV(r_2)|}(r_2 - r_1) \tag{3.21}$$

（2）约束条件。针对风力发电项目投资优化问题，提出可持续性的 MOP 模型的约束条件。

PT 的值不大于某个确定的 $PT^*$，即

$$0 \leqslant PT \leqslant PT^* \tag{3.22}$$

其中，$PT^*$ 表示特定时期。

当 IRR 的值等于或者大于基本收益率时，可以认为该项目是可行的，即

$$IRR \geqslant r^* \tag{3.23}$$

其中，$r^*$ 表示基本收益率或基本折现率。

年度总成本的投入存在一个上下限，即

$$B_L \leqslant TC_i \leqslant B_U \tag{3.24}$$

其中，$B_L$ 表示年度成本下限，$B_U$ 表示年度成本上限。

为了确保项目在经营期的稳定性和可持续性，还要考虑经营成本，即

$$C_L \leqslant OC_i \leqslant C_U \tag{3.25}$$

其中，$C_L$ 表示年经营成本下限，$C_U$ 表示年经营成本上限。

容量因子取决于风能资源和地理位置，存在一个最大值和最小值，即

$$C_{F_L} \leqslant C_F \leqslant C_{F_U} \tag{3.26}$$

其中，$C_{F_L}$ 表示容量因子最小值，$C_{F_U}$ 表示容量因子最大值。

此外，电力供应是风电项目的投资盈利的重要因素，它受到上网电比率的影响。年发电量并不意味着是有效电量，所以：

$$a_L \leqslant a < 1 \tag{3.27}$$

其中，$a_L$ 表示上网电比率下限。

同时，供电量要达到电力需求，必须满足以下要求：

$$\begin{cases} Gi \leqslant A_{VEi} \\ aG_i \geqslant D_{Ei} \end{cases} \tag{3.28}$$

其中，$A_{VEi}$ 表示可利用资源，$D_{Ei}$ 表示电力需求。

以上都是风电项目投资运营中的关键因素，本小节选取约束法为求解方法，NPV 为单目标规划的目标函数，其他目标函数经过处理转化为约束条件，即将 MOP 模型转化为单一目标模型：

$$\max NPV = \sum_{i=0}^{n} \frac{(CI_i - CO_i)}{(1+r)^i}$$

$$s.t. \begin{cases} \sum_{i=1}^{n} \frac{(CI_i - CO_i)}{(1+IRR)^i} \geqslant 0 \\ \sum_{i=1}^{n} \frac{(CI_i - CO_i)}{(1+r)^i} \geqslant 0 \\ B_L \leqslant TC_i \leqslant B_U \\ C_L \leqslant OC_i \leqslant C_U \\ C_{F_L} \leqslant C_F \leqslant C_{F_U} \\ a_L \leqslant a < 1 \\ G_i \leqslant A_{VEi} \\ aG_i \geqslant D_{Ei} \end{cases} \tag{3.29}$$

3.3.5.2 优化结果分析

利用约束方法求解 MOP 模型，目标函数优化结果如表 3-4 所示，风险因素的优化结果如表 3-5 所示。

**表 3-4 优化结果**

| 序号 | 目标函数 | 普通项目 | CDM 项目 |
|---|---|---|---|
| 1 | NPV | 171451.27 | 388607.31 |
| 2 | IRR | 10% | 12% |
| 3 | PT | 16 | 13 |

表 3-5 风险因素优化结果

| 序号 | 影响因子 | 结果 | 现值 |
| --- | --- | --- | --- |
| 4 | a | 0.96 | 0.87 |
| 5 | $C_F$ | 0.374 | 0.34 |
| 6 | I | 1218135 | 1402435 |
| 7 | $C_e$ | 1037528 | 1092135 |
| 8 | TC | 136166 | 132200 |
| 9 | OC | 36948.27 | 38091 |
| 10 | MC | 451806.6 | 465780 |

由表 3-5 可知，风电项目投资运营主要受到 CDM、上网电比率、容量因子、初始投资和新购设备成本的影响。当风险因子值接近优化结果时，可以得到最优解。

优化结果表明，CDM 收入对三个目标函数都有显著影响，CDM 项目是否成功注册将直接影响 NPV、IRR 和 PT 是否能达到好的效果。此外，当上网电比率接近 1 时，可达到最优；当上网比率减少时，极少数 NPV 大于零，PT 将超过 21 年，IRR 低于 8%。容量因子的优化结果是 0.37，而实际值为 0.34，但是容量因子不能人工优化，它取决于地理条件，这意味着项目在规划选址时并未达到最佳资源条件。基于优化结果，对蒙特卡洛模拟进行了比较分析和验证，结果如表 3-6 所示。

表 3-6 优化模型的仿真结果

| 概率 | 非 CDM 项目 | | CDM 项目 | |
| --- | --- | --- | --- | --- |
| | 优化前 | 优化后 | 优化前 | 优化后 |
| P（NPV≥0） | 10.16% | 66.89% | 68.95% | 83.15% |
| P（PT≤22&IRR≥8%） | 10.24% | 66.67 | 68.23% | 83.15% |
| E（NPV） | -161958 | 29916 | 35336 | 71812 |

表 3-5 和表 3-6 表明，风电项目投资情况取得了明显改善。在任何情况下，无论 CDM 项目成功注册与否，通过对成本的控制、风险因子的优化，NPV 大于零的概率大大增加，NPV 的值也有大幅度优化。这说明，MOP 优化能有效降低风电项目投资风险，有助于项目可持续经营。

此外，风电项目应积极申请注册 CDM 项目，尽可能提高上网电比率。当一个项目成功注册 CDM 或者提高上网电率比时，收入会增加，投资回收期缩短，项目在投资运营过程中能承受更大程度的货币贬值或者通货膨胀，即减少短期波动风险，实现长期的可持续经营。容量因子对风力发电生产率和盈利能力的提高仍然至关重要。为了确保项目在投资运营期获得最佳资源，在项目开始规划和选址时，应进行科学、详细的测量、计算和优化。在选址时，容量因子应尽可能高或接近地区的最大值，同时要考虑相关设备的性能参数，尽可能地与地理资源相匹配，以达到最佳的效果。

## 3.4 风电项目投资综合效益分析

风电项目的能源效益、经济效益和环境效益三者之间的关系仍然是研究的焦点。风电项目投资存在一个双层目标规划问题。一般来说，发电量越大，效益越高，通过提高发电量可以提高能源生产过程中能源产出，从而提高能源投资回报。此外，还可以有效地增加投资利润，提高经济效益。但从环境效益的角度分析，对于风能这种可再生能源来说，发电量越大，减排增量成本也就越大，同时在风电项目整个生命周期所产生的污染也就越多。所以风电项目投资综合效益是一个双层多目标规划问题，它需要同时满足能源经济效益最大化和环境效益最大化。

### 3.4.1 相关基础理论与模型

#### 3.4.1.1 能源投入回报值（EROI）

EROI（Energy Return on Investment）被称为能源投入回报值，是在能源资源限制凸显的背景下产生的一种评价能源生产的新方法，它是指能源系统提供给社会的能源量和能源系统消耗能源量的比值[60]。EROI 方法是基于净能源分析方法而发展起来的，早在 1973 年，Odum[61] 提出了对整个人类发展来讲具有真正价值的净能源的概念。1981 年，Cleveland[62] 进一步阐释了净能源。直到 1984 年，Cleveland 等[63] 正式提出了 EROI 的概念并系统地探讨了 EROI，描述了 EROI 方法对经济社会发展的重要意义。

以前的能源生产评价往往以追求利益最大化为目标，忽视了资源约束和能源生产过程中的能源消耗，这种评价方法是片面的，不利于分析能源的利用情况。EROI 法以能源量为研究单位，能够更深入地了解能源，不仅能够计算能源产出和能源投入，还能够对能源生产效率进行评价[64]。从本质上来讲，EROI 是能源产出和投入的比值，它是从能源的角度分析能源生产的可行性。目前，国外基于 EROI 的可再生能源研究已经逐步兴起[65~66]，国内的研究则相对较少。EROI 的计算公式如下[67]：

$$EROI = \frac{ED_{out} + \sum v_j O_j}{ED_{in} + \sum r_k I_k} \tag{3.30}$$

其中，$ED_{out}$ 是直接输出能源，$v_j$ 定义了一组单位能源等价系数，$O_j$ 是副产品，$ED_{in}$ 是直接输入能源，$r_k$ 定义了一组能源输入系数，$I_k$ 是指其他投入。非能源输入可以看作是项目建设中的材料物质输入。

3.4.1.2　全生命周期理论和成本分析方法

生命周期理论借鉴了生物生命周期的观点，全生命周期理论的分析过程可以概括为：研究对象的完整的生命过程，从该对象刚形成到该对象消失。同时，该理论还根据自然形态的不同，或者价值形态的多样化，把这个过程划分成几个阶段，再从研究对象的特性入手，针对各个阶段采取不同的方法和管理模式，然后得出应对方案[68]。全生命周期评价（Life Cycle Assessment，LCA）可以用来对产品或系统进行数据性分析，具体分析内容是产品或系统处于生命周期的不同阶段时，对于环境的影响。对于生命周期评价方法而言，它是为了在根源上预防环境问题甚至减少环境问题而产生的，从原材料到最终处置都会进行全面评价，具有较强的系统性。

全生命周期成本（Life Cycle Cost，LCC）是为了设置和获得系统的费用以及其在生命周期内所消耗费用的总和[69]。LCC 方法用于评估系统在整个生命周期内的投入、产出和潜在经济影响。对于一般项目来说，LCC 评价包括了六个方面：初始投资（$C_C$）、运营维修费用（$C_{O\&M}$）、更新成本（$C_R$）、原料成本（$C_F$）、残值（$C_{SV}$）和温室气体排放成本（$C_{GGE}$），它们的关系如下：

$$LCC = C_C + C_{O\&M} + C_R + C_F - C_{SV} + C_{GGE} \tag{3.31}$$

以现值的形式可以表示为：

$$LCC = C_C + \sum_{i=1}^{n} \frac{C_{O\&M,\ i} + C_{F,\ i}}{(1+r)^i} - \frac{C_{SV}}{(1+r)^n} + C_R + C_{GGE} \tag{3.32}$$

3.4.1.3　双层多目标规划

1973 年，Bracken 等[70]提出了双层规划问题的模型，具体的数学模型如下：

$$\begin{cases}\min\limits_{x\in X}F(x,\ y)\\ \text{s. t. } G(x,\ y)\leqslant 0\\ \min\limits_{y\in Y}f(x,\ y)\\ \text{s. t. } g(x,\ y)\leqslant 0\end{cases}\tag{3.33}$$

其中，$x\in R^p$，$y\in R^q$ 分别是上下层的决策变量，$F(f)$：$R^n\times R^m\rightarrow R$ 分别是上下层的目标函数；$G(g)$：$R^p\times R^q\rightarrow R^p(R^d)$ 为约束函数；$x\in X$，$y\in Y$ 提供上下界约束或整数约束。

双层规划指上下层中都只有一个目标函数，但在大多数问题中，目标函数不止一个，这样就形成了新的研究问题——双层多目标规划问题。双层多目标规划（BMPP）是一个多层次、多参者的决策模型[71]。每层都有各自的目标函数、约束条件和决策变量。上层决策可以限制下层行为，下层的最优策略会影响上层决策，上下层之间形成了相互制约的主从关系。双层多目标规划问题模型如下：

$$\begin{cases}\min\limits_{x\in X}F(x,\ y)=(F_1(x,\ y),\ F_2(x,\ y),\ \cdots,\ F_M(x,\ y))\\ \text{s. t. } G(x,\ y)\leqslant 0\\ \min\limits_{y\in Y}f(x,\ y)=(f_1(x,\ y),\ f_2(x,\ y),\ \cdots,\ f_M(x,\ y))\\ \text{s. t. } g(x,\ y)\leqslant 0\end{cases}\tag{3.34}$$

X、Y 表示双层多目标规划模型中决策变量的上下：

$$X=\{(x^1,\ x^2,\ \cdots,\ x^p)^T\in R^p\mid l^i\leqslant x^i\leqslant u^i,\ i=1,\ 2,\ \cdots,\ p\}$$

$$Y=\{(y^1,\ y^2,\ \cdots,\ y^q)^T\in R^p\mid l^j\leqslant y^j\leqslant u^j,\ j=1,\ 2,\ \cdots,\ q\}$$

或

$$X=\{(x^1,\ x^2,\ \cdots,\ x^p)^T\in R^p\mid x^i\in[l^i,\ u^i],\ i=1,\ 2,\ \cdots,\ p\}$$

$$Y=\{(y^1,\ y^2,\ \cdots,\ y^q)^T\in R^q\mid y^j\in[l^j,\ u^j],\ j=1,\ 2,\ \cdots,\ q\}$$

求解双层多目标规划问题具有一定的困难，它是一个 NP-hard（non-deterministic polynomial）问题。一般的求解双层多目标规划的算法有以下几种：

（1）极值搜索法。该方法一般适用于对多目标的双层线性问题进行规划。任何这类问题的值都产生于下层，并且位于该层约束集合的极点处。所以，在这种方法下，可以首先找到约束空间的极点，其次根据极点寻找双层问题的最优解。

（2）下降法。这种方法也适用于双层问题，但它主要用在非线性的连续变量中。其代表算法是基于灵敏度分析的求解。

（3）K-T 法。这种方法大多数适用于线性的双层问题中，来探寻如何进行资源控制，其主要研究思想是用 Karush-Kuhn-Tucker 条件来替代下层问题。

(4) 直接搜索法。顾名思义，这就是一个简单的探寻最小目标函数的方法，在进行搜索时，上次目标函数值对其有较大的影响。

### 3.4.2　风电项目投资综合效益评估

#### 3.4.2.1　系统边界定义

一个典型风电项目的生命周期可分为五个阶段：风电机组生产、风电场建设、电场运营（发电量）、设备维护和回收处理。

(1) 风电机组生产。在风电机组生产过程中应考虑涡轮机零部件生产原料的能源和排放影响。所有数据都是材料生命周期数据。在本次分析中，风电机组制造和组装所产生的影响可忽略不计，因为此前的研究证明，与其他过程相比，风电机组制造和组装产生的影响是有限的，且缺乏可靠的数据。

(2) 风电场建设（交通和建筑）。所有的风电机组部件都要从制造厂运往风电场。运输渠道包括铁路、水路和公路。运输渠道包括铁路、水路和公路。风电场建设包括风电塔筒基础设施建设和变电站施工，建设过程会消耗大量的混凝土和钢材。

(3) 风电场运营（发电量）。风电场运营是电量产生的过程，风力发电的排放量几乎为零。此外，输电与配电的排放量小到忽略不计。

(4) 设备维护。定期维护，确保风电机组正常运行，有利于风电场健康发展，在该阶段最主要的维修是更换叶片。通常一个风电设备在其生命周期内只需要换一次叶片和 20%的零部件。此外，应该考虑维护阶段的耗能，此外假设维护阶段的耗能为初始时的 6%。

(5) 回收和处置。风机报废的处理是在风电机组使用寿命结束后回收和处置主要部件。回收材料将会用于未来风电机组制造，采用这种方法可以在使用原材料的同时减少能源消耗和环境污染。相关的回收处置数据如表 3-7 所示。

**表 3-7　材料回收和废物处理方式**

| 材料 | 处理方式 |
|---|---|
| 钢铁 | 90%回收和 10%填埋 |
| 铜 | 95%回收和 5%填埋 |
| 玻璃纤维 | 100%填埋 |
| 铝 | 95%回收和 5%填埋 |
| 混凝土 | 100%填埋 |
| 环氧树脂 | 100%填埋 |

3.4.2.2 投资效益评价

（1）上层目标函数。

1）能源效益。方程要考虑风电系统每个阶段的能源输入，并对制造过程和生产过程中能源进行求和。风电系统的能源输出主要是发电量，其他则忽略不计。本书给出标准 EROI 方法的计算公式，即

$$EROI=\frac{\left(\frac{E_{lifetime\quad output}}{\eta}\right)}{E_{marterials}+E_{manufacturing}+E_{transport}+E_{install}+E_{end-of-life}} \quad (3.35)$$

能源效率对风能可持续发展有着至关重要的作用，EROI 越大，能源效率就越高。从能源的角度来看，该能源项目具有较强的可行性。因此，目标函数如下：

$$\max F_1 = EROI = \frac{\left(\sum_{i=1}^{T} C_F P_r t_i\right)/T}{MA + MF + TP + IT + EL} \quad (3.36)$$

其中，$C_F$ 表示风电容量因子；$P_r$ 表示风电机组功率；MA 表示材料耗能；MF 表示产业耗能；TP 表示交通耗能；IT 表示安装耗能；EL 表示回收处理耗能。

2）经济效益。从公众或投资者的角度分析，NPV 是评估某特定投资经济效益的重要指标之一。然而，即使实际成本很高，但有一些政策和措施可以对 NPV 的计算结果产生巨大影响，为了避免这种问题，本书研究在环境效益部分将涉及成本问题。经济效益目标函数如下：

$$\max F_2 = NPV = \sum_{i=1}^{T} \frac{S_i + FiT \times (C_F P_r t_i a \cdot b) - C_{I,\ i} - C_{O\&M,\ i} - C_{D,\ i}}{(1+r)^i} \quad (3.37)$$

其中，$C_{I,i}$ 表示初始投资；$C_{O,i}$ 表示运营成本；$C_{M,i}$ 表示维修成本；$C_{D,i}$ 表示回收成本；FiT 表示税后电价。

（2）下层目标函数。

环境效益评估的基准发电技术为火力发电，因为目前在中国的电源结构中，火力发电占总电力的 80%。其中，高能耗、高污染的煤电占 30%以上，脱硫煤电的占比还不到 2%。因此，在本次研究中将火力发电作为环境效益分析的基准发电技术。风能是清洁能源，风力发电过程中 $CO_2$ 的发放量为零，风电建设项目就有节能效益和减排效益。本章环境效益从两方面分析，减排增量成本最小，减排量最大。

风力发电技术的发电成本采用全生命平均发电成本：

$$C_m = \left(\sum_{i=1}^{T} \frac{(C_{I,\ i} + C_{D,\ i} + C_{O\&M,\ i})}{(1+r)^i}\right) \Big/ \left(\sum_{i=1}^{T} \frac{C_F P_r t_i a \cdot b}{(1+r)^i}\right) \quad (3.38)$$

研究的减排温室气体主要是 $CO_2$，所以减少单位体积 $CO_2$ 排放量所增加的成本的计算式为：

$$\min F_3 = IC = \frac{C_m - C_b}{EM_b - EM_m} \tag{3.39}$$

其中，$C_m$ 表示风力发电技术的发电成本；$C_b$ 表示基准发电技术的发电成本；$EM_b$ 表示基准发电技术的 $CO_2$ 排放系数；$EM_m$ 表示风力发电技术的 $CO_2$ 排放系数。

减排量函数为：

$$\max F_4 = CER = \left(\frac{\sum_{i=1}^{T} C_F P_r t_i a \cdot b}{T}\right) \cdot \partial \cdot EM_b - W_p \tag{3.40}$$

其中，a 表示基准发电技术的标煤单耗（在计算中取 0.320 千克/千瓦时），$W_p$ 表示风电系统中的 $CO_2$ 排放量。

（3）约束条件如下：

$$\begin{cases} C_F P_r t_i \leqslant A_{VEi} \\ aC_F P_r t_i \geqslant D_{Ei} \\ C_{F_L} \leqslant C_F \leqslant C_{F_U} \\ P_{r_L} \leqslant P_r \leqslant P_{r_U} \\ C_{I_L} \leqslant C_I \leqslant C_{I_U} \\ a_L \leqslant a < 1 \\ W_p \leqslant E_{BP} \end{cases} \tag{3.41}$$

其中，$E_{BP}$ 表示 $CO_2$ 最大允许的排放量。

（4）风电项目双层多目标规划模型。将式（3.6）~式（3.12）整合，双层多目标优化模型如下：

$$\max F_1 = \frac{\left(\sum_{i=1}^{T} C_F P_r t_i\right)/T}{MA + MF + TP + IT + EL}$$

$$\max F_2 = \sum_{i=1}^{T} \frac{S_i + FiT \times (C_F P_r t_i a \cdot b) - C_{I,\ i} - C_{O\&M,\ i} - C_{D,\ i}}{(1 + r)^i}$$

$$\max F_3 = \frac{C_m - C_b}{EM_b - EM_m}$$

$$\max F_4 = \left(\frac{\sum_{i=1}^{T} C_F P_r t_i a \cdot b}{T}\right) \cdot \partial \cdot EM_b - Wp$$

$$
\text{s.t.}\begin{cases}C_F P_r t_i \leqslant A_{VEi}\\ aC_F P_r t_i \geqslant D_{Ei}\\ C_{F_L} \leqslant C_F \leqslant C_{F_U}\\ P_{r_L} \leqslant P_r \leqslant P_{r_U}\\ C_{I_L} \leqslant C_I \leqslant C_{I_U}\\ a_L \leqslant a < 1\\ W_p \leqslant E_{BP}\end{cases} \tag{3.42}
$$

### 3.4.3 实例分析

#### 3.4.3.1 项目概况

本章将位于中国西部地区的某风电基地作为实例项目，分析其综合效益来促进其他类似地区风电基地的发展。该风电基地所在地区是东部季风湿润区与青藏高原寒冷干燥区的衔接部位，气候具有日照充足、气温年温差小、日温差大、干雨季分明、四季不甚明显的特点，冬半年连晴少雨、干暖多风；夏半年多云、少日照，天气变化剧烈，灾害频繁。地形多为山地，气候条件受海拔高度和地形影响，垂直差异明显，小气候复杂多样，出现亚热带、温带和寒温带气候交混的情况，且气象多变。项目所在地属于西南季风影响区域，地形海拔差异大，山谷、河谷地区的风速大于平坝地区，大风出现在 11 月到第二年 5 月，6~10 月风速偏小，全年出现大风的天数各县市平均在 6~61 天/年，全年可利用时间 2000 小时左右。

根据所立测风塔的风资源分析统计，该风电基地风功率密度等级为 2 级，部分风功率密度等级为 3~4 级，极少数能达到 5~6 级。总体来说，该风电基地风能资源条件较好，总规划规模 1048.6 万千瓦，目前投产风电项目共计 297.55 万千瓦，大多数风电场年等效利用小时在 1800~2300 小时，所投产风电场平均年等效利用小时约 2050 小时。

#### 3.4.3.2 基础数据

该风电基地投资估算基于《国家发改委　建设部关于印发建设项目经济评价方法与参数的通知》及现行有关风电和可再生能源的财税规定。本风电基地已开发建设项目总投资 278.31 亿元。风电场工程建设本金占总投资的 20%，其余资金从银行借款，长期借款利率为 6.55%，借款偿还期为 15 年，还款方式为等额本息还款，流动资金按每千瓦 30 元估算。以基准收益率为 8%、风电场建设期为 1 年、经营期为 20 年进行计算。运营维修期间的支出包括利息支出、经营费、维修费保险费、职工工资及福利费、材料费和其他费用。上网电价按四川省风电

标杆上网电价0.57元/千瓦时测算。缴纳的税金包括增值税、销售税金附加、所得税。增值税税金按17%计算，形成固定资产的增值税在成本中抵扣，执行增值税即征即退50%优惠政策。销售税金附加包括城市维护建设税和教育附加税，税率分别为5%和2%。企业所得税税率为25%，执行“三免三减半”政策。同时，要考虑风电基地消纳问题，年上网电量减少10%。

基于全生命周期风电场评估包括6个部分：风电机组生产（叶轮、机舱、塔筒和其他部件）、变电站（变压器和控制元件）、设备运输与其他材料、安装、运营维修、回收处置。详细数据如表3-8所示。

**表3-8 风电场各组成部分**

| 生产阶段 | 部件 | 材料名 | 材料（吨） |
| --- | --- | --- | --- |
| 风电机生产 | 叶轮 | 树脂 | 154 |
| | | 玻璃纤维 | 106 |
| | | 钢铁 | 190 |
| | 机舱 | 钢铁 | 560 |
| | | 硅 | 9.6 |
| | | 铜 | 91 |
| | | 玻璃纤维 | 0.9 |
| | | 树脂 | 1.3 |
| | 塔筒 | 钢铁 | 2100 |
| 变电站建设 | 变压器 | 硅 | 0.6 |
| | | 钢铁 | 11 |
| | | 铜 | 5 |
| 风电设施建设 | 塔筒地基 | 混凝土 | 8300 |
| | | 钢筋 | 990 |
| | 变电站地基 | 混凝土 | 160 |
| | | 钢筋 | 7.9 |
| 运营维护 | 叶片 | 树脂 | 52.1 |
| | | 玻璃纤维 | 35.9 |
| | 发电机 | 硅 | 0.72 |
| | | 铜 | 7.9 |
| | | 钢铁 | 17 |

通过调查得知，制造厂与风电基地的平均距离大概为 500 千米，主要交通运输工具是柴油卡车，柴油卡车消耗是 1 千米/升，那么运输过程消耗柴油能量如表 3-9 所示。

**表 3-9　运输过程能量消耗表和 $CO_2$ 排放量**

| 燃料 | 热值（兆焦每千克） | 总重（千克） | 总能量消耗（吉焦） | 折算标煤（吨） | $CO_2$ 排放量（千克） |
|---|---|---|---|---|---|
| 柴油 | 46.04 | 8981280 | 413498.1312 | 14107.75 | 28617000 |

基于表 3-8 可以得出风电场全生命周期内的耗能，详细数据如表 3-10 所示。该风电基地全生命周期内的总耗能为 1940171.674 吨标准煤。

**表 3-10　全生命周期风电基地能耗**

| 阶段 | 材料名称 | 单位耗能（千克标准煤/吨） | 消耗量（吨） | 能耗（千克标准煤） |
|---|---|---|---|---|
| 生产制造 | 钢铁 | 1379.8 | 782092.8 | 1079131620 |
| | 玻璃纤维 | 5778 | 39600 | 228808800 |
| | 硅 | 5050 | 356.4 | 1799820 |
| | 铜 | 3656.2 | 18849.6 | 68926680 |
| | 混凝土 | 228.8 | 273240 | 62517300 |
| | 钢筋 | 1729.6 | 68310 | 118148976 |
| | 树脂 | 1103 | 2196 | 2620728 |
| 交通运输 | | | | 14107750 |
| 运行维护 | | | | 218466000 |
| 回收处置 | | | | 145644000 |
| 总计 | | | | 1940171674 |

所有原材料生产过程和回收处置排放都应考虑在内，详细数据如表 3-11 所示（本书只考虑 $CO_2$ 排放量），风电基地 $CO_2$ 总排放为 2468694664 千克。

**表 3-11　原材料生产过程中排放量**

| 材料 | $CO_2$（千克/吨） | $CO_2$（总排放千克） |
|---|---|---|
| 钢铁 | 2250 | 1759708800 |
| 玻璃纤维 | 1128.9 | 44704440 |

续表

| 材料 | $CO_2$（千克/吨） | $CO_2$（总排放千克） |
|---|---|---|
| 硅 | 20510 | 7309764 |
| 铜 | 10909.29 | 205635752.8 |
| 混凝土 | 1070.3 | 292448772 |
| 钢筋 | 2303.79 | 157371894.9 |
| 树脂 | 690 | 1515240 |
| 总计 | | 2468694664 |

#### 3.4.3.3 结果与分析

将收集到的数据代入，利用 MATLAB 求解可得到模型的优化结果，具体如表 3-12 所示。

**表 3-12 双层多目标优化模型优化结果**

| 决策变量 | 最优解 | 现值 |
|---|---|---|
| $C_F$ | 0.362 | 0.34 |
| $P_r$ | 2.1 兆瓦 | 1.5 兆瓦 |
| a | 0.916 | 0.87 |

结果表明，目标函数受到容量因子、机组额定功率、上网比率和初始投资的影响。当决策变量是最优解时，目标函数值达到最优，即 EROI = 40.6，NPV = 677214620，IC = 0.316 元/千瓦时，CER = 8.295 万吨。与项目原数据相比（EROI = 23.4，NPV = 170672000，IC = 0.33，CER = 3.285），各目标值都得到了优化。

$C_F$ 容量因子的最优解是 0.362，而实际值为 0.34，但是容量因子不能由人工优化，它取决于地理条件，这表示风电场建立时的选址并不是最佳位置，增加了风电投资的不确定性。在之后的风电项目规划中，风能资源观察还需要加密，相关部门和风电开发业主应该增加风电资源观测塔，以便全面分析风电资源。当 $P_r$ 的值为 2.1 兆瓦时，目标函数处于最优且对 EROI 值影响较大，但是目前风电机组一般是 1.5 兆瓦、2.0 兆瓦和 2.5 兆瓦，代表满发功率，所以当选择 2.0 兆瓦机型时（风机具有一定的超发能力），目标函数是最优结果。此外，$P_r$ 不仅受到机组的影响，还受到气压、气温、气流和叶片的影响。风电项目受地理位置影响，定桨距失速风电机组在相同的风速条件下，随着海拔高度的增加，整个风电机组的功率会降低。变桨距风电机组在同样风速条件下，其功率会随着海拔的增加在满负荷前降低；当大于满负荷功率时，其功率是恒定的。因此要根据风电项目所处的地理位置采用适合的风电机组。风电机组叶片的大小和清洁度也是影响功率的重要因素之一，直径越大的叶片，其功率也会增加。同时要定期清洁叶片，这有利于避免功率下降。上网比率经济效益影响较大，当它的值趋于 1 的时候经济效益越大，但减排成本也会随之增加，当它的值稳定于 0.916 时，综合效益达到最大。

优化前的风电基地能源效益和经济效益一般，环境效益比较理想。经过优化后，风电基地的 EROI 值从 23.4 上升到了 40.6（石油的范围是 10~30，煤是 40~80)，优化后的风电基地具有更高的能源效益。从资源的角度来看，风能是一种可行有效的能源，能为社会经济发展提供能源资源。通过对决策变量的优化，该风电基地的经济效益得到提高。风能是清洁的可再生能源，风电场的开发建设在运营阶段不仅不会对环境产生损害，还可以有效地减少常规能源尤其是煤炭资源的消耗，减少 $CO_2$ 的排放，所以优化前后该风电基地的环境效益差距不是太大。风电基地可减少 $CO_2$ 排放 32.975 万吨，具有较好的环境效益。

## 3.5 本章小结

如何降低可再生能源发电项目投资风险并制定最优投资决策，是可再生能源开发利用过程中的一个重要问题。可再生能源的能源效益、环境效益和经济效益不容忽视，如何平衡三者之间的关系也是待解决的重要问题。因此，本章评估了风电项目投资风险并优化投资决策，科学地分析了风电场的能源效益、经济效益和环境效益以促进之后类似项目的可持续发展。

本章从经济风险、技术风险和政策风险三个方面分析了风电项目投资主要风险因素，选取 NPV、IRR、PT 为风险评价指标来建立评价模型。结合实际的风电项目，利用 Monte Carlo 方法模拟未注册 CDM 项目和成功注册 CDM 项目两种场景的 NPV、IRR、PT 结果。研究结果表明，该项目存在较大的投资风险。

为有效降低风电项目投资风险，基于多目标优化方法，以 NPV、IRR 和 PT 为目标函数进行建模。结果表明，风电项目投资风险主要取决于上网比率、容量

因子、初始投资和该项目是否为CDM项目。

以能源效益、经济效益和环境效益三者均达到最优为目标，分析三者之间的关系，将其归为一个双层多目标规划问题。以风电项目为例，基于全生命周期评估方法定义风电系统边界。从资源角度出发，重点探讨EROI方法，以EROI值为衡量能源效益的指标，并建立双层多目标优化模型，最终优化结果使风电基地具有较好的综合效益。

## 3.6　本章参考文献


[1] Sun S., Liu F., Xue S., et al. Review on wind power development in China: Current situation and improvement strategies to realize future development [J]. Renewable & Sustainable Energy Reviews, 2015 (45): 589-599.

[2] Ozlu S., Dincer I. Analysis and evaluation of a new solar energy-based multigeneration system [J]. International Journal of Energy Research, 2016, 40 (10): 1339-1354.

[3] International Energy Agency. Medium-term renewable energy market report 2016 [EB/OL]. http://www.iea.org/newsroom/news/2016/october/medium-term-renewable-energy-market-report-2016.html.

[4] Ozturk M., Yuksel Y. E. Energy structure of Turkey for sustainable development [J]. Renewable & Sustainable Energy Reviews, 2016 (53): 1259-1272.

[5] Li C. B., Lu G. S., Wu S. The investment risk analysis of wind power project in China [J]. Renewable Energy, 2013, 50 (3): 481-487.

[6] 黄生权. 项目评价指标——净现值的扩展 [J]. 技术经济与管理研究, 2001 (6): 63.

[7] 李伟, 王群锋, 张宏图. 解决风电弃风问题的对策研究——基于价格调节机制的理论和算例分析 [J]. 价格理论与实践, 2013 (2): 53-54.

[8] 赵本水. 关于东北地区风电"弃风"问题及解决方案 [J]. 变频器世界, 2017 (9): 55-57.

[9] Couture T., Gagnon Y. An analysis of feed-in tariff remuneration models: Implications for renewable energy investment [J]. Energy Policy, 2010, 38 (2):

955-965.

［10］Kaldellis J. K. Critical evaluation of financial supporting schemes for wind-based projects：Case study Greece［J］. Energy Policy，2011，39（5）：2490-2500.

［11］Aquila G.，Junior P. R.，Pamplona E. D. O.，et al. Wind power feasibility analysis under uncertainty in the Brazilian electricity market［J］. Energy Economics，2017（65）：127-136.

［12］Gass V.，Strauss F.，Schmidt J.，et al. Assessing the effect of wind power uncertainty on profitability［J］. Renewable & Sustainable Energy Reviews，2011，15（6）：2677-2683.

［13］Baringo L.，Conejo A. J. Wind power investment：A benders decomposition approach［J］. IEEE Transactions on Power Systems，2012，27（1）：433-441.

［14］Liu X.，Zeng M. Renewable energy investment risk evaluation model based on system dynamics［J］. Renewable & Sustainable Energy Reviews，2017（73）：782-788.

［15］Jia X.，Han Y.，Liu F. Research on the evaluation of wind power projects of investment risk［J］. Procedia Computer Science，2017（111）：388-398.

［16］侯威．风力发电项目的投资风险评价方法研究［D］. 北京：华北电力大学，2016.

［17］李文富，郭树霞．基于 BP 神经网络的风电项目市场投资风险评价［J］. 华北电力大学学报（社会科学版），2011（S2）：95-97.

［18］彭海趒．大型风电项目决策风险评估模型及管理机制研究［D］. 北京：华北电力大学，2013.

［19］于澎，张建军．新形势下风电项目投资风险的识别［J］. 中国市场，2016（24）：236-238.

［20］李峰，刘正超，贾晓希，等．基于全寿命周期理论的风电项目投资风险评价模型［J］. 华东电力，2012（4）：531-535.

［21］Patterson M. G. What is energy efficiency?：Concepts，indicators and methodological issues［J］. Energy Policy，1996，24（5）：377-390.

［22］Bosseboeuf D.，Chateau B.，Lapillonne B. Cross-country comparison on energy efficiency indicators：The on-going European effort towards a common methodology［J］. Energy Policy，1997，25（7-9）：673-682.

［23］Uz D. Energy efficiency investments in small and medium sized manufactur-

ing firms：The case of California energy crisis ［J］. Energy Economics，2017（70）：421-428.

［24］ Yu S.，Tan Q.，Evans M.，et al. Improving building energy efficiency in India：State-level analysis of building energy efficiency policies ［J］. Energy Policy，2017（110）：331-341.

［25］ Buus T. Energy efficiency and energy prices：A general mathematical framework ［J］. Energy，2017（139）：743-754.

［26］ Xu T.，Zhu C.，Shi L.，et al. Evaluating energy efficiency of public institutions in China ［J］. Resources，Conservation and Recycling，2017（125）：17-24.

［27］ Feng C.，Wang M. Analysis of energy efficiency and energy savings potential in China's provincial industrial sectors ［J］. Journal of Cleaner Production，2017（164）：1531-1541.

［28］ Bukarica V.，Tomšić Ž. Energy efficiency policy evaluation by moving from techno-economic towards whole society perspective on energy efficiency market ［J］. Renewable and Sustainable Energy Reviews，2017（70）：968-975.

［29］ 王聪．山东省枣庄市农村沼气建设项目综合效益研究［D］. 咸阳：西北农林科技大学，2016.

［30］ 吴卫明．户用沼气对农村家庭能源消费影响及其效益评价［D］. 南京：南京农业大学，2006.

［31］ 冯立杰，张胜有，姜光杰，等．煤层气开发利用综合效益评估［J］. 煤炭经济研究，2010（1）：29-33.

［32］ Liu Y.，et al. A comprehensive economic benefit evaluating method of grid-connected wind power generation under demand response ［J］. Energy Procedia，2017（141）：373-377.

［33］ Xia F.，Song F. Evaluating the economic impact of wind power development on local economies in China ［J］. Energy Policy，2017（110）：263-270.

［34］ 禹英杰．风电建设项目经济效益评价与环境影响分析［J］. 东方企业文化，2015（4）：182-183.

［35］ 黄莹灿，李梦，王燕楠，等．风电节能减排环境经济效益分析［J］. 中国市场，2014（24）：135-139.

［36］ 王丽伟．风电场风速及发电功率预测与经济效益研究［D］. 北京：华北电力大学，2010.

[37] 赵文会，钟孔露，毛璐，等．基于超效率 DEA 和 Malmquist 指数的三北地区风电经济效益评价 [J]. 可再生能源，2016，34（3）：448-453.

[38] 刘芳兵．山东省海上风电经济社会效益评价 [D]. 济南：山东师范大学，2013.

[39] Yang J. Environmental and climate change co-benefits analysis of wind power generation in China [J]. Energy Procedia，2016（88）：76-81.

[40] 蔡贵珍，王莹，黄家文，等．风电工程节能减排环境效益计算方法探讨 [J]. 人民长江，2010，41（15）：23-26.

[41] 孙磊，宋志杰，王健．风力发电的环境效益分析 [J]. 广东电力，2012，25（4）：40-43.

[42] 周世文．49.5 兆瓦风力发电工程设计及其环境效益建模 [D]. 银川：宁夏大学，2014.

[43] 王晓天．基于全生命周期评价方法的风电环境效益测算——以内蒙古某风电场为例 [J]. 科技管理研究，2012，32（18）：259-262.

[44] 世界风能资源．中国科普博览 [EB/OL]. http：//www. kepu. net. cn/gb/technology/new_energy/web/a4_n18_nn123. html.

[45] Ming Z.，Liu X.，Na L.，et al. Overall review of renewable energy tariff policy in China：Evolution，implementation，problems and countermeasures [J]. Renewable & Sustainable Energy Reviews，2013，25（5）：260-271.

[46] Feng T. T.，Yang Y. S.，Yang Y. H.，et al. Application status and problem investigation of distributed generation in China：The case of natural gas，solar and wind resources [J]. Sustainability，2017，9（6）：1022.

[47] 孙涵．基于蒙特卡洛的风电项目风险评价分析 [J]. 理论月刊，2011（11）：166-169.

[48] 乔瑞，陈跃．风险价值 VAR（第二版）[M]. 北京：中信出版社，2005.

[49] Hwang C. L.，Paidy S. R.，Yoon K.，et al. Mathematical programming with multiple objectives：A tutorial [J]. Computers & Operations Research，1980，7（1）：5-31.

[50] Justus C. G.，Hargraves W. R.，Mikhail A.，et al. Methods for estimating wind speed frequency distributions [J]. Journal of Applied Meteorology，1978，17（3）：350-353.

[51] Akpina E. K., Akpinar S. Determination of the wind energy potential for Maden-Elazig, Turkey [J]. Energy Conversion Management, 2004 (45): 2901-2914.

[52] Dorvlo A. S. S. Estimating wind speed distribution [J]. Energy Conversion & Management, 2002, 43 (17): 2311-2318.

[53] Ulgen K., Hepbasli A. Determination of Weibull parameters for wind energy analysis of İzmir, Turkey [J]. International Journal of Energy Research, 2002, 26 (6): 495-506.

[54] Dalabeeh A. S. K. Techno-economic analysis of wind power generation for selected locations in Jordan [J]. Renewable Energy, 2017 (101): 1369-1378.

[55] Adaramola M. S., Paul S. S., Oyedepo S. O. Assessment of electricity generation and energy cost of wind energy conversion systems in north-central Nigeria [J]. Energy Conversion & Management, 2011, 52 (12): 3363-3368.

[56] Mohammadi K., Mostafaeipour A. Economic feasibility of developing wind turbines in Aligoodarz, Iran [J]. Energy Conversion & Management, 2013, 76 (30): 645-653.

[57] Abdelhady S., Borello D., Santori S. Economic feasibility of small wind turbines for domestic consumers in Egypt based on the new feed-in tariff [J]. Energy Procedia, 2015 (75): 664-670.

[58] Caralis G., Diakoulaki D., Yang P., et al. Profitability of wind energy investments in China using a Monte Carlo approach for the treatment of uncertainties [J]. Renewable & Sustainable Energy Reviews, 2014, 40 (40): 224-236.

[59] Barros J. J. C., Coira M. L., López M. P. D. L. C., et al. Probabilistic life-cycle cost analysis for renewable and non-renewable power plants [J]. Energy, 2016 (112): 774-787.

[60] Walmsley T. G., Walmsley M. R. W., Atkins M. J. Energy return on energy and carbon investment of wind energy farms: A case study of New Zealand [J]. Journal of Cleaner Production, 2017 (167): 885-895.

[61] Odum H. T. Energy, ecology, and economics [J]. Ambio, 1973, 2 (6): 220-227.

[62] Cleveland C. J. Petroleum drilling and production in the United States: Yield per effort and net energy analysis [J]. Science, 1981, 211 (4482): 576-579.

[63] Cleveland C. J., Costanza R., Hall C. A. S., et al. Energy and the

U. S. economy：A biophysical perspective [J]. Science，1984，225（4665）：890.

[64] 胡燕，冯连勇，齐超，等. 能源投入回报值（EROI）评价方法及其在我国大庆油田的应用 [J]. 中国矿业，2014（9）：30-34.

[65] Atlason R. S.，Unnthorsson R. Energy return on investment of hydroelectric power generation calculated using a standardised methodology [J]. Renewable Energy，2014，66（66）：364-370.

[66] Dupont E.，Koppelaar R.，Jeanmart H. Global available wind energy with physical and energy return on investment constraints [J]. Applied Energy，2018（209）：322-338.

[67] Mulder K.，Hagens N. J. Energy return on investment：Toward a consistent framework [J]. Ambio，2008，37（2）：74.

[68] 赵治. 风电项目全生命周期风险管理研究 [J]. 江苏师范大学学报（哲学社会科学版），2010，36（6）：126-129.

[69] 廖祖仁，傅崇伦. 产品寿命周期费用评价法 [M]. 北京：国防工业出版社，1993.

[70] Bracken J.，McGill J. Mathematical programs with optimization problems in the constraints [J]. Operations Research，1973（21）：37-44.

[71] B. Colson，P. Marcotte，G. Savard. An overview of bilevel optimization [J]. Annals of Operations Research，2007，153（1）：235-256.

# 第4章　可再生能源配额制和固定电价政策分析

我国针对可再生能源开发颁布了一系列投资激励政策，如研发激励、市场发展激励、电价激励、财税激励，这些政策都有一定的投资激励效果。在这些政策中，对于发电产业的投资激励效果最佳的是电价激励及市场发展激励。不过，FIT 的实施并没有考虑电力市场的供需情况，且在 FIT 下政府承担了巨大的财政负担，而企业承担的风险较小。RPS 的实施利于反映电力市场的供需情况并及时对电价进行调整，但企业承担的风险更大。FIT 已经实施很多年，投资激励效果显著。为实现能源结构的调整及电力市场的改革，RPS 即将在我国落地实施。FIT 和 RPS 共同实施下的投资激励效果已成为政策研究热点。当前的政策研究主要集中在政策设计、政策比较、政策实施效用分析等方面。政策设计和比较可以促进“3E”系统的协调发展，政策有效性的分析则有利于了解政策的实施效果。基于当前存在的一系列问题，研究我国可再生能源产业投资激励政策的有效性对于促进产业的可持续发展、解决过度依赖传统能源问题及改善环境问题都具有十分重要的意义。

本章基于系统动力学理论，建立了政策有效性分析模型。选取风电产业进行案例分析，设计政策模拟的场景，根据模拟结果系统分析政策有效性，并进一步探讨了其对可再生能源产业发展的可持续性影响，提出了完善我国可再生能源产业投资激励政策的思考和对策建议。研究结果表明，固定电价政策对于产业发展有很好的促进作用，电价水平的变化对产业规模及其利润影响不大，但不利于产业长期的发展，不能反映电力市场供需情况；配额制的实施有利于调节产业的规模发展，在一定程度上反映了电力市场的供需情况，合理的配额率及罚金有助于促进厂商的合理投资，也有利于产业的可持续发展。本章的研究结果为相关研究机构、行业企业、政府相关部门的可再生能源投融资决策及政策制定提供了一定参考。同时，基于系统动力学的评价建模及系统分析方法也能够应用于相关产业更广泛的政策分析与研究领域。

## 4.1 可再生能源发展相关政策研究进展

目前，我国可再生能源开发相关的投资激励政策对于产业规模的形成起到了很好的促进作用，但对能源结构调整及电力市场改革是否有良好的作用还需进一步探究。本章通过对当前投资激励政策的梳理，分析了政策实施中存在的问题，并利用政策有效性分析模型来评估当前相关政策的实施效果，提出了针对性的建议，为解决我国可再生能源产业所面临的发展问题提供了参考，具有一定的理论和现实意义。

国外学者主要针对可再生能源的投融资及相关激励政策展开研究，相关政策对可再生能源产业发展的促进作用得到了很多学者的认可，特别是产业的发展初期，投资激励政策在促进产业规模的形成方面起到了关键的支持作用。Polzin 等[1] 对可再生能源项目的投资风险和投资回报进行了实证研究，研究发现，FIT、RPS 的实施可以降低可再生能源投资风险，提高投资回报率，同时对个体投资的激励效果明显，建议加强此类政策的实施。Sakah 等[2] 根据加纳一直面临的长期限电问题，分析了加纳当前的可再生能源各种激励政策措施的优势与劣势，并评估了相关激励政策对于可再生能源投融资的影响，发现当前政策缺乏市场驱动力且资金获取与可再生能源发展战略不一致，提出了应全面协调可再生能源监管和财政政策及电价制度。同时，市场驱动计划要优先考虑成本效益和政府影响力。Zafar 等[3] 指出巴基斯坦在 2006 年启动了可再生能源政策之后，并没有让其可再生能源得到很好的发展，即使相应的战略目标使该国可再生能源装机达到了一定的水平。他们旨在分析现行制度能否满足国家的可再生能源战略目标，指出若没有进一步的投融资政策支撑的话，未来将很难达到 2030 年的能源规划目标。Hafeznia 等[4] 分析了美国当前可再生能源政策的平等性和合理性，并建立模型来分析各个地区的政策制定情况不同是否会导致政策效率更高或不同。研究表明，若所有地区的政策相同则会使实施效率降低。Boyd 等[5] 评估了能源税的成本与经济收益的关系，利用 CGE 模型将经济成本估算和环境损害的货币估算结合在一个综合成本框架中。研究表明，二氧化碳减排行动会为经济带

来额外的效益。

国外可再生能源政策有效性的研究主要集中在政策的比较、选择及优化方面。Ge 等[6] 系统梳理了生物质能的主要投资激励政策，包括补贴和税收优惠，提出了评估生物质能政策的可计算的一般均衡模型，评估和比较了激励政策的经济、能源、环境效果。结果显示，生产补贴的适当增加能带来更好的经济、能源、环境效益。Ritzenhofen 等[7] 通过两阶段模型和计量经济模型，定量比较了 RPS 和 FIT 对可再生能源发电产业的影响，发现 FIT 对提高可再生能源装机容量增长和刺激研发投入更有刺激效果，而 RPS 在减少碳排放方面更有效。Sun 等[8] 建立了一个两阶段模型来比较固定电价和配额制对可再生能源发电产业的影响。结果表明，FIT 能使产业的投资回报更高，而 RPS 可以更有效地减少碳排放和改善消费者剩余。Dong[9] 利用非线性计量经济学和统计模型以及面板数据，研究了固定电价和配额制在促进风电产业发展方面的相对有效性。结果表明，实施 FIT 政策时增加的装机容量比实施 RPS 政策时平均多 1800 兆瓦，就促进装机容量增加来看，FIT 比 RPS 更有效。Farooq 等[10] 基于自下而上的长期能源系统建立了 MARKAL 模型，分析了巴基斯坦在 RPS 下可再生能源发电的潜力及其对能源、环境、经济的影响。结果表明，在极其乐观的 RPS 政策环境下，到 2050 年，化石燃耗量将从 4660 皮焦尔减少到 306 皮焦尔，温室气体排放量将从 4.89 亿吨减少到 2700 万吨，同时将降低能源进口依赖度，但发电价格会有所上升。Ford 等[11] 基于系统动力学理论模拟分析了可交易的绿色证书（TGC）的市场动态。结果表明，在 RPS 下引入 TGC 可以实现可再生能源的发电目标，电力价格会对投资者的行为产生反馈信息，但是电力价格将会随市场波动，增加了投资的不确定性。Ahmad 等[12] 基于系统动力学理论建立了 FIT 政策有效性评估模型，旨在得出促进马来西亚的太阳能光伏投资的有效对策。结果表明，与较低 FIT 水平相比，较高 FIT 水平下的装机容量更高，同时对于 FIT 的改变更敏感。García-Álvarez 等[13] 对欧盟 28 国的陆上风电进行实证研究。结果表明，FIT 及关税政策对装机容量影响较大，当实施 RPS 政策时，为提高投资者的投资热情，建立风险更小的政策框架是有必要的。

国内学者对于可再生能源发展政策的研究围绕相关激励政策展开，如财税激励、电价激励、金融支持等。就财税激励而言，相关研究表明，能源税的实施和所得税的减免对可再生能源产业的发展都起到了正向激励作用。王德发[14] 建立 CGE 模型分析了对煤炭征收能源税的可行性和合理性。结果显示，能源税的征收有利于对经济、能源结构进行调整，减少大气污染物排放，改善空气质量。胡宗义等[15] 基于 CGE-MCHUGE 模型对能源税征收进行了短期和长期效果的研究。

结果显示，虽然短期内对经济增长及相关产业影响不显著，但从长期来看，有利于降低能源强度，优化能源结构，转变经济增长方式。张为付等[16] 分析了能源税对出口国、进口国环境污染等方面的影响，并指出存在一个最优能源税率可有效改善全球经济福利。杨岚等[17] 通过静态 CGE 模型分析了我国能源税对经济、能源、环境系统的影响。结果表明，能源税的征收对于经济增长影响较小，对能源结构改善有一定作用，对减少污染物排放效果明显。

可再生能源金融支持方面的相关研究显示，可再生能源发电产业的发展离不开金融支持，国家的财政支持和政策性金融支持是必不可少的，但同时需要增加投融资方式，拓宽融资渠道。谢冬冬[18] 针对我国可再生能源融资成本高、融资方式单一的困境，提出要拓宽融资渠道，可以引导银行信贷加大对新能源产业的支持，完善信贷制度并对贷款利率实施优惠，同时还要顾及民间资本对于新能源的投资。Kang 等[19] 通过对当前风电产业政策的系统性分析，提出风电产业的融资需要进一步考虑拓宽渠道，丰富融资方式，如设立可再生能源基金、绿色能源基金等。

而电价激励方面的相关研究则表明，虽然当前实施的电价激励政策使可再生能源产业有了一定的规模，但目前重建设、轻发电、消纳能力低等问题凸显，政策体系需要进一步调整优化。Zhao 等[20] 对我国当前的可再生能源激励政策进行了系统性分析。结果表明，产业激励政策虽然保证了生产厂商的利润，但是却忽略了电网公司的利益，不利于电力的供需平衡发展。Yang 等[21] 比较了以澳大利亚和中国为代表的发达国家和发展中国家的可再生能源发电政策，提出了应扩大和完善电力系统以满足可再生能源一体化的要求，同时应加强中央政府与省政府之间的协调。Hsu 等[22] 基于系统动力学理论建模评估了 FIT 政策的实施对我国台湾风电利用及产业增长的影响。结果表明，FIT 的实施对风电装机容量产生显著影响，同时可以减少污染物排放量，促进风电产业的发展。赵洱岽等[23] 构建了生物质发电产业在 FIT 和 RPS 政策下的评估模型。研究发现，当前的电价水平难以对生物质发电厂商产生投资刺激作用，并建议引入配额制时应设计合理的配额比例和 TGC 价格。Zhang 等[24] 分析了在不同水平下的 FIT 和 RPS 对生物质能产业发展的影响。结果显示这些激励政策对推动我国可再生能源生物质发电起到了重要作用。

综上所述，目前的投资激励政策主要是价格激励和经济激励，并侧重于电力生产激励，而缺乏电力消费方面的激励。国外学者多基于各种模型对可再生能源激励政策进行比较、评估及优化，同时，他们比较关注政策带来的社区福利问题，但在激励政策的对比分析方面存在评价指标单一、考虑不够全面的问题。与

国外相比，国内对于财税激励及固定电价激励政策的研究较多，发现政策对于产业规模的形成起到了很好的促进作用，但发电产业的发展缺乏市场驱动力。虽然当前已有部分学者对电价激励和配额制进行了比较分析，但还缺乏对政策的评价研究和定量研究，研究结论具有局限性。

因此，本章对可再生能源发展相关政策进行系统性梳理的同时，基于系统动力学理论来建立一个涵盖能源、经济、环境系统的政策有效性分析模型，并设定模拟场景重点分析 FIT 和 RPS 政策的有效性。

## 4.2　可再生能源发展政策概述

### 4.2.1　相关政策体系

可再生能源产业投资激励政策是指可直接或间接促进可再生能源产业投融资或产业发展的相关政策，如研发激励政策、电价补贴政策、税收减免政策等。可再生能源产业投资激励政策不仅对促进可再生能源产业的可持续发展有举足轻重的作用，还对国民经济增长产生重大的影响，也对解决环境问题产生了积极的促进作用。近年来，为了促进我国可再生能源的可持续发展，政府颁布并实施了一系列有关水电、风电、太阳能光伏、生物质发电和地热发电的法律法规、发展计划和激励政策。根据对文献的阅读整理[25~28]，本章将可再生能源产业投资激励政策归纳成四大类，主要包括研发激励政策、市场发展激励政策、并网和电价补贴政策、财税激励政策，具体如表 4-1 所示。可再生能源产业投资激励政策对投资者的吸引力产生重大影响，政策的实施可以提高投资者的信心，同时指引投资者选择投资方向，投资者的投资情绪变化将直接影响产业规模的发展，从而影响生产成本及利润的变化。因此，可再生能源产业投资激励政策对产业的可持续发展有十分重要的作用。

**表 4-1　我国可再生能源发电的主要激励政策**

| 政策类别 | 相关政策 |
|---|---|
| 研发激励政策 | 可再生能源发展基金、国家特殊津贴、研发基金、投资信贷政策 |
| 市场发展激励政策 | 产品补贴、发展绿色能源补贴、可再生能源发展计划、RPS |

续表

| 政策类别 | 相关政策 |
|---|---|
| 并网和电价补贴政策 | FIT |
| 财税激励政策 | 税收优惠、财政补贴 |

4.2.1.1 研发激励政策

首先，为促进可再生能源产业的规模发展，我国建立了相关产业的研发机构。我国规定，技术研发应优先考虑我国的整体技术发展，并应纳入国家高科技技术产业发展规划。例如，在风电方面，我国政府规定了三个研发领域，即风力发电的技术创新、风电设备制造的产业化以及风电的电网规划，针对这三个领域，政府建议在现有研究机构和具有较强研发能力的企业的基础上建立国家风电研发中心。同样，政府鼓励有条件的企业通过建立研究中心，共同解决地热能发电的关键技术问题。这些研发机构都为我国可再生能源发电产业的技术进步做出了重要贡献。目前，在风力发电方面，我国也掌握了一些核心技术，如大型风力发电机组设计、风力机叶片翼型设计和海上风电场设计与施工。其中，1.5 兆瓦和 2 兆瓦的风力涡轮机已成为主要的陆上涡轮机类型，5 兆瓦和 6 兆瓦的海上风力涡轮机也已成功开发并将投入运行。在生物质能发电方面，研发机构成功解决了生物质发电厂的自动化技术和采集、储存、运输设备的应用技术[29]。此外，太阳能光伏发电产业也有了重大的技术突破。相关研发机构以低成本物理方法成功制造太阳能电池和多晶硅，填补了中国多晶硅制造技术的空白[30]。尽管相关研发机构已经取得了一些技术突破，但目前支持研发机构建立的政策仍有进一步改进的空间。目前，我国的设备制造商还没有完全掌握可再生能源发电产业的关键技术，如大规模和大容量风力涡轮机的生产与组装，这些涡轮机严重依赖进口[31]。

其次，我国还设立了研发基金。可再生能源的研发具有高投资和高风险的特点，因此，金融支持对可再生能源发电产业的商业应用非常重要[32]。我国政府提供的主要金融支持就是可再生能源发展专项基金，该基金旨在支持各种可再生能源活动，包括资源勘探、标准制定和项目示范，且针对特别基金发布了一些具体规定。例如，《国家发改委　财政部关于印发促进风电产业发展实施意见的通知》于 2006 年印发，支持风电产业发展。同样，相关法律法规还规定，部分专项资金将用于支持新产品的研发以及太阳能行业关键技术的产业化。但是，我国的研发基金主要集中于风电和太阳能光伏发电，而针对资源丰富的地热和生物质

发电的研发资金相对而言比较少。地热能利用系数分别是风能和太阳能的 2.6 倍和 4.4 倍，是各类可再生能源中最高的。我国拥有丰富的地热能源储备，地热能的总量、可开采量和年可用量分别相当于 8550 亿吨、2560 亿吨和 6.64 亿吨标准煤[33]。然而，由于研发不足，中国尚未掌握热干岩石发电技术，导致年可利用地热能利用率低于 5‰。同样，我国也有丰富的生物质能资源，但尚未得到充分利用。我国农作物秸秆年可用量为 3.4 亿吨，2.4%用于发电；林业木材残余量为 3.5 亿吨，仅 0.9%用于发电[34]。同时，研发资金短缺、融资渠道少、核心技术缺乏、关键设备进口依赖等问题也严重制约了我国生物质发电产业的发展。因此，要从可持续发展的角度制定相关政策，增加地热和生物质发电的研发资金支持。

4.2.1.2　*市场发展激励政策*

目前，可再生能源发电产业的发展还处于初级阶段，需要投资激励政策来扩大其市场份额，但市场相关参与者的行为也应受到监管。2006 年，我国提出了要规范可再生能源发电项目的审批流程，主要河流新建水电项目以及水电和风电项目总装机容量分别高于 250 兆瓦和 50 兆瓦的应经国家发改委批准，需要国家补贴支持的生物质发电、地热发电和太阳能发电项目也应得到国家发改委的批准。2008 年，提出要规范水电工程的税收分配，应该根据相关省份在项目建设和运营阶段的贡献值，制定合理的税收分配制度。2009 年，提出了要规范风电产业的竞争，当年废除了国内装机设备利用率未达到 70%及以上的风电场。2013 年，提出要规范风电并网和市场消费，将风电利用率视为安排该地区未来发展规模的重要指标。2015 年，提出随着发展规模的增加，并网电价基准价逐步下降的价格政策。同时，政府已考虑用更多基于市场的可再生能源电价激励政策逐渐取代 FIT，以降低市场风险，促进可再生能源产业的可持续发展。之后，《国家发展改革委　财政部　国家能源局》关于试行可再生能源绿色电力证书核发及自愿认购交易制度的通知》指出风电和光伏发电产业将于当年的 7 月 1 日起试用 RPS 政策。

同时，我国政府还通过发布发展计划来推动可再生能源产业的发展。2007 年，《可再生能源中长期发展规划》提出，到 2020 年非化石能源应占一次能源消费总量的 15%。2013 年发布的《能源发展“十二五”规划》也提出，非化石能源的消费占比需要提高到 11.4%，非化石能源的装机容量在 2015 年应达到 30%。2016 年《可再生能源发展“十三五”规划》所提出，到 2020 年和 2030 年实现可再生能源占一次能源消费比例达到 15%和 20%。

目前来看，这些政策的主要作用体现在：规范可再生能源发电项目的审批程序可以提高相关政府部门的管理效率；提高可再生能源电价附加标准，为可再生能源发电企业提供更强的激励；为了在省际水电项目区域之间妥善分配财政收益，形成税收分配监管，这对水电企业是有利的；风电产业规范市场有助于为国内外风力发电机制造商提供健康的竞争环境，也有利于提升国内风机企业的研发能力。政府制定的发展计划使发电企业和项目投资者能够清楚地了解政府的可再生能源战略目标，形成自己合理的发展计划，但这些计划仍有一些问题[35]。这也迫切要求对实际情况进行更加全面、深入的调查。

而现阶段，我国即将实施 RPS 制度。其中，英国、比利时和美国的多个州执行 RPS 政策，以便在电力供应中提供越来越多的可再生能源电力。配额制是指国家或者地区通过法律形式来对电力供应中可再生能源电力的供应所占份额进行强制划分。作为电力企业，可以通过两种方式来完成可再生能源配额：自身利用可再生能源进行电力生产从而提供可再生能源电力；通过在市场上购买代表同等电量的可再生能源证书（TGC）来代替直接生产可再生能源电力，而未完成配额要求的企业需要向政府支付高额罚金[36]。在大多数情况下，政府创建了可交易的绿色证书（TGC）来跟踪配额的实现情况，并在市场竞争中决定交易价格，随时根据市场的供需情况来调整 TGC 价格。RPS 政策的优势在于它是一种易于与其他政策措施相结合的框架政策，但 RPS 本质上是基于可再生能源电力供给的稀缺性以及需求的稳定性，利用市场竞争机制，保证发电厂的合理性利润空间以及可再生能源技术的不断升级更新和成本的降低，因此，其实只有在可再生能源技术比较成熟且市场达到了一定的规模时，RPS 的实施效果才能充分地体现。

#### 4.2.1.3 并网和电价补贴政策

我国规定，电网公司有义务和已建立的可再生能源发电厂签订电网连接协议，并在电网公司覆盖范围内充分购买可再生能源产生的电力，发电企业有义务与电网公司合作，将可再生能源产生的电接到电网中并确保电网的安全[37]。为确保实施效果，电监会于 2007 年发布了《电网企业全额收购可再生能源电量监管办法》[38]。事实上，可再生能源产生的电力由于其不稳定性和离网率高的可能性而不会被电网公司所接受，因为这增加了电网运行的安全风险。以风电为例，如果风电受到风速、方向、压力等环境因素的影响，电网的大功率风能将对电网的峰值调节能力产生很大的影响，而全面并网购买政策对推动可再生能源发电产业的发展起到了关键作用。但近年来，随着风能和太阳能发电量的迅速扩大，并网问题逐渐显现出来，全面采购政策的不足之处也体现出来了。

FIT 是影响投资者投资可再生能源发电项目意愿的重要因素。FIT 以中国、

南美和大多数欧洲国家为代表，是一个旨在加快可再生能源投资计划的政策，它的设定是由政府主导监管的。在可再生能源发展的早期阶段，它确保了以受保护的价格出售可再生能源，确保可再生能源与某些可再生能源相关的高发电成本能源技术不受禁止，消除了许多的不确定性和风险性。为支持可再生能源尤其是风电和光伏发电行业的快速发展，我国实施了固定电价政策，也就是指风电和光伏发电电价与当地燃煤机组标杆电价的差异由国家专门设立的可再生能源开发利用附加资金补足。但近年来，电价补贴资金不足的问题日益严重。截至 2016 年底，补贴资金缺口已累计达到 700 亿元左右，这给国家财政带来了巨大的压力，而且这个缺口还将继续扩大，这对于可再生能源的发展是非常不利的。目前，中国可再生能源的上网电价有两种类型，即政府确定价格和政府指导价格。政府确定的价格也称为基准价格，根据不同地区可再生能源的可用量来制定。如果通过招标选择新的可再生能源发电项目的投资者，项目的上网电价将适用于政府指导价格，该价格由授予的投标价格确定，不能超过该地区的基准价格。虽然目前的 FIT 政策确保了可再生能源发电企业的合理利润，吸引了产业投资的增加，且明确的电价也使电力交易更加有效，不同地区的不同电价也增加了产业的多样化且有利于技术进步，但现行的电价政策有待进一步完善。

4.2.1.4 财税政策

我国目前还通过财政和税收激励政策刺激可再生能源发电产业的发展。我国规定，对水电、风能、太阳能、生物质能和地热发电项目征收优惠税。税收优惠政策包括增值税、所得税和进口关税。增值税相关规定指出，如果固体废物占发电燃料的比重不低于 80%，且项目符合排放标准，城市生活垃圾焚烧发电项目免征增值税；甲烷生物质、小水电和风电项目的增值税税率分别为 13%、6%和 8.5%。同时，2013 年 10 月 1 日至 2015 年 12 月 31 日，太阳能电力产品的增值税可享受 50%的退税。所得税相关规定指出，发改委批准的主要河流新建水电项目和项目装机容量不低于 250MW 的风电、太阳能和地热发电项目可享受所得税减免，包括从项目首次获得收入的那一年开始的前 3 年免征所得税及从第 4~6 年减少 50%的所得税。至于关税，自 2008 年 1 月 1 日起，国内企业生产大容量风力发电机组的进口关键零部件和原材料的进口关税及进口增值税可以退还，退税应用于新风电产品的研发。与我国当前 17%的增值税税率相比，可再生能源发电产业的增值税优惠政策显著降低了发电企业的税负。同样，我国的所得税税率为 25%，所得税减免为企业投资可再生能源发电项目提供了强有力的刺激[39]。发电设备的进口关税不仅对制造商的利润率有很大影响，而且对研发意愿和能力也有很大影响。高进口关税增加了制造企业的成本，从而影响了它们的利润率。然而，低进口关税可能使国内设备制造企业过度依赖进口，从而降低它们投资研发的积极性。

除了税收激励以外，我国为可再生能源发电产业的发展提供了财政补贴。除了水电外，其他可再生能源发电的成本还是比较高的，我国针对不同的可再生能源制定了不同的补贴标准：针对风电设备制造商，以兆瓦为单位的前 50 台风力发电组可以获得 600 元/千瓦的奖励[40]；针对并网太阳能光伏发电项目，补贴太阳能光伏发电系统及相关输配电系统总投资的 50%，且在没有电源的偏远地区，补贴标准可以达到 70%；针对太阳能光伏发电示范楼，对于建设附属光伏项目，即以建筑物作为光伏组件的基础，补贴标准为 5.5 元/瓦，对于建设一体化光伏项目，即光伏板被封装成建筑材料，补贴标准为 7 元/瓦；针对生物质发电项目，达到商业运营标准的生物质发电项目在 15 年之内可享受 0.25 元/千瓦的补贴，但在 2010 年之后新批准项目的补贴将每年减少 2%[41]。针对可再生能源发电项目的财政补贴在过去几年急剧增长，2006 年向可再生能源发电项目共发放了 2.51 亿元的补贴，但到 2012 年，这项补贴达到了 86 亿元，其中风电项目 377 个，太阳能项目 62 个，生物质项目 57 个，受各种因素影响，补贴资金每年都存在缺口且在逐年扩大。截至 2018 年，补贴缺口已达到 1100 亿元。虽然可再生能源发展到一定阶段之后，补贴逐渐减少至取消是趋势，但一方面政府对于已经颁布的政策一定要承担履约责任，补贴资金应该及时到位，否则会动摇市场对绿色发展的信心，引发行业发展危机，另一方面补贴退出不能一刀切、断崖式，应设计退坡机制。此外，要加强宏观规模调控，避免像光伏发电那样大起大落式的发展。

### 4.2.2 政策实施效果

根据对当前可再生能源发展相关政策的梳理，在研发激励、市场激励、并网和电价激励、财税激励中：①研发激励政策的实施已经呈现较好的刺激效果，我国当前已掌握部分核心技术，但还需对技术的研发进行长期刺激。②在市场激励政策中，虽然我国已经多次发布产业发展计划书，但由于目标设定与实际情况之间存在差距，导致现在虽然风电、光电、水电在设备生产和开发技术上比较成熟，但无法充分利用资源，如 2017 年弃水、弃风、弃光电量高达 1007 亿千瓦时，超过三峡电站全年发电量。同时，还存在电力负荷与电源分布不平衡的问题，能源资源主要分布在西部和北部，而电力消耗和负荷区却在中东部，可再生

能源的消纳还存在地区壁垒。我国即将实施的 RPS，未来可能解决能源消纳等问题，但目前还没有制定明确的实施办法。③以并网政策对于电力市场的刺激来看效果不佳，随着风能和太阳能发电量的迅速扩大，并网问题逐渐显现出来，全面采购政策的不足之处也体现出来了。而 FIT 政策虽然确保了可再生能源发电企业的合理利润，吸引了产业投资的增加，且明确的电价也使电力交易更加有效，但是现行的电价政策仍存在改进的空间。④税收的减免对于投资者的激励起到了很好的效果，但不利于对技术研发的刺激，甚至导致技术创新特别滞后。财政激励能激发投资热情，但目前补贴资金缺口较大，制度不能有效地执行，且补贴逐步削减是趋势，但补贴退出不能一刀切、断崖式，应设计退坡机制，妥善引导投资者的情绪。

在一段时间内的政策优化及完善中，FIT 和 RPS 将成为当前可再生能源发电产业政策改革的重点。一方面，FIT 在短期之内还不可能取消，因为可再生能源发电成本居高不下，且资源分布不均导致电力消纳成本较高，若没有补贴，消纳能力将急剧下降，将对可再生能源发电产业造成灾难性的后果，造成资源的严重浪费。另一方面，我国现行制度下的电力市场需要改革创新，迫切需要推出市场化的定价机制，而 RPS 的引入有可能改善这一局面。我国可再生能源发电产业的发展主要依靠 FIT 的支持。图 4-1 显示了我国可再生能源发电市场电价政策的演进过程，目前处于从 FIT 到 RPS 的过渡期，最终目标是实现绿色电价。现阶段，如何有效地整合实施 FIT 和 RPS，将直接关系到可再生能源发电产业能否打破当前发展瓶颈并可持续地发展下去。

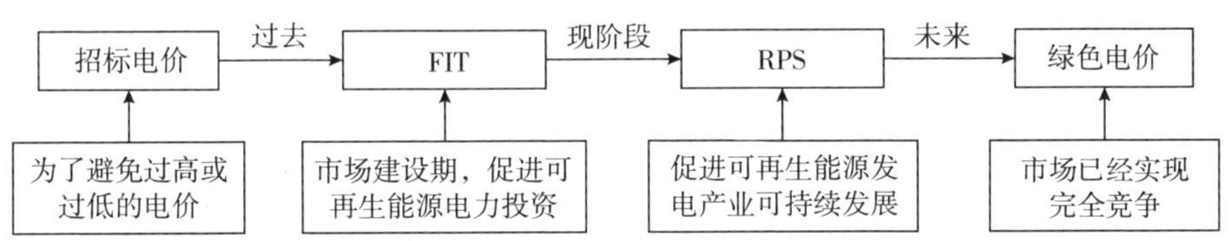


**图 4-1　我国可再生能源电价激励政策的演进过程**

FIT 和 RPS 的基本特征不同，FIT 以强制手段确保可再生能源电力能全额进入电网，为高生产成本的可再生能源发电企业提高了生存空间，同时解决了可再生能源电力生产商电力销售的问题。而由于 RPS 下可再生能源的供给侧明确且可预测，因此在配额比例制定合理的情况下，一般是不会存在可再生能源电力不足或消纳困难的问题。根据前文分析，多数研究都表明，FIT 对于可再生能源发电产业的前期发展促进效果明显；而 RPS 对于前期刺激效果不佳，通常应该在可再生能源技术比较成熟且市场有相当规模时实施。同时，FIT 政策下政府面临较大的财政负担，而 RPS 下政府承担的财政负担要小得多。但对于企业来说，在 FIT 下企业面临的风险较小，更有利于企业的成长；在 RPS 下，企业面临的风险较大，从而使企业扩大经营的难度更高。对于可再生能源项目的融资，FIT 下的价格可以显著降低可再生能源生产商的市场风险，从而可以更有效地激发投资者对可再生能源的投资；而 RPS 会给投资者带来一定的市场风险，从而阻碍投资者对可再生能源的投资[39]。对于可再生能源的发展而言，FIT 在过去一直起着支撑作用，对于可再生能源发电项目的投融资具有决定性作用；而即将在我国实行的 RPS，对于我国可再生能源产业的发展能否起到刺激作用、对于电力市场的改革能否起到引导作用，还需要进行深层次的探讨。基于上述分析，本章将着重讨论 FIT 和 RPS 两种政策的有效性，根据国内外已有的研究，考虑经济、能源、环境因素，建立政策有效性分析模型，进行政策有效性分析，从而为政策制定者提供政策调整及优化建议。

## 4.3 政策有效性分析模型

### 4.3.1 系统动力学方法

系统动力学强调系统内部的整体性、联系性、运动性。系统动力学下的建模基于问题的分析确立模型中的各个要素，明确模型的边界，并建立可循环的因果闭环，在闭环的基础上，对各个要素设定方程或赋值，能实现系统内部信息的传输与回授，最终使模型处于动态循环的状态。它主要的特点有：①适用于处理具有周期性、跨度时间长的问题，利于了解复杂系统内部的运作机制。②模型侧重于分析复杂系统内部各因素的因果关系和各反馈回路中因素的敏感性，往往研究的是非线性关系的问题，适用于处理对精度要求不高的问题[42]。

模型建立主要包括因果关系图和流图的建立。系统内部各要素间存在相互关系，因果关系图用于描述复杂的系统内部的各个构成要素的因果关系及相互关系，是建立模型流图的基础，主要由因果关系、因果键、反馈环构成。流图是在因果关系图的基础上，给系统内每一个要素赋方程式或者数值，也就是根据对模型的掌握和理解，借助数学中微积分等方法将模型中各要素的关系用数学语言表达出来，也就是通过方程式来反映要素之间的关联，使软件能识别所需要研究的模型，从而利用软件研究当前系统中的因果关系及动态关系，找到问题的本质并根据此本质给出解决办法。本章将建模的过程分成以下三大步：

（1）明确模型建立的目的，并根据具体问题厘清系统边界。系统动力学解决的问题一般都具有复杂性，但是研究问题之前一定要明确问题研究的范围，若是对系统内部有一定或重大影响，则属于边界内；若与系统关联程度低且影响很小，则属于边界外。

（2）构建系统的因果关系图。在明确系统边界的基础上，逐个分析系统中各因素的影响关系，主要是因果关系，因为只有明确了要素之间相互作用的方向和机制后，才能根据因果关系图翻译成软件所熟悉的可计量的模型。同时，这个过程还可以继续检验模型的边界设定是否合理、是否需要进一步调整。

（3）系统动力学模型的建立与应用。这一步是政策模型建立最重要的一步，需要根据因果关系图，将因果关系图中各因素的因果关系用数学公式反映出来，这个过程需结合微积分等数学知识，并根据估算法的知识确定模型的参数值。同时，在参数值确定之后对模型做出检验，利用模型去解决问题。

### 4.3.2 相关系统动力学分析

在 FIT 和 RPS 政策下，可再生能源发电产业系统是一个动态复杂的系统，对系统产生影响的因素较多，如生产成本、装机容量、电力价格、装机利用率、配额比例、TGC 价格、TGC 需求及供应等。这些因素间具有复杂的因果关系，本章根据系统动力学理论建立了它们之间的因果关系图，下面将进行可再生能源产业投资激励政策的系统动力学分析。

#### 4.3.2.1 FIT 单一政策下的因果关系

为鼓励投资者在 FIT 下对可再生能源发电项目进行投资，政府通过设定适当比例的可再生能源长期边际成本来补贴可再生能源电力价格。这部分补贴价格是溢价，直接决定可再生能源电网的电力价格，因此生产商对于可再生能源电力销售的收入是可以预估的，从而使 FIT 的实施提高了投资者对可再生能源发电项目的投资积极性。另外，FIT 政策下可以降低上网电价，使可再生能源电力在电力市场上具有竞争力，促使电网企业优先考虑购入可再生能源电力，可以确保可再生能源投资者有效地收回投资成本。同时，FIT 可以保证可再生能源发电企业的生产收入，促进循环投资。在实施 FIT 政策的情况下，电力生产商的收入主要来自并网电力的销售收入，售电收入由上网电量和固定电价决定。在固定电价的政策背景下，发电厂商以利润最大化为目标，发电厂商可以通过提高发电量和控制生产成本以获得经济利润。根据前面的分析，我们建立了在 FIT 政策下的我国可再生能源发电产业的因果关系图，具体如图 4-2 所示。因此，可再生能源发电厂商收入的正反馈回路为：发电厂商收入—发电厂商利润—固定资产投资—装机设备投资—产业总装机容量—发电量—上网电量—售电收入—发电厂商收入。成本形成的负反馈回路为：运营成本—电力生产成本—发电厂商利润—固定资产投资—装机设备投资—产业总装机容量—固定成本—电力生产成本。

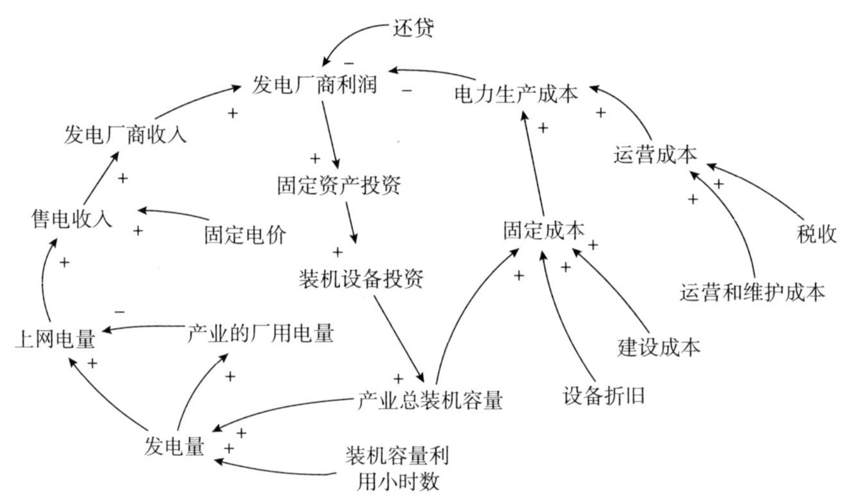


**图 4-2　FIT 单一政策下的因果循环**

4.3.2.2　FIT-RPS 综合政策下的因果关系

在实施 RPS 政策时，主要通过购买绿色政策（TGC）来完成配额目标。TGC 是一种可交易的绿色证书，可以充当货币的功能进行交易和交换。在电力市场中，购买绿色证书的传统能源发电厂和电网企业（TGC 需求者）承担指定的 RPS 配额比例。销售绿色证书的可再生能源发电厂（TGC 供应商）可以根据可再生能源发电量与 TGC 需求量去出售。通常，1 千瓦时的电力可以转换为一个单位的 TGC。TGC 的供需决定了市场交易 TGC 的价格。此外，TGC 是有有效期的。TGC 供应商需要在有效期内销售 TGC，TGC 需求者需要在到期前将 TGC 转换为 RPS。因此，TGC 的有效期影响发电厂提供给需求者的 TGC 数量。它可以被视为影响 TGC 价格的“强制销售”情况。为了确保 RPS 的有效实施，政府通过设定罚款来惩罚未履行 RPS 配额义务的 TGC 供应者和需求者。在 RPS 的实施过程中，TGC 交易市场的形成影响了可再生能源发电产业的可持续发展。因此，可再生能源发电厂的收入不仅来自并网电力销售（受 FIT 影响），还来自 TGC 销售（受 TGC 价格和供需量影响），收入的变化会引起企业利润的变化。

根据上述分析，我们建立了在 FIT-RPS 综合政策下的可再生能源发电产业的因果关系图，具体如图 4-3 所示。因此，可再生能源发电厂的收入不仅来自并网电力销售（受 FIT 影响），还来自 TGC 销售（受 TGC 价格和 TGC 供需量影响），收入的变化会引起企业利润的变化。基于上述分析，我们可以得到在 FIT 和 RPS 共同实施下的发电厂商收入的正反馈回路：发电厂商收入—发电厂商利润—固定资产投资—装机设备投资—产业总装机容量—发电量—上网电量和 TGC 证书数量—售电收入和 TGC 销售收入—发电厂商收入。同时，成本形成的负反馈回路为：运营成本—电力生产成本—发电厂商利润—固定资产投资—装机设备投资—产业总装机容量—固定成本—电力生产成本。

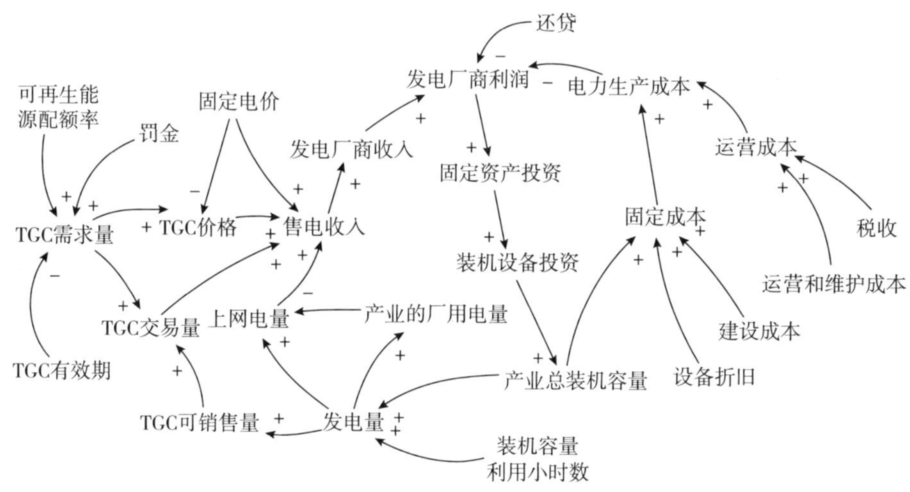


图 4-3　FIT-RPS 综合政策下的因果循环

### 4.3.3　建模过程

#### 4.3.3.1　FIT 单一政策下的模型

基于前文分析可知，FIT 政策下可再生能源发电产业的发展主要受 FIT 水平和产业利润的影响。存量流量图是反映各个因素之间的因果关系及定量关系的图。如图 4-4 所示，本章利用 Vensim 软件建立了在 FIT 政策下可再生能源电力产业发展的存量流量图，图中主要包括以下几类变量：显示状态变量累计结果的变量（用方框表示，如累计装机容量、发电厂利润）、显示辅助变量与速率变量的变量率的变量（以双三角形显示，如新增装机容量、设备折旧、净现金流）、根据变量的特征来设定的辅助变量。根据存量流量图可知，可再生能源累计发电装机容量主要受新增装机容量和设备折旧的影响，而累计装机容量对生产计划、边际成本、发电量、运营和维护成本、单位建造成本又会造成影响；发电厂商的收入主要来自电力销售，电力销售收入由上网电量和上网电价决定。因此，上网电价对于厂商的收入有着非常重要的作用。

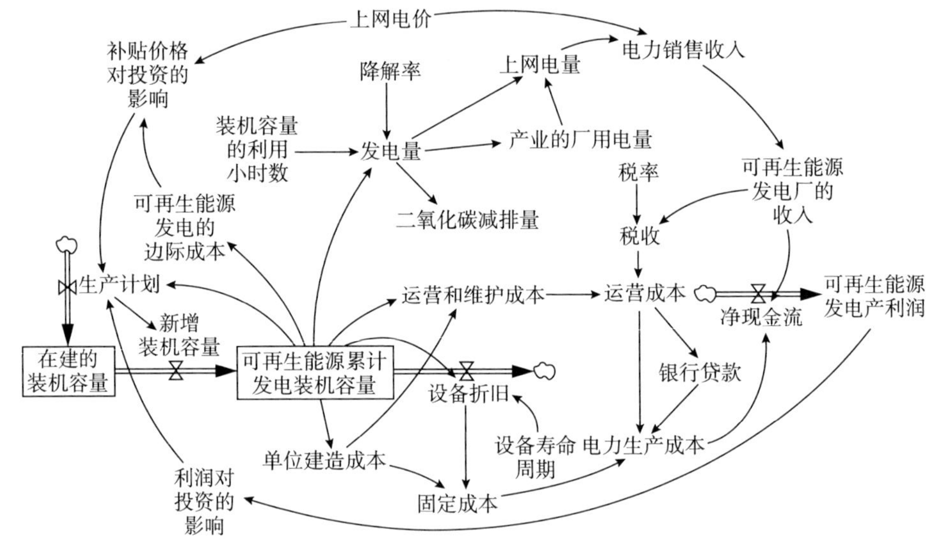


**图 4-4　FIT 单一政策下的存量流量**

在存量流量图中，各因素之间的定量关系用控制方程或参数值的方式反映，下面将介绍累计装机容量及产业利润等相关因素的函数关系。同时，表 4-2 给出了公式中的变量和参数的具体含义及单位。FIT 政策下的控制方程如下：

（1）生产计划。生产计划与补贴对投资的影响以及产业利润对投资的影响有关。生产计划与产业规模密切相关。

**表 4-2　变量和参数的描述**

| 变量或参数含义 | | 单位 |
|---|---|---|
| $s_i$ | 补贴价格对投资的影响 | — |
| $LMC_{REG}$ | 可再生能源发电的边际成本 | 元/千瓦时 |
| $p_i$ | 利润对投资的影响 | — |

续表

| 变量或参数含义 | | 单位 |
|---|---|---|
| IP | 可再生能源发电厂的利润 | 元 |
| CP | 生产计划 | 兆瓦 |
| $IC_{com}$ | 可再生能源累计发电装机容量 | 兆瓦 |
| $IC_{new}$ | 新增装机容量 | 兆瓦 |
| ED | 设备折旧 | 兆瓦 |
| GC | 发电量 | 兆瓦时 |
| h | 装机容量的利用小时数 | 小时 |
| d | 降解率 | — |
| $C_c$ | 单位建造成本 | 元/千瓦 |
| $C_0$ | 单位建设成本的初始值 | 元/千瓦 |
| $LMC_0$ | 可再生能源发电的边际成本初始值 | 元/千瓦时 |
| $C_{O\&M}$ | 单位运营维护成本 | 元/千瓦时 |
| r | 运营和维护的单位成本与建设成本的比率 | — |
| α | 经济参数 | 元/千瓦时 |
| ε | 经济参数 | 1/元 |
| φ | 经济参数 | — |
| θ | 建设单位成本累计装机容量学习率指标 | — |
| σ | 可再生能源长期边际成本累计装机容量学习率参数 | — |
| ω | 二氧化碳减排量折算值指标 | 千克二氧化碳每千瓦时 |

根据相关关系，有：

$$s_i=(FIT+\alpha)/LMC_{REG} \tag{4.1}$$

$$p_i=IP\times\varepsilon \tag{4.2}$$

$$CP=(s_i+p_i)\times IC_{cum}\times\varphi \tag{4.3}$$

（2）生产能力。新增的装机容量、累计装机容量和发电量是最直观的生产率指标。具体公式设定为：

$$IC_{new}=DELAY\ FIXED(CP,\ construction\ period,\ 0) \tag{4.4}$$

$$IC_{cum}=\int(IC_{new}-ED)dt+IC_0 \tag{4.5}$$

$$GC=IC_{cum}\times h\times(1-d) \tag{4.6}$$

（3）生产成本。生产成本包括固定成本和运营成本。用单位建设成本、长期边际成本以及运营和维护的单位成本来评估生产规模是否经济。具体如下：

$$C_c = C_{c0} \times IC_{cum}^{-\theta} \tag{4.7}$$

$$LMC_{REG} = LMC_0 \times IC_{cum}^{-\sigma} \tag{4.8}$$

$$C_{O\&M} = r \times C_c \tag{4.9}$$

（4）二氧化碳减排量。可再生能源发电生产 1 千瓦时电量的 $CO_2$ 减排量估算为使用传统能源生产电力时的 $CO_2$ 排放量之和[43]。

$$CO_{2(reductions)} = \omega \times GC \tag{4.10}$$

4.3.3.2　FIT-RPS 综合政策下的模型

基于前文分析可知，在 FIT-RPS 综合政策下可再生能源发电产业的发展主要受 FIT 水平、行业利润和 TGC 价格的影响。如图 4-5 所示，本章利用 Vensim 软件构建了 FIT-RPS 下的可再生能源发电产业发展的存量流量图。除了图 4-5 中的状态和速率变量外，我们还将显示累计结果的变量设置为状态变量（用框线表示，如 TGC 价格、可再生能源发电厂持有的 TGC），还有辅助变量与速率变量的变化率的变量（用双三角形表示，如 TGC 价格波动、出售给需求者 TGC 的量，TGC 转化为 RPS 的量）及根据变量的特征来设定的辅助变量。在 FIT 和 RPS 共同实施的环境下，系统情况复杂且变化丰富。在此模型中，与 FIT 下不同的是，投资者对于可再生能源发电产业的投资不仅受到固定电价的影响，而且受 TGC 变化的影响也特别大。而 TGC 的价格波动主要受 TGC 市场的供需情况、TGC 有效期、罚金等因素的影响。同时，TGC 价格的变化还会对上网电量的销售造成负面影响，当 TGC 价格较高时，电力生产商期望得到更多的销售 TGC 的收入，从而会转化更多的 TGC，使上网电量的销售收入降低。但由于市场的滞后性，会导致盲目生产而存在剩余的 TGC 数量，剩余的 TGC 数量又会对 TGC 市场起到反调节的作用，从而对上网电量的销售有正向激励作用。

在存量流量图中，各因素之间的定量关系用控制方程或参数值的方式反映，下面将介绍累计装机容量、产业利润、TGC 价格等相关因素的函数关系。同时，表 4-3 给出了公式中的变量和参数的具体含义及单位。FIT-RPS 综合政策下的控制方程如下[44~45]：

（1）生产计划。生产计划与补贴价格对投资的影响、产业利润对投资的影响以及 TGC 价格波动的影响有关，TGC 价格波动对生产计划产生负面影响，因此有：

$$t_i = (AP + \eta) / LMC_{REG} \tag{4.11}$$

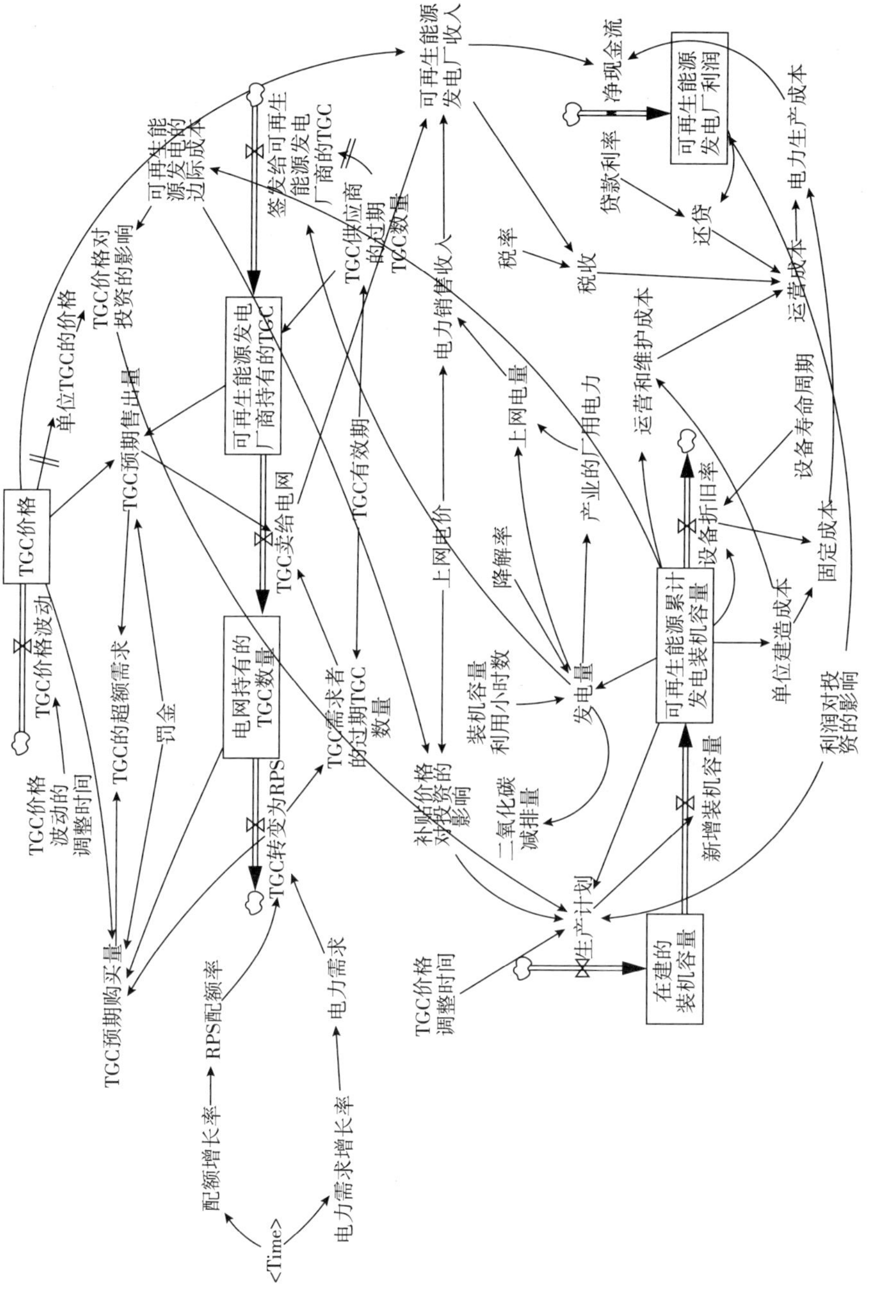

图 4-5　FIT-RPS 综合政策下的存量流量

$$CP' = (s_i + p_i + t'_i) \times IC_{cum} \times \delta \tag{4.12}$$

$$t'_i = DELAY1(t_i, t_{tp}) \tag{4.13}$$

（2）TGC 价格。TGC 价格主要受 TGC 供需影响，而 TGC 供需则受 RPS 配额比率的影响。同时，由于延迟性，TGC 价格调整通常取代 TGC 供需调整。具体公式如下：

$$TGC_{sales} = f/m \times (TGC_p / TGC_{p0} \times TGC_{hp}) \tag{4.14}$$

$$TGC_{purchases} = \begin{cases} 0 & , \text{ if } \quad TGC_{hd} > TGC_t \\ f/m \times [TGC_{p0}/TGC_p \times (TGC_t - TGC_{hd})], & \text{ if } \quad TGC_{hd} \leqslant TGC_t \end{cases} \tag{4.15}$$

$$TGC_{sold} = \min(\max(TGC_{ed}, TGC_{pur}), \max(TGC_{es}, TGC_{sales})) \tag{4.16}$$

$$TGC_{pf} = -TGC_0 \times \lambda / t_{fp} \tag{4.17}$$

**表 4-3 变量和参数的描述**

| 变量或参数的含义 | | 单位 |
|---|---|---|
| $t_i$ | TGC 价格对投资的影响 | — |
| AP | 单位 TGC 的价格 | 元/千瓦时 |
| CP’ | 生产计划 | 兆瓦 |
| $t_i'$ | TGC 价格调整后对投资的影响 | — |
| $t_{tp}$ | TGC 价格调整时间 | 月 |
| $TGC_{sales}$ | TGC 预期售出量 | 千瓦时 |
| f | 罚金 | 元/千瓦时 |
| m | TGC 价格的最大可能值 | 元/千瓦时 |
| $TGC_p$ | TGC 价格 | 元/千瓦时 |
| $TGC_0$ | 当时间等于零时 TGC 价格的初始值 | 元/千瓦时 |
| $TGC_{hp}$ | 可再生能源发电厂的 TGC 持有量 | 千瓦时 |
| $TGC_{pur}$ | TGC 预期购买量 | 千瓦时 |
| $TGC_t$ | TGC 转化成 RPS 的量 | 千瓦时 |
| $TGC_{hd}$ | TGC 需求者的持有量 | 千瓦时 |
| $TGC_{sold}$ | TGC 售出量 | 千瓦时 |
| $TGC_{ed}$ | TGC 需求者的过期 TGC 数量 | 千瓦时 |
| $TGC_{es}$ | TGC 供应商的过期 TGC 数量 | 千瓦时 |
| $TGC_{pf}$ | TGC 价格波动 | 元/千瓦时 |
| $TGC_o$ | TGC 的超额需求 | 千瓦时 |
| $t_{fp}$ | TGC 价格波动的调整时间 | 月 |
| δ | 经济参数 | — |
| λ | 经济参数 | 元/千瓦时·月 |

# 4.4 有效性评估案例

## 4.4.1 案例和数据描述

我国风力资源十分丰富，但资源存在分布不均的状况，风力发电作为一种具有环境效益和成熟技术的可再生能源发电形式，广受欢迎，也正在成为可再生能源发电市场的主角。本章将选取我国风力发电产业进行案例分析。在进行系统动力学建模时，设定步长为 1 个月。同时，为了分析政策对产业长期发展的影响，设定模拟时间为 120 个月（10 年）。

模型中的关键参数及其实际初始值如表 4-4 所示。RPS 配额比例的初始值 2%是风力发电量占总用电量的比例，由于中国风电的 RPS 配额比例在 2025 年至少达到 9%，其增长率每月定为 1. 26%。由于中国的长期电力需求增长率每年约为 3%，因此每月电力需求增长率设定为 0. 25%。FIT 为 0. 53 元/千瓦时，是 2016 年四种类型风资源 FIT（分别为 0. 47 元/千瓦时，0. 5 元/千瓦时，0. 54 元/千瓦时和 0. 6 元/千瓦时）的平均值。

表 4-4　中国风电产业的关键参数及其初始值

| 关键参数 | 初始值 | 单位 |
|---|---|---|
| RPS 配额比 | 2 | % |
| 电力需求增长率 | 0. 25 | % |
| 税率 | 7. 5 | % |
| 贷款率 | 6. 9 | % |
| 发电厂用电率 | 2 | % |
| 风能边际成本 | 0. 65 | 元/千瓦时 |
| FIT | 0. 53 | 元/千瓦时 |
| 平均利用小时数 | 2000 | 时/年 |
| 累计单位成本 | 8000 | 元/千瓦 |
| 电力需求 | $3\times10^{11}$ | 千瓦时（月基础） |
| 初始累计装机容量 | 42732 | 兆瓦（月基础） |
| 建设期时间 | 12 | 月 |

续表

| 关键参数 | 初始值 | 单位 |
| --- | --- | --- |
| 装机寿命周期 | 20 | 年 |
| $CO_2$ 减排换算率 | 0.69 | 千克二氧化碳每千瓦时 |

研究中的关键参数及其设定值如表 4-5 所示。由于固有的退化，风力发电系统的输出量随着时间的推移略有减少。在我们的研究中，假设年降解率为 0.6%。平均贴现率为 8%，即中国可再生能源发电行业的平均值。累计装机容量对单位建设成本和可再生能源长期边际成本影响因子分别为 0.1692 和 0.0589，运营和维护的单位成本与建设单位成本的比率设定为 2.65%[43]。由于可能的 TGC 价格的最大值约为风电长期边际成本的两倍，因此将其设定为 0.8 元/千瓦时[44]。

**表 4-5　关键参数的设定值**

| 关键参数 | 设定值 | 单位 |
| --- | --- | --- |
| 降解率 | 0.6 | % |
| 贴现率 | 8 | % |
| 累计装机容量对单位建设成本的影响因子 | 0.1692 | — |
| 累计装机容量对边际成本的影响因子 | 0.0589 | — |
| 运营和维护的单位成本与建设单位成本的比率 | 2.65 | % |
| TGC 价格的最大可能值 | 0.8 | 元/千瓦时 |
| 罚金（f） | 0.9 | 元/千瓦时 |
| TGC 价格调整时间 | 3 | 月 |
| TGC 价格波动调整时间 | 2 | 月 |
| TGC 有效期 | 12 | 月 |

经济参数的估算值如表 4-6 所示。我们根据中国电力企业联合会的数据，结合产业装机容量、电价和产业利润之间的关系，估算各经济参数的参考值和变化幅度。反复测试模型并调整参数值，使模型最终达到循环性、稳定性、可持续性，从而确定了经济参数值。

**表 4-6　经济参数估算值**

| 经济参数 | 估算值 | 单位 |
| --- | --- | --- |
| $\alpha$ | -0.4 | 元/千瓦时 |
| $\varepsilon$ | $1\times10^{-4}$ | 1/元 |

续表

| 经济参数 | 估算值 | 单位 |
|---|---|---|
| $\phi$ | $2.2\times10^{-2}$ | — |
| $\eta$ | 0.14 | 元/千瓦时 |
| $\delta$ | $1\times10^{-2}$ | — |
| $\lambda$ | $1\times10^{-2}$ | 元/千瓦时・月 |

### 4.4.2　模型有效性检验

模型的检验是验证构建的模型和实际情况之间的匹配程度的关键。由于能源、经济、环境系统之间的关系非常复杂，且许多因素的变化是非线性的，构建的模型是实际情况的一个缩影，模型结构对模拟结果有直接影响，模拟结果的质量直接影响政策有效性的高低。此外，所有基于正确结构产生结果的模型都应该测试其有效性，如果没有对模型进行适当的有效性测试，产生的结果也很难被认同。本章模型有效性的检验主要从以下几个方面进行：内外生变量的分析、模型合理性的内部检验、模型极端情况的动态性检验。

首先，本章梳理了模型中的内生和外生变量，如表 4-7 所示。根据相关文献发现，当前模型中的边界设定与可再生能源发电产业发展的实际情况基本一致，内生变量主要包括投资、累计发电量、成本、利润、TGC 价格等，外生变量主要包括电力需求、FIT、RPS、长期边际成本、税率、二氧化碳减排等。

**表 4-7　模型中的主要内生变量和外生变量**

| 外生变量 | 内生变量 |
|---|---|
| （1）单位建设成本 | （1）新建项目计划 |
| （2）建设延时 | （2）发电量 |
| （3）装机容量的利用小时数 | （3）新增装机容量 |
| （4）设备寿命周期 | （4）累计装机容量 |
| （5）发电厂用电量 | （5）设备折旧 |
| （6）单位运营维护成本 | （6）固定成本 |
| （7）单位材料成本 | （7）TGC 价格对投资的影响 |
| （8）FIT | （8）FIT 对投资的影响 |
| （9）RPS 配额率 | （9）产业利润对投资的影响 |
| （10）罚金 | （10）电力生产成本 |
| （11）TGC 有效期 | （11）产业利润 |
| （12）贷款利率 | （12）TGC 价格波动 |
| （13）税率 | （13）TGC 均价 |
|  | （14）$CO_2$ 减排量 |

其次，Vensim 软件可以对模型的内部合理性做直接的验证，主要包括变量设定的合理性和变量单位的正确性。如果出现问题，系统将报告错误并指出相应的错误。本章的模型在经过多次的修改之后，已通过软件的内部检验。

最后，我们设置了两种极端情景：FIT 和 RPS 配额比均为 0；将建设延时设置为非常大的数字。如图 4-6 所示，可以看到，在这些情况下，装机容量从当前已有的装机容量数字下慢慢地趋向于 0，这是因为在没有电价补贴和配额要求的情况下，投资者对于可再生能源发电的新增装机投资不会再增加，一方面无法保证电力销售收入，另一方面售电企业对于可再生能源电力的消纳没有任何的驱动力。而对于发电厂商利润，若没有收入，面对高额的运营和维护成本，以及银行还贷压力，入不敷出的状况会一直持续下去，但是当亏损达到一定数值后，生产厂商可以选择设备变卖或抵押，理想状态下的盈亏将趋于 0。根据结果分析，模

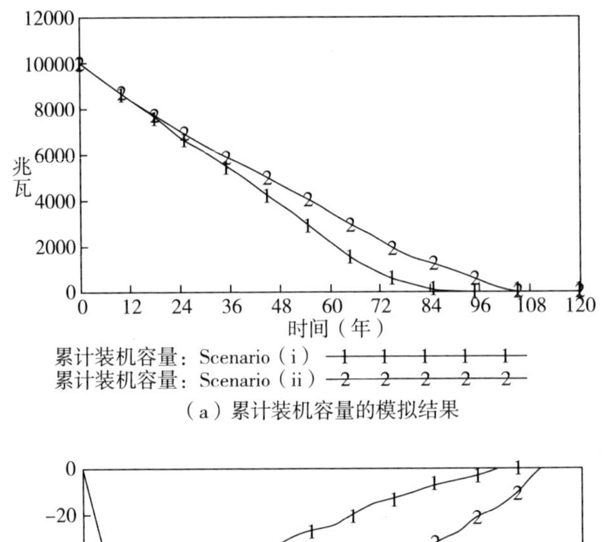

（a）累计装机容量的模拟结果

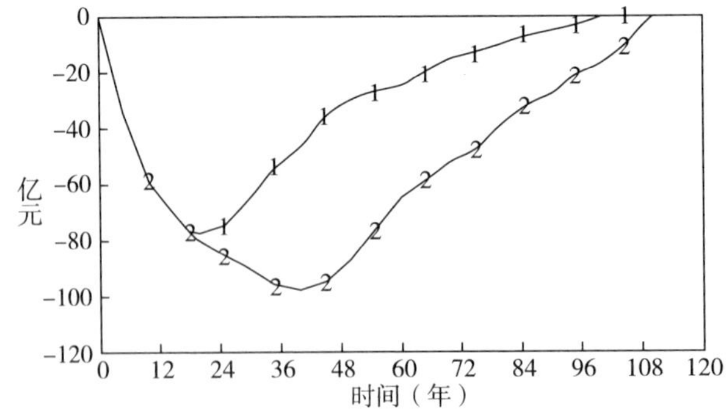

（b）发电厂商利润的模拟结果

**图 4-6　极端情况下的模拟结果**

型的输出基本符合极端条件下的实际情况，说明模型的动态性是具备的，且在进行模型极端条件测试时，也对模型做出了一些细微的调整和改进。

### 4.4.3　有效性分析

4.4.3.1　模拟场景分析

根据第 3 章的分析，模拟场景的外生变量主要包括 FIT、TGC 有效期、RPS 配额率、罚金，设定值如表 4-8 所示。具体设定如下：

**表 4-8　模拟场景的具体设置**

| 情景 | 设定值 |
|---|---|
| A | FIT=0.53 元/千瓦时 |
| B | FIT=0.63 元/千瓦时 |
| C | FIT=0.73 元/千瓦时 |
| D | TGC 有效期为 2 年 |
| E | TGC 有效期为 3 年 |
| F | TGC 有效期为 5 年 |
| G | RPS 配额率增速为 15% |
| H | RPS 配额率增速为 20% |
| I | RPS 配额率增速为 25% |
| J | 罚金为 0.8 元/千瓦时 |
| K | 罚金为 1.0 元/千瓦时 |
| L | 罚金为 1.2 元/千瓦时 |

（1）FIT 三种情景为 A~C，情景 A 是 FIT 的实际值，为 0.53 元/千瓦时；情景 B 下 10.53+0.1（溢价电价）= 0.63；情景 C 下 0.63+0.1（溢价电价）= 0.73。

（2）TGC 有效期三种情景为 D~F，情景 D 是 TGC 有效期的实际参考值，为 2 年；情景 E 假定 TGC 有效期为 3 年；情景 F 假定 TGC 有效期为 5 年。

（3）RPS 配额率增速的三种情景为 G~I，情景 G 是在增速为 15%时，情景 H 是在增速为 20%时，情景 I 是在增速为 25%时，即 G、H、I 的配额率分别为 2.15%、2.2%、2.25%。

（4）罚金的三种情景为 J~L，罚金的三种情景的假设值 J、K、L 分别为 0.8 元/千瓦时、1.0 元/千瓦时、1.2 元/千瓦时。

4.4.3.2　FIT 政策的有效性

我们建立了三种 FIT 情景用于比较分析。基于 FIT 政策下的风电产业发展的模拟结果如图 4-7 和图 4-8 所示。

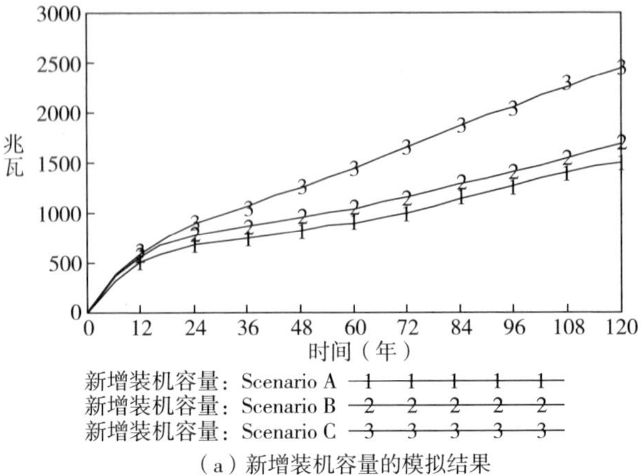


（a）新增装机容量的模拟结果

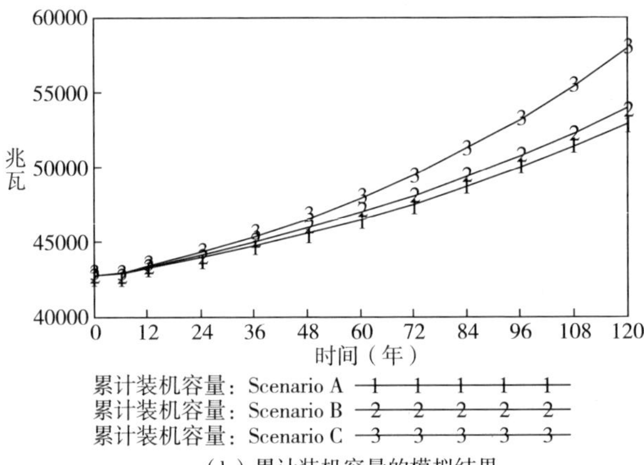


（b）累计装机容量的模拟结果

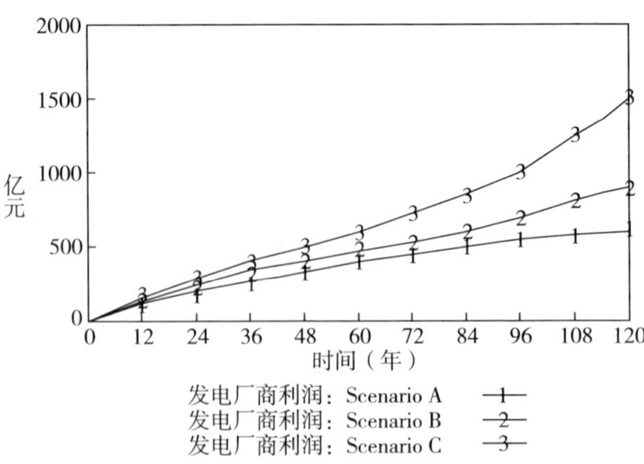


（c）发电厂商利润的模拟结果

**图 4-7　FIT 政策下风电产业发展的模拟结果**

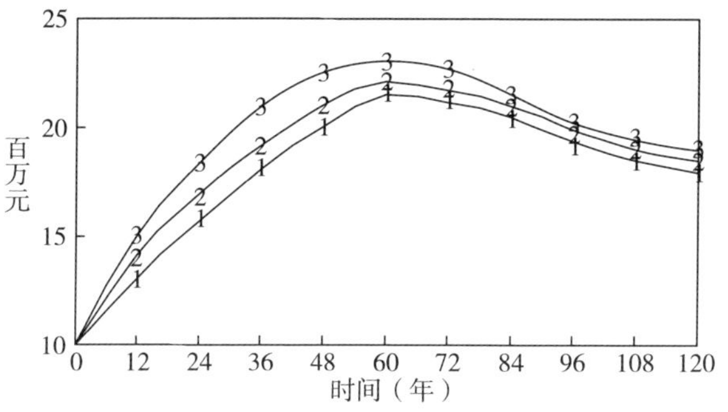


（d）电力生产成本的模拟结果

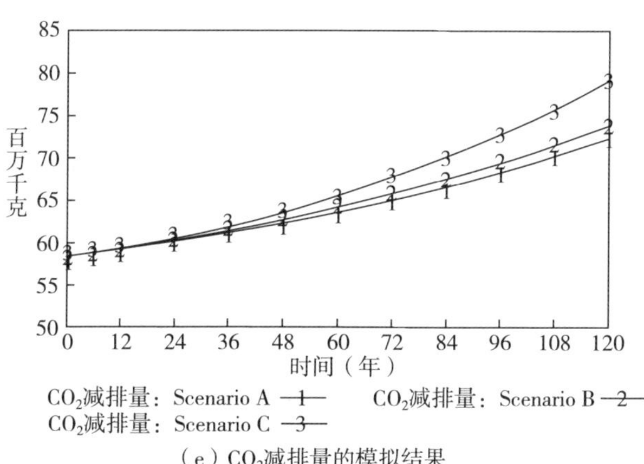


（e）$CO_2$减排量的模拟结果

**图 4-7　FIT 政策下风电产业发展的模拟结果（续）**

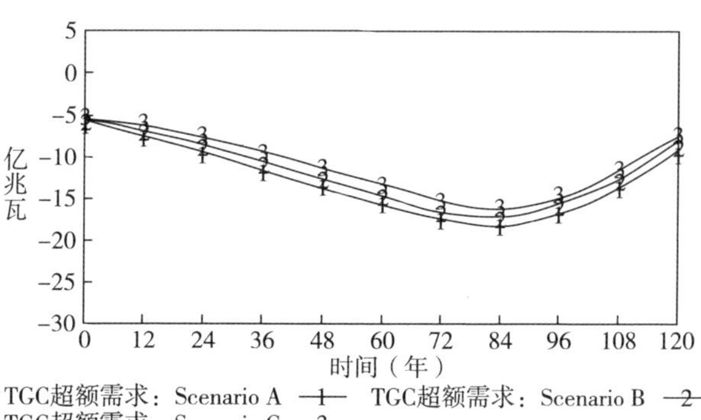


（a）TGC超额需求的模拟结果

**图 4-8　FIT-RPS 综合政策下风电产业发展的模拟结果**

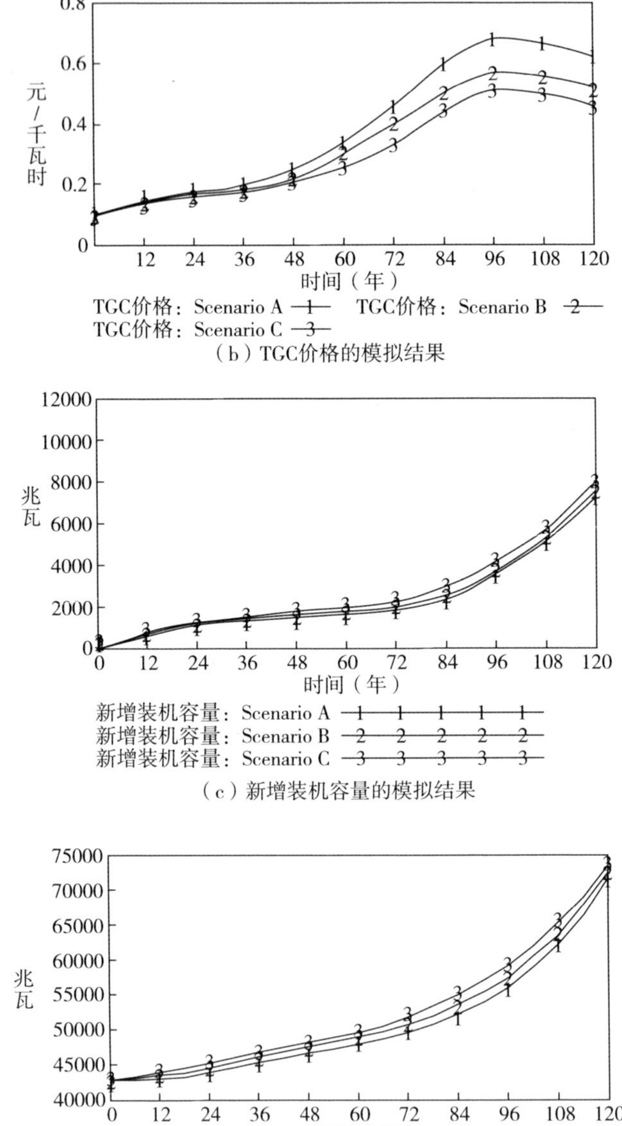

（b）TGC价格的模拟结果


（c）新增装机容量的模拟结果


（d）累计装机容量的模拟结果

**图 4-8　FIT-RPS 综合政策下风电产业发展的模拟结果（续）**

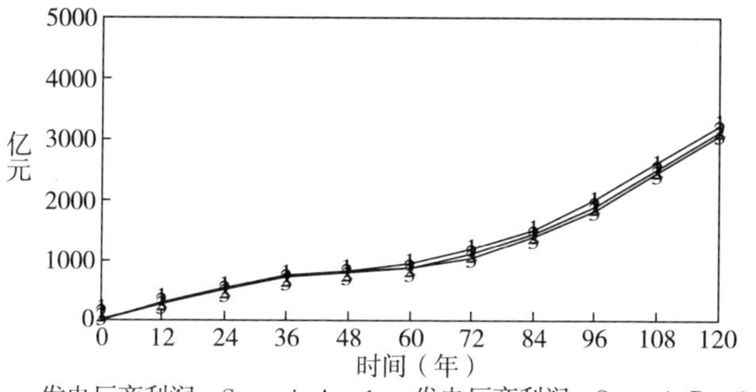


（e）发电厂商利润的模拟结果

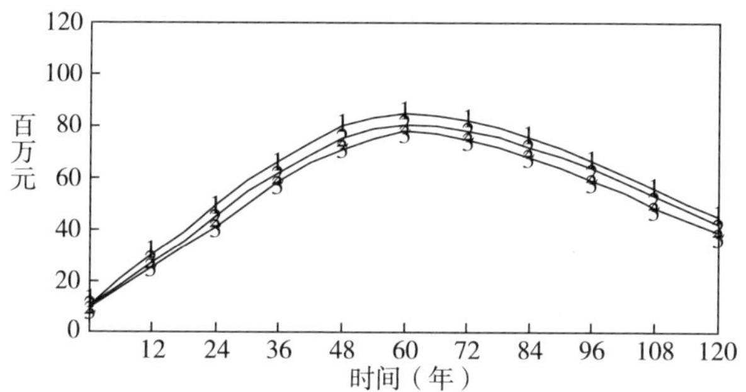


（f）电力生产成本的模拟结果

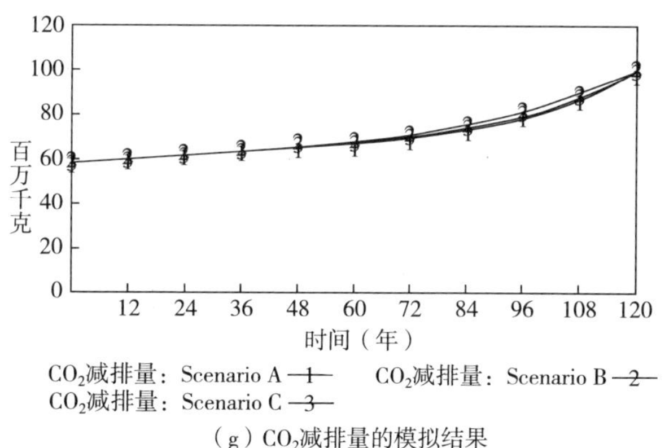


（g）$CO_2$减排量的模拟结果

**图 4-8 FIT-RPS 综合政策下风电产业发展的模拟结果（续）**

4.4.3.2.1 在 FIT 政策下的模拟结果

在 FIT 政策下，新增装机容量、累计装机容量、行业利润、发电成本、$CO_2$ 减排量的模拟结果分别如图 4-7（a～e）所示。图 4-7（a～e）中显示，在项目建设期间，新增装机容量、累计装机容量和行业利润在三种 FIT 下稳步增长，差异较小。随着时间的推移，新增装机容量、累计装机容量和行业利润的增长速度随着电价补贴水平的提高而提高。一方面由于 FIT 越高，投资者对于预期收入有高的期望，投资者的热情就越高；另一方面由于售电收入的增加使产业利润增长，从而进一步提高了投资者的积极性。因此，随着 FIT 的增加，装机容量增长也越来越快。

图 4-7（d）呈现了风力发电厂商生产成本的变化趋势。由图 4-7 可知，三种 FIT 对厂商的生产成本没有很明显的影响。在三种 FIT 下，发电厂刚开始处于规模发展初期阶段，成本呈现了增长趋势，当它们的装机容量达到一定的规模后，边际成本将逐渐降低使电力生产的单位成本也降低，总的生产成本较之前有所下降，经营状态由规模不经济向规模经济转变。究其原因，虽然随着装机容量规模的扩大，固定成本会逐渐降低，但市场存在很大的竞争时，电力生产的可变成本（如人工、材料运输费用）将呈现明显的增长趋势，从而导致规模不经济现象，但这种状态只会暂时存在；当风电产业的装机容量达到饱和甚至过剩的状态时，厂商的可变成本才会控制在一定的范围之内甚至有所下降，从而呈现出规模经济现象。

图 4-7（e）显示了整个过程中 $CO_2$ 减排量的变化趋势，在模拟周期内，$CO_2$ 减排量逐年增加。这是因为，即使在新的装机设备安装过程中产生碳排放，风力发电可以减少的 $CO_2$ 也远远大于建设和生产过程中产生的 $CO_2$，最终减排量还是逐年递增的。

总体来说，电价水平的提高对于产业规模发展的影响是比较显著的，电价补贴对于促进可再生能源产业的发展还是很有效的。但是虽然电价水平的提高对于能源和环境系统都有正面的影响，也利于保证厂商的收入。但是从更深层次看，电价水平的提高会给国家财政带来更大的压力，不利于可再生能源的可持续发展且不利于产业规模的合理扩大。

4.4.3.2.2 在 FIT-RPS 综合政策下的模拟结果

在 FIT 和 RPS 综合政策下 TGC 超额需求、TGC 价格、新增装机容量、累计装机容量、产业利润、生产成本、$CO_2$ 减排量的模拟结果如图 4-8（a~g）所示。

从图 4-8（a）可以看出，TGC 市场的建设期在 t=0~60 时，在电力需求持续增长和政府确定 RPS 配额比率的背景下，随着风电产业规模的快速扩张，对 TGC 超额需求逐渐转变为供过于求，同时 TGC 价格稳步上升。TGC 价格的增长导致了两方面的变化：一方面，投资者的热情越来越高，投资者认为出售 TGC 是有利可图的，新的风力发电项目可能会进入市场；另一方面，风力发电厂的收

入将增加。此外，随着 FIT 的提高和行业利润的增长，投资者热情高涨，从而引起新增装机容量、累计装机容量、产业利润的稳定增长。图 4-8（b）显示，TGC 价格最高达到 0.78 元/千瓦时左右，然后开始呈现下降趋势。这是因为 TGC 价格信号对新建的风电项目具有延迟影响，投资者不会立即减少对新风电项目的投资。因此，新增装机容量和累计装机容量仍然快速增长［见图 4-8（c）］。然而，TGC 价格的快速下跌会对投资者产生负面影响，导致风电行业利润增长缓慢［见图 4-8（e）］。但是，TGC 价格一直大于零，投资者仍然认为卖 TGC 是有利可图的。此外，随着 FIT 和产业利润增长对投资者（主要是已有风电项目的发电厂商）的影响，风电的装机容量增长越来越快［见图 4-8（c~d）］。图 4-8（f）显示，风力发电厂商生产成本呈倒“U”形的变化趋势，厂商的生产成本最初呈现增长趋势，然后当生产规模达到饱和或者过剩的状态时，成本开始趋于稳定甚至有下降的趋势，但三种 FIT 对厂商的生产成本影响并不显著。图 4-8（g）呈现了 $CO_2$ 减排量趋势，随着产业生产规模的扩大及时间的增加，$CO_2$ 减排量逐年增加，但三种 FIT 对 $CO_2$ 减排量并无显著影响。

同时，从三种情景的对比分析可以看出：当 TGC 市场处于 TGC 超额需求阶段时，补贴价格越高，投资者的积极性越大，新增装机容量会增加越多，行业利润也越大，风电累计装机容量增长越快。当 TGC 超额需求变为供过于求时，TGC 价格开始降低，TGC 需求越容易平衡，更快达到 TGC 价格最高水平。此外，FIT 越高，TGC 需求者与风力发电厂之间市场相互作用的波动就越小，因为当 FIT 价格比 TGC 价格更高时，TGC 的提供者和需求者都只会根据配额要求去完成任务，不会额外去提供或消纳 TGC 数量。同时，当 FIT 越高时，TGC 价格会呈现一定的下降趋势甚至到达最低价格，新增装机容量和风电累计装机容量增长越慢，产业利润增长越慢。虽然高补贴价格有助于提高投资者的积极性，但高补贴价格导致 TGC 价格过低从而使 TGC 市场交易减少，反而又降低了投资者的积极性。通过图 4-8 我们可以看出，高补贴价格（情景 C）有利于产业在 TGC 超额需求阶段的发展，而低补贴价格（情景 A）有利于行业在 TGC 供过于求的阶段的发展。这表明，FIT 对 TGC 超额需求阶段新投资的促进作用强于 TGC 供应过剩阶段。相比之下，TGC 价格对新投资的促进作用在 TGC 超额需求阶段强于 TGC 供应过剩阶段。

根据图 4-7 和图 4-8 的对比可以发现，当实施 RPS 政策时，累计装机容量的数量最终值（73000 兆瓦）将大于只有 FIT 政策下的最终值（58000 兆瓦），RPS 对于促进产业规模的扩大是有刺激作用的。但是当实施 RPS 之后，部分厂商盲目扩大生产规模，造成市场上电力供大于求，造成电力价格的大波动，不利于电力市场的稳定性发展，同时还可能造成市场恶性竞争，厂商的收入会得不到保障，从而增加投资风险，使厂商的积极性有所降低。但从总体来看，当FIT和RPS共同实施时，有利于促进风电产业的规模发展，但如何保证市场稳定发展和引导生产规模的合理增长还需要进一步探讨。当实施配额制时，可以考虑设置合理的配额比例、证书的有效期及罚金来调节产业的规模发展，并督促电网企业及传统电力生产商按时完成配额比例，从而有利于电力市场的改革和能源消费结构的改革。

4.4.3.3 RPS政策的有效性

4.4.3.3.1 TGC有效期

为跟进RPS的落实情况，通常会设置TGC来跟进。对于TGC的设定，一方面是价格的确定，另一方面就是TGC有效期的确定，但价格主要由供需市场决定，因此将进一步讨论TGC有效期的确定。我们建立了三种TGC有效期的情景用于比较分析，具体如图4-9所示。

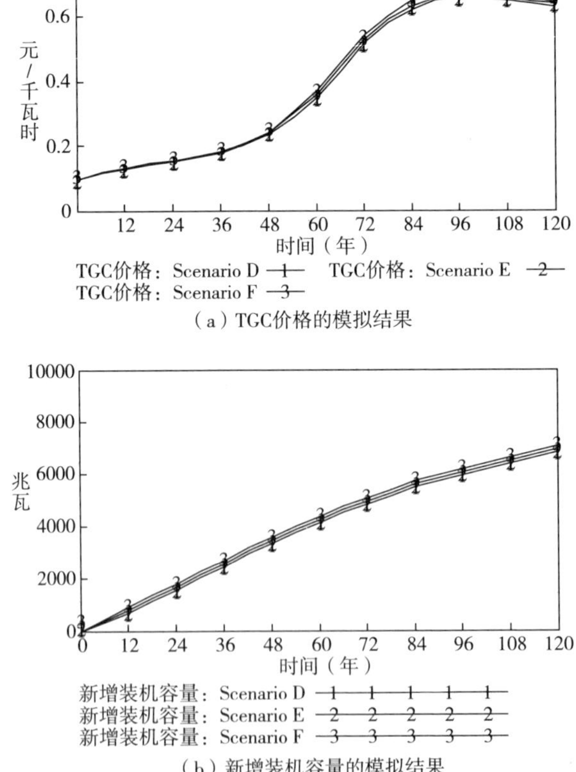


（a）TGC价格的模拟结果

（b）新增装机容量的模拟结果

**图4-9 不同TGC有效期下的模拟结果**

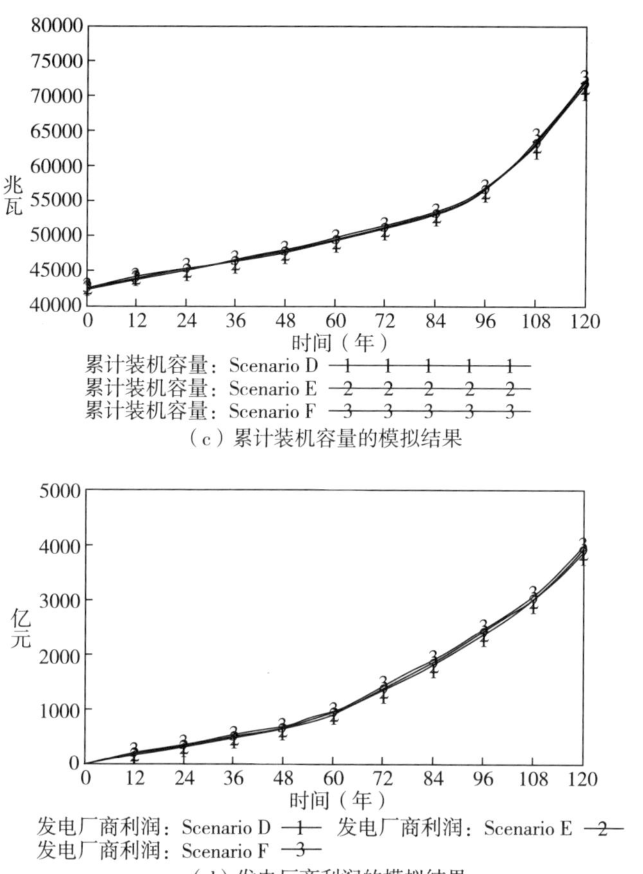


（c）累计装机容量的模拟结果

（d）发电厂商利润的模拟结果

**图 4-9　不同 TGC 有效期下的模拟结果（续）**

将 TGC 有效期分别设置为 2 年、3 年和 5 年。TGC 价格、新增装机容量、累计装机容量、发电厂商利润的模拟结果如图 4-9 所示。从趋势图中可以看出，TGC 有效期的变化对 TGC 价格、新增装机容量、累计装机容量、发电厂商利润并没有显著影响。图 4-9（a）显示了 TGC 交易价格呈现先增长后趋于稳定的发展趋势，图 4-9（b）显示了新增装机容量、累计装机容量、发电厂商利润均呈现稳步增长的趋势。这是因为，TGC 有效期的不同对 TGC 价格差异变化影响很小，对 TGC 的市场交易的影响也小，说明市场上 TGC 的供需不会出现太大的波动，不会导致新增装机容量快速增加，累计装机容量和发电厂商利润也不会快速增长，而是都呈现稳步增长的趋势。因此，对于 TGC 有效期的确定，可以结合国外的成果案例，根据我国当前可再生能源发展的实际情况进行设定。

4.4.3.3.2　配额增长率

根据相关研究，将配额制的初始值设定成了 1.26%，但要实现我国可再生能源战略目标，这一比例还会持续变大，但是增加比例设定为多少，还要进一步分析。本章建立了三种 RPS 配额增长率的情景用于比较分析，将 RPS 配额增长率分别设置为 15%、20%、25%。TGC 价格、新增装机容量、累计装机容量、发电厂商利润的模拟结果如图 4-10 所示。

图 4-10 显示，在 TGC 市场建设期间，RPS 配额增长率的变化对产业规模发展没有显著的差异影响。然而，当 RPS 配额增长率越高时，供电企业为了达到配额要求，TGC 价格越高，新增装机容量增长越快，累计装机容量和利润稳步增

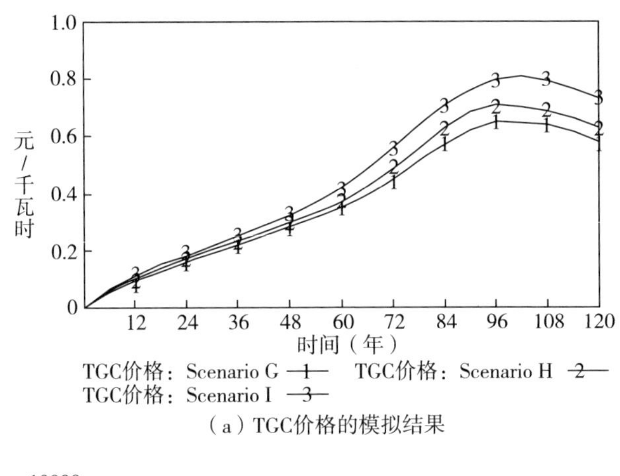


（a）TGC价格的模拟结果

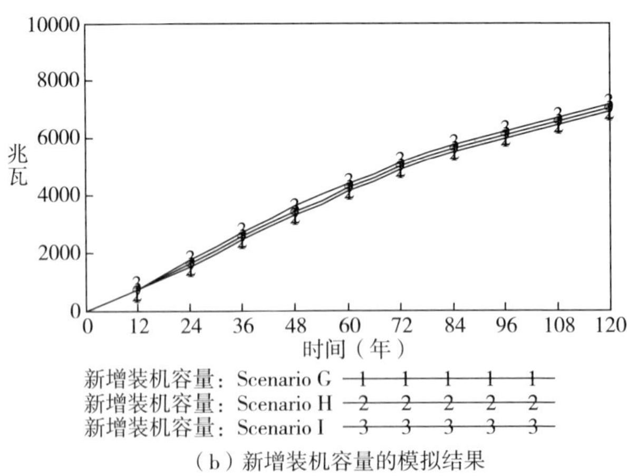


（b）新增装机容量的模拟结果

**图 4-10　不同 RPS 配额下的模拟结果**

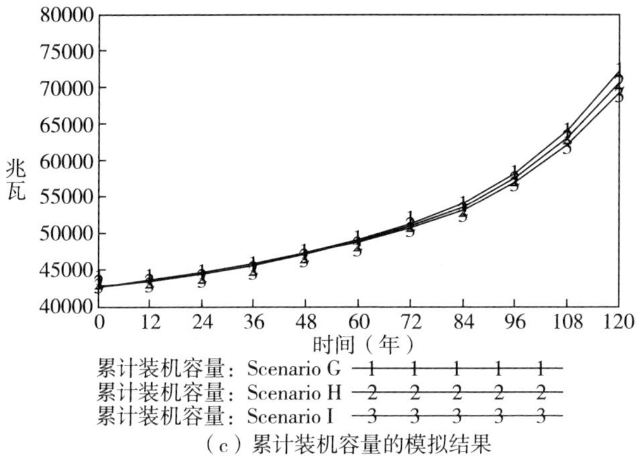


（c）累计装机容量的模拟结果

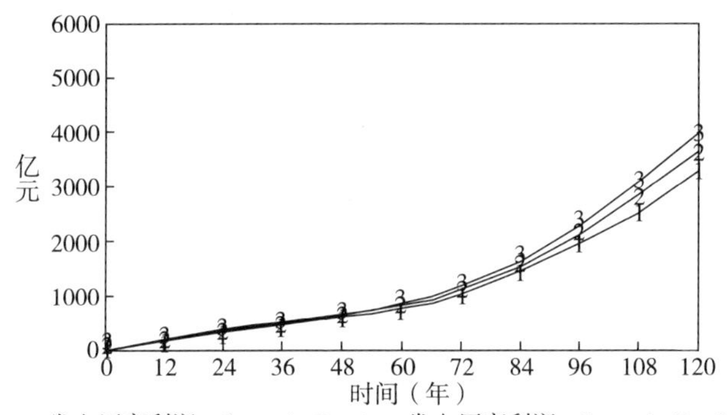


（d）发电厂商利润的模拟结果

**图 4-10 不同 RPS 配额下的模拟结果（续）**

长。这是因为更高的 RPS 配额比例导致更高的 TGC 需求，更容易促进市场 TGC 交易，并增加投资者的热情，从而促进产业规模的增加。适当的配额增长率对于产业规模的扩大是有积极的促进作用的，但是若增长率设置太大，会使供电企业的压力太大，不利于刺激供电企业对于可再生能源电力的消纳，导致政策的执行力变低，不利于可再生能源的发展。

4.4.3.3.3 罚金

为了督促供电企业及传统能源发电厂完成配额指标，政府通常会设置比 TGC 价格更高的罚金来惩罚那些未完成指标的企业及发电厂。本章建立了三种罚金的情景用于比较分析，将罚金分别设置为 0.8 元/千瓦时、1.0 元/千瓦时、1.2 元/千瓦时。TGC 价格、新增装机容量、累计装机容量、产业利润的模拟趋势图如图 4-11 所示。

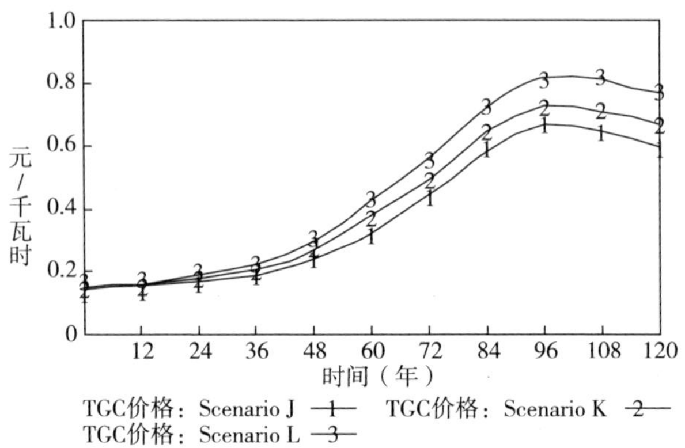

（a）TGC价格的模拟结果

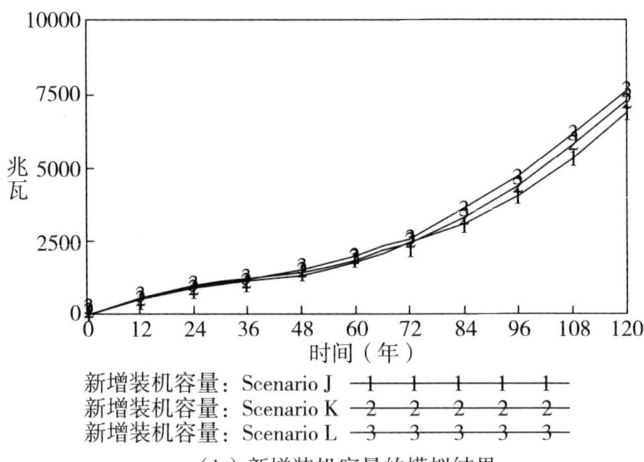

（b）新增装机容量的模拟结果

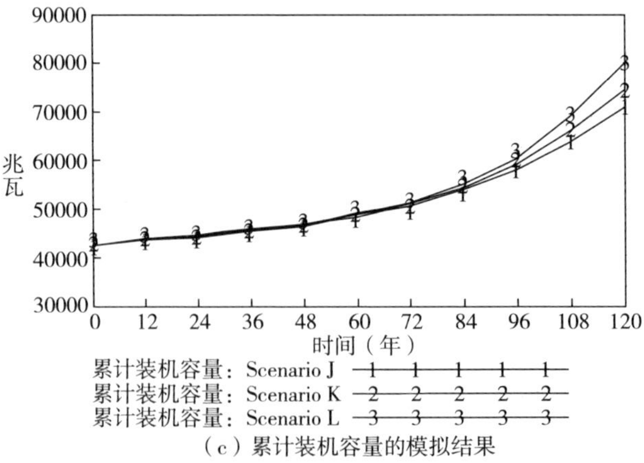

（c）累计装机容量的模拟结果

**图 4-11　不同罚金下的模拟结果**

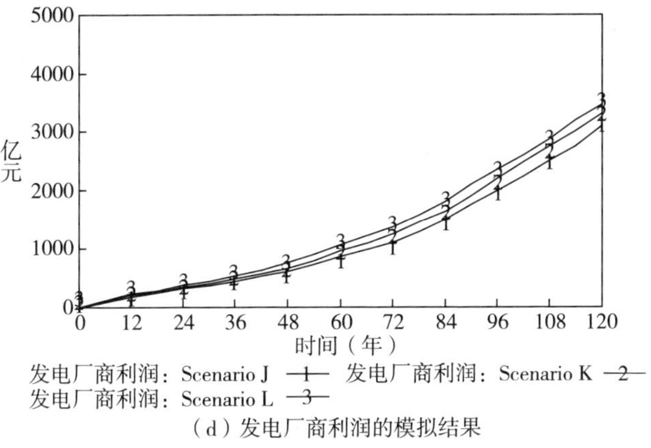

（d）发电厂商利润的模拟结果

**图 4-11 不同罚金下的模拟结果（续）**

图 4-11 显示，在 TGC 市场建设期间，罚金的变化对产业发展没有显著影响。然而，随着 TGC 市场竞争越来越激烈，不同的罚金对产业发展差异的影响越来越大，当罚金越高时，对于可再生能源电力市场激励作用越大，为了完成配额指标，TGC 价格越高，投资者的投资积极性越高，风电产业规模差距将越大，新增装机容量增长越多。然而，过高的罚金导致风电产业规模增加太快，导致 TGC 供过于求，TGC 价格也迅速下降，使产业利润增长减缓。因此，虽然高罚金可以刺激市场交易，促进产业的发展，但会导致 TGC 价格波动较大，增加市场交易的风险，不利于风电产业的利润增长，更不利于产业的可持续发展。但是，适当的罚金设定对于配额制政策的高效率执行是非常有必要的。

### 4.4.4 模拟结果分析

由 4.3.2 和 4.3.3 的政策有效性模拟结果可知：

（1）在 FIT 政策下，随着电价水平的提高，产业投资会不断增加，产业规模也逐渐变大。同时，利润随着规模扩大逐渐增加，但对生产成本影响并不显著，成本都是从一开始的一直增加的状态到最后趋于一定的水平而不会再有显著的变化。对于 $CO_2$ 减排量的影响，A、B 两种情境下差异不大，但情景 C 下的差异显著，虽然生产规模的扩大会增加 $CO_2$ 的排放，但是风力转化成电力的减排量远大于其生产排放量，总体呈现减排量增加的趋势。在 FIT-RPS 综合政策下，电价水平的提高对于产业规模、厂商利润、生产成本及 $CO_2$ 减排量的影响并不显著。但是，电价水平越低，TGC 需求呈现超额需求的状态，同时 TGC 价格有所上升，这说明 RPS 政策有利于反映电力市场的供需情况，市场需求的反馈对 TGC 价格具有调节作用。因此，在当前的可再生能源产业政策背景下，应该考虑将 FIT 与 RPS 有效地结合起来，为供电企业分配合理的配额值。一方面可以减轻财政负担，以更少的电价补贴来促进可再生能源电力产业的发展；另一方面将 RPS 充分地运用于可再生能源发电产业，从根本上打破可再生能源发电产业的发展瓶颈。

（2）从 RPS 政策的敏感性分析可知，TGC 有效期的延长对于 TGC 价格、产业规模和厂商利润的影响十分小。配额率的增长虽然对于产业规模和发电厂商利润的影响很小，但是对于 TGC 价格的影响比较显著，价格的波动会使市场发展不稳定，发电厂商的投资风险将增加，不利于产业的稳定发展。此外，罚金水平的提高对于 TGC 价格影响比较显著，但是对于产业规模影响很小，同时对发电厂商利润有一定的影响。也就是说，RPS 政策体系的制定可以考虑在配额率和罚金上去做调整，这有利于督促相关企业配额目标的完成，也对可再生能源发电产业的可持续发展有激励作用。

## 4.5 对策思考

我国当前的可再生能源产业投资激励政策有效地促进了产业的前期发展，但部分政策的作用效力逐渐降低，为完善我国可再生能源产业投资激励政策，应着重考虑以下几个方面：

（1）应逐渐下调可再生能源的固定电价，避免可再生能源产业的过度投资，引导产业规模的合理发展。我国可再生能源发电装机已达到一定的规模，降低标杆上网电价、控制补贴规模将是未来的趋势。在 2005 年引入 FIT 时，可再生能源电力市场的市场化程度不够，可再生能源的发展主要靠政府资金的支持，FIT 对于市场初期的发展作用很大。但目前来看，这种金融支持模式弊端明显，政府财政负担大，且不匹配当前可再生能源电力市场的发展[46]。政策制定者可以考虑在电力体制改革尚在推进、电力市场建设仍需时日的情况下，对可再生能源标杆上网电价进行稳步调整。就目前来看，我国可根据不同种类可再生能源发展阶段的不同，逐步完成由固定电价制度向可再生能源配额的过渡。当前我国风能发电与太阳能光伏发电的技术发展比较成熟，成本开始降低，具备了初步市场化的条件，可试行配额制。但生物质发电、地热能发电等技术发展比较落后，研发投

入也相对较少，不具备市场竞争力，在很长一段时间内仍需要电价激励政策的支持。

（2）共同实施固定电价和可再生能源配额制，促进可再生能源产业的市场化发展，引导可再生能源产业的合理投资。同时，应科学确定和合理分配各地区以及可再生能源发电各产业的配额比例，可以通过拍卖、招标、无偿分配等方式进行配额比例的分配及调整[47~48]。为了更好地促进可持续发展，政策制定者可以制定一些减排目标，并建立相应的奖惩机制，进一步将可再生能源发电产业政策优化得更符合市场发展及更利于“3E”系统的协调。此外，鼓励开展可再生能源发电设施后的处理工作，践行绿色发展理念。随着可再生能源发电装机规模的扩大，设施达到寿命期后对环境的潜在影响也在增大。应鼓励各类企业，尤其是有关制造企业开展可再生能源发电设施的后处理工作，一方面降低潜在环境影响，另一方面尽可能实现有价值资源的回收利用，使可再生能源产业本身在物质、能量两方面均可以突破资源环境瓶颈制约，践行可持续发展理念。

（3）保持政策的稳定性，拓宽融资渠道，发挥专项基金和补贴等政策的积极作用。在当前实施的激励政策中，低息贷款、财政拨款等融资手段在克服私有融资渠道欠缺、促进市场发展、降低投资风险等方面都有显著功效[49]。但目前来看，对于地热能、生物质能的研发激励较少，导致大量资源被浪费。目前风电技术和太阳能光伏技术都相对成熟，可以在未来的研发激励中逐渐减少资金补贴，将有限的资金用在使其效率最大化的地方。也就是说，在未来政策的调整中，要注意专项基金和补贴的使用效率，对补贴资金的投入方向和补贴对象进行严格监督与综合评价，这有助于提高可再生能源利用效率，并有效降低碳排放，提高政策实施的有效性。同时，应妥善引导构建融资渠道多元化、资金来源多样化的融资体系，注重扶持中小企业满足其自身的融资需求。

（4）注重政策之间的协调和配合，重视部分政策的作用效果被其他政策拉低的现象，加强政策目标与政策工具设计的协同性，要全面提高各类政策的作用效果。当前我国生物质发电潜能巨大，但是出现了一系列的问题：生物质发电产业与上下游配套产业发展不协调；生物质能资源的收集、运输、加工以及贮存等存在问题；缺乏促进生物质能发电产业发展的金融税收优惠政策；生物质电价补贴低，发电厂商难以维持正常运营。就此看来，在政策的制定中可以考虑增加技术研发的资金补贴，畅通补贴渠道，借鉴当前风电、太阳能光伏等的税收优惠政策来完善生物质能的金融税收优惠政策，全面考虑其经济效益、社会效益和环境效益，充分挖掘生物质能发展的潜能。地热能储量大、分布广、稳定性高，但当前存在勘探不够重视、科技研发激励少、不够重视等问题。据此，可以设立专项勘探补贴基金，成立专门的地热能研究机构，设立示范区，建立完善管理和监管体制机制。而风能、太阳能当前都具有了一定规模，但是却存在着重建设轻发电等现象，风电规模大，但间歇性、随机性和可调度性低，电网安全运行压力较大，且当前消纳能力低；太阳能装机容量更是在前几年达到了峰值，但是利用率极低，维护成本较高。为了解决这些问题，还要进一步考虑政策的协调问题，如考虑逐步取消电价政策并实施配额制，同时设置合理的配额比例及罚金，从市场角度真正解决消纳能力低、弃风弃光等问题。

## 4.6 本章小结

本章分析了可再生能源产业投资政策相关的国内外研究现状，总结了当前研究存在的问题。根据相关文献综述，梳理了当前的产业投资激励政策体系，分析了当前政策实施的效果及存在的问题，并以其中最主要的固定电价及配额制为例，根据系统动力学理论，建立了政策有效性分析模型。选取风电产业进行案例分析，设计政策模拟的场景，根据模拟结果系统分析了政策的有效性，并进一步探讨了其对可再生能源产业发展的可持续性影响。研究结果表明，固定电价政策在我国可再生能源产业的前期发展阶段有很好的促进作用，利于激发投资者的投资热情，但由于其不能反映电力市场供需情况，易导致可再生能源电力消纳能力低、浪费严重。固定电价和配额交易制度的共同实施有利于调节产业规模发展，当设置合理的配额率及罚金时，有利于改善市场的恶性竞争，反映电力市场的供需情况，使电价处于平稳状态，且有利于配额目标的完成、促进能源消费结构的改善。根据模拟结果可知，要达到未来的能源战略目标还需进一步完善相关政策，可以考虑从电价补贴的逐步取消、配额制度的引入、拓宽融资渠道、提高研发补贴的效率等方面进行政策优化，注重政策的有效性和协调性。

虽然考虑了能源、经济、环境因素，但还存在一些不足，在今后的研究中，可以从以下角度拓展研究思路：在建模时，可以考虑更复杂的能源、经济、环境系统，如考虑电力需求负荷拐点预测、考虑多种排放物的减排量。同时，系统动力学模型不能提供精确的模拟结果，反映的是一段时间内的发展趋势，以后可以用数据精度更高的模型，如可计算的一般均衡模型。还可以选取更多的政策组合

进行有效性评估，如税收减免中的增值税减免和个人所得税减免的有效性比较、研发补贴和关税减免的有效性比较。

## 4.7 本章参考文献


[1] Polzin F., Egli F., Steffen B., et al. How do policies mobilize private finance for renewable energy? A systematic review with an investor perspective [J]. Applied Energy, 2019 (236): 1249-1268.

[2] Sakah M., Diawuo F. A., Katzenbach R., et al. Towards a sustainable electrification in Ghana: A review of renewable energy deployment policies [J]. Renewable and Sustainable Energy Reviews, 2017 (79): 544-557.

[3] Zafar U., Rashid T. U., Khosa A. A., et al. An overview of implemented renewable energy policy of Pakistan [J]. Renewable and Sustainable Energy Reviews, 2018 (82): 654-665.

[4] Hafeznia H., Aslani A., Anwar S., et al. Analysis of the effectiveness of national renewable energy policies: A case of photovoltaic policies [J]. Renewable and Sustainable Energy Reviews, 2017 (79): 669-680.

[5] Boyd R., Krutilla K., Viscusi W. K. Energy taxation as a policy instrument to peduce $CO_2$ emissions: A net benefit analysis [J]. Journal of Environmental Economics and Management, 1995, 29 (1): 1-24.

[6] Ge J., Lei Y. Policy options for non-grain bioethanol in China: Insights from an economy-energy-environment CGE model [J]. Energy Policy, 2017 (105): 502-511.

[7] Ritzenhofen I., Spinler S. Optimal design of feed-in-tariffs to stimulate renewable energy investments under regulatory uncertainty—a real options analysis [J]. Energy Economics, 2016 (53): 76-89.

[8] Sun P., Nie P. Y. A comparative study of feed-in tariff and renewable portfolio standard policy in renewable energy industry [J]. Renewable Energy, 2015 (74): 255-262.

[9] Dong C. G. Feed-in tariff vs. renewable portfolio standard: An empirical test

of their relative effectiveness in promoting wind capacity development [J]. Energy Policy, 2012, 42 (2): 476-485.

[10] Farooq M. K., Kumar S., Shrestha R. M. Energy, environmental and economic effects of Renewable Portfolio Standards (RPS) in a developing country [J]. Energy Policy, 2013, 62 (7): 989-1001.

[11] Ford A., Vogstad K., Flynn H. Simulating price patterns for tradable green certificates to promote electricity generation from wind [J]. Energy Policy, 2007, 35 (1): 91-111.

[12] Ahmad S., Tahar R. M., Muhammad-Sukki F., et al. Role of feed-in tariff policy in promoting solar photovoltaic investments in Malaysia: A system dynamics approach [J]. Energy, 2015 (84): 808-815.

[13] García-Álvarez M. T., Cabeza-García L., Soares I. Analysis of the promotion of onshore wind energy in the EU: Feed-in tariff or renewable portfolio standard? [J]. Renewable Energy, 2017 (111): 256-264.

[14] 王德发. 能源税征收的劳动替代效应实证研究——基于上海市 2002 年大气污染的 CGE 模型的试算 [J]. 财经研究, 2006, 32 (2): 98-105.

[15] 胡宗义, 蔡文彬. 能源税征收对能源强度影响的 CGE 研究 [J]. 湖南大学学报（社会科学版）, 2007 (5): 57-61.

[16] 张为付, 潘颖. 能源税对国际贸易与环境污染影响的实证研究 [J]. 南开经济研究, 2007 (3): 32-46.

[17] 杨岚, 毛显强, 刘琴. 基于 CGE 模型的能源税政策影响分析 [J]. 中国人口·资源与环境, 2009, 19 (2): 24-29.

[18] 谢冬冬. 新能源产业融资困境及项目融资模式分析 [J]. 南阳师范学院学报, 2014, 13 (8): 4.

[19] Kang J., Yuan J., Hu Z., et al. Review on wind power development and relevant policies in China during the 11th Five-Year-Plan period [J]. Renewable and Sustainable Energy Reviews, 2012, 16 (4): 1907-1915.

[20] Zhao Z. Y., Chen Y. L., Chang R. D. How to stimulate renewable energy power generation effectively? China's incentive approaches and lessons [J]. Renewable Energy, 2016 (92): 147-156.

[21] Hua Y., Oliphant M., Hu E. J. Development of renewable energy in Australia and China: A comparison of policies and status [J]. Renewable Energy, 2016 (85):

1044-1051.

[22] Hsu C. W., Ho S. P., Kazmerski L. Assessing feed-in tariffs on wind power installation and industry development in Taiwan [J]. Renewable & Sustainable Energy Reviews, 2016 (58): 548-557.

[23] 赵洱岽，刘平阔．固定电价与可再生能源配额交易的政策效果——基于生物质发电产业 [J]. 工业技术经济，2013 (9): 125-137.

[24] Zhang Y. Z., Zhao X. G., Ren L. Z., et al. The development of China's biomass power industry under feed-in tariff and renewable portfolio standard: A system dynamics analysis [J]. Energy, 2017 (139): 947-961.

[25] 贺永强，马超群，佘升翔．能源金融的发展趋势 [J]. 金融经济，2007 (24): 15-16.

[26] 佘升翔，马超群，王振全，等．能源金融的发展及其对我国的启示 [J]. 国际石油经济，2007, 15 (8): 2-8.

[27] 张飘洋，秦放鸣，孙庆刚．能源金融问题研究综述及展望 [J]. 开发研究，2013 (5): 100-104.

[28] 赵盛楠，王蓓蓓，李扬，等．基于系统动力学的分布式可再生能源激励机制分析 [J]. 电力系统自动化，2017, 41 (24): 97-104.

[29] Xingang Z., Jieyu W., Xiaomeng L., et al. China's wind, biomass and solar power generation: What the situation tells us? [J]. Renewable and Sustainable Energy Reviews, 2012, 16 (8): 6173-6182.

[30] Zhao Z. Y., Zhang S. Y., Tian Y. X. The development route of the photovoltaic industry in China [J]. Kezaisheng Nengyuan (Renewable Energy Resources), 2012 (4): 1-5.

[31] Li C. B., Chen H. Y., Zhu J., et al. Comprehensive assessment of flexibility of the wind power industry chain [J]. Renewable Energy, 2015 (74): 18-26.

[32] Ouyang X., Lin B. Levelized cost of electricity (LCOE) of renewable energies and required subsidies in China [J]. Energy Policy, 2014 (70): 64-73.

[33] Alhamid M. I., Daud Y., Surachman A., et al. Potential of geothermal energy for electricity generation in Indonesia: A review [J]. Renewable and Sustainable Energy Reviews, 2016 (53): 733-740.

[34] He K., Zhang J., Zeng Y. Rural households' willingness to accept compensation for energy utilization of crop straw in China [J]. Energy, 2018 (165):

562-571.

［35］ Zhao Z. Y.，Chen Y. L.，Chang R. D. How to stimulate renewable energy power generation effectively? China's incentive approaches and lessons［J］. Renewable Energy，2016（92）：147-156.

［36］ 梁钰，孙竹，冯连勇，等．可再生能源固定电价政策和可再生能源配额制比较分析及启示［J］．中外能源，2018（5）：8.

［37］ Wang F.，Yin H.，Li S. China's renewable energy policy：Commitments and challenges［J］. Energy Policy，2010，38（4）：1872-1878.

［38］ 吕志盛，闫立伟，罗艾青，等．新能源发电并网对电网电能质量的影响研究［J］．华东电力，2012（2）：251-256.

［39］ Wesseh Jr P. K.，Lin B. A real options valuation of Chinese wind energy technologies for power generation：Do benefits from the feed-in tariffs outweigh costs?［J］. Journal of Cleaner Production，2016（112）：1591-1599.

［40］ Wu Y.，Xu R. Current status，future potentials and challenges of renewable energy development in Gansu province（Northwest China）［J］. Renewable & Sustainable Energy Reviews，2013，18（2）：73-86.

［41］ Liu J.，Wang S.，Wei Q.，et al. Present situation，problems and solutions of China's biomass power generation industry［J］. Energy Policy，2014（70）：144-151.

［42］ 杜娟．基于系统动力学方法的成都市能源—环境—经济 3E 系统的建模与仿真［D］．成都：成都理工大学，2014.

［43］ 尹辉．可再生能源电力补贴设计与影响因素研究［D］．天津：天津大学，2017.

［44］ Zhao Z. Y.，Li Z. W.，Xia B. The impact of the CDM（Clean Development Mechanism）on the cost price of wind power electricity：A China study［J］. Energy，2014（69）：179-185.

［45］ Zhao X.，Feng T.，Yang Y. Impacting mechanism of renewable portfolio standard on China's power source structure and its effect［J］. Power System Technology，2014，38（4）：974-979.

［46］ 张亦弛，刘冠伟，张绚．我国可再生能源发电产业扶持政策研究［J］．中外能源，2017，22（11）：39-45.

［47］ 张倩．低碳经济下 RPS 与 FIT 协同作用的电源结构优化模型研究

[D]. 北京：华北电力大学，2017.

[48] 李璐，谭忠富，张恩源. 可再生能源配额制实施中的市场力研究[J]. 电力系统保护与控制，2014 (12)：106-112.

[49] 舟丹. 固定电价政策与固定补贴政策 [J]. 中外能源，2018 (5)：63.

# 第5章　环境税与碳税政策下混合能源电力生产优化

党的十八大以来，我国不断加大环境污染治理力度，但污染问题依旧突出。为实现经济的可持续发展，兼顾发展与环境保护的双赢，党的十八届三中全会正式提出了推进环境保护费改税要求，通过法律手段建立“最严格的环境保护制度”。在此背景下，环境保护税从2018年1月1日开始在全国范围内正式征收。但环境税的征收范围并不包括作为温室气体的$CO_2$。在我国“双碳”战略背景下，碳税征收成为大势所趋。在所有工业部门中，基于燃煤发电的电力产业是高能耗、高污染行业，也是环境税重点监控的纳税企业。由于可再生能源发电具有间歇性和波动性，短期内，保障我国电力安全依然离不开火电，新能源与火电协调的混合能源发电系统成为一种经济合理的供电方式。在环境税和碳税的双重政策压力下，面对日益增大的经济发展压力和前所未有的环保挑战，需要科学合理地优化混合能源发电产业的生产力布局。

本章研究了在征收环境税与碳税的情况下，混合能源发电产业的生产力布局优化问题。首先从国内外环境税和碳税研究现状、能源产业生产布局相关研究出发，总结了当前研究存在的问题。其次从政策的理论依据、作用机理方面分析“两税”的政策机制以及对发电产业的影响。根据我国混合能源发电产业发展现状、生产布局情况，全面分析在政策叠加情景下对混合能源发电生产布局进行优化的重要性。基于“3E”均衡理论，采用多目标优化和多准则决策方法，以利润最大化、污染排放最小化和可再生能源利用最大化为目标，建立了生产力布局优化模型。通过遗传算法与TOPSIS算法得出不同税收情景下混合能源发电系统生产力布局的最优方案。根据多准则决策模型，对不同的纳税情景进行排序，选出最佳的“两税”征收方案。本章以混合能源发电产业为例，设计了五种税收组合情景，根据每种情景下的生产力布局优化结果，证明该多目标优化模型的实

用性和有效性。研究结果表明，环境税与碳税的征收能有效降低电力系统的污染排放，提高电力系统中可再生能源装机占比。与其他政策情景相比，环境税与碳税组合叠加，且碳税为 50 元/吨的模式是实现经济、环境与能源均衡的最佳选择。

## 5.1 混合能源电力生产优化问题背景

### 5.1.1 政策叠加情景

作为一个负责任的大国，中国多年来一直在积极采取各种措施改善环境。早期的排污收费制度为提升我国环境质量做出了贡献，但随着时代的发展，其弊端也随之显现。2007 年，我国首次提议征收环境税。《中华人民共和国环境保护税法》于 2016 年由立法机构正式通过，并于 2018 年 1 月 1 日正式施行。此次立法在法律层面确定了保护环境的专门税法，并将保护和改善环境、减少污染物排放、推进生态文明建设作为立法目的，进一步完善了我国绿色税收体系。应注意的是，出于对经济影响和其他方面的考量，目前的《中华人民共和国环境保护税法》中未包括对 $CO_2$ 排放的征税。然而，为降低温室气体排放，倡导绿色、环保、低碳的生活方式，中国政府承诺将力争在 2030 年前实现碳峰值，2060 年前实现碳中和[1]。在“双碳”战略背景下，我国专家建议，应结合我国实际，破解技术难题，将碳税作为落实推进“双碳”目标的政策工具，加快研究和立法进程。2010 年，相关报告指出，中国推出碳税应先针对企业征收，暂不针对个人，并设计提出了中国碳税制度的实施框架，包括碳税与相关税种的功能定位、中国开征碳税的实施路线图以及相关的配套措施建议。目前，有许多研究侧重于环境政策的影响，但环境保护税征收时间较短，且碳税尚未公布，在分析这两种税收的混合效应方面仍然存在研究空白。在环境税和碳税政策叠加情景下，对两税的政策效应进行实证分析，有助于政府判断政策的有效性，为制定碳税政策提供参考。

征收环境税和碳税，无疑将对我国的高污染行业产生巨大影响。在所有工业部门中，基于燃煤发电的电力产业被认为是最大的污染来源，分别占 $CO_2$ 和 PM2.5 总排放量的 40%和 20%以上[2~3]。我国火电产业发展成熟，是电力产业的主要组成部分。2020 年，我国火电发电量在总发电量中的占比达 71.19%，火电装机容量持续增长，达到 124517 万千瓦时[4]。对传统燃煤发电的过度依赖不仅造成严重的空气污染，而且给整个电力系统带来风险和不稳定。为应对传统能源带来的全球性问题，世界各国鼓励可再生能源发电，并出台各种优惠政策。在各种政策作用下，我国可再生能源发展迅速。但可再生能源发电容易受到地域与资源影响，具有较大的不稳定性和波动性。因此，将传统能源与可再生能源组合的混合能源发电系统，成为电力系统较好的选择。

“双碳”战略下，中国将持续推进产业结构和能源结构调整。传统燃煤发电排放的 $CO_2$、氮氧化物、$SO_2$、烟尘等，属于环境税与碳税的征收范围，开征“两税”，必然会增加电力产业的生产成本，影响产业的生产布局。在环境税和碳税双重政策压力下，面对日益增长的经济发展压力和前所未有的环境保护挑战，建设经济、环保的混合能源发电系统迫在眉睫。为实现经济效益、环境效应与能源效益均衡，优化混合能源发电产业的生产布局，针对不同电源分配最佳装机容量，对发展混合能源发电产业具有重大意义。

### 5.1.2 核心概念

#### 5.1.2.1 环境税与碳税

环境税也称“生态税”、绿色税，由英国经济学家庇古最先提出。他认为，税收可以消除外部成本带来的效率损失，矫正负的外部性，从而弥补污染者带来的私人成本与社会成本之间的偏差[5]。它是依据污染者付费原则，直接或间接地要求排放污染物的单位或个人，支付其污染行为所导致的环境治理成本，从而激励排污者减少污染排放，改善环境状况。目前，学术界从狭义、中义和广义上对环境税进行了界定[6]。从狭义上讲，环境税指向产生环境污染的行为征收税种，如我国征税的环境保护税。从中义上讲，环境税是一种统称，囊括了为减少污染而征收的各种税收，如资源税、燃油税、碳税等。广义上的环境税在中义的基础上，还包括了为改善环境问题而实施的各种优惠措施和管制手段。本章所研究的环境税处于狭义层面，指我国于 2018 年正式实施的《中华人民共和国环境保护税法》，纳税对象为向环境排放水污染物、大气污染物、固体废物以及工业噪声的企业[7]。

碳税是指针对 $CO_2$ 排放所征收的税，目的是降低 $CO_2$ 排放量，缓解全球变暖问题。目前我国的碳税施行还处于讨论阶段。20 世纪 90 年代，欧洲许多国家就开始了碳税的征收，并取得了良好的减排效果，表 5-1 给出了部分发达国家的碳税征税情况。

表 5-1　各国碳税征税情况

| 国家 | 征税时间 | 碳税 |
| --- | --- | --- |
| 荷兰 | 1990 年 | 14.95 欧元/吨 |
| 芬兰 | 1990 年 | 20 欧元/吨 |
| 瑞典 | 1991 年 | 107.15 欧元/吨 |
| 丹麦 | 1992 年 | 12.1 欧元/吨 |
| 澳大利亚 | 2012 年 | 23 澳元/吨 |

#### 5.1.2.2　混合能源发电产业

目前，用于发电的能源主要包括煤炭、石油、天然气、水、风能、太阳能等。随着科学技术的发展，发电能源的构成也在发生变化。中国的发电能源主要是煤炭，其次是水。随着时代的发展和技术的进步，电力行业正在经历从煤电、水电、核电等集中发电向风能、太阳能等多样化可再生能源发电转变。可再生能源的广泛使用大大改善了环境条件，节约了自然资源，让我们的生活环境更加安全与美好，然而也带来了新的挑战：太阳能和风能等可再生能源具有间歇、不稳定等自然属性，无法保证电网的稳定安全。依靠传统火电与可再生能源发电组合的形式，能够有效兼顾能源发展要求与用电安全保障。因此，混合能源发电成为电力系统的新选择，由传统能源与新能源构成的混合能源发电产业在电力产业中发挥着越来越重要的作用。

#### 5.1.2.3　生产力布局

生产力布局简称为“生产布局”，也被称为“生产配置”和“生产分布”。指一个国家或地区生产力的空间分布和构成，即某一地区存在和发展的各种生产力要素的空间组合形式[8]。生产布局的含义有两个方面：静态和动态。静态生产布局俗称“生产分布”，是以往生产布局的结果，是未来生产的基础和起点。动态生产布局是指生产力的再分配，属于计划的范畴。它对已建立的生产分布做出反应，并使其相应地发生变化。本章研究了混合动力发电产业的动态生产布局，即在特定区域内产业生产力的再分配。具体而言，本章旨在优化混合能源发电行业中每种能源的装机容量。

#### 5.1.2.4　“3E”均衡理论

随着时代的发展，能源（Energy）、经济（Economy）与环境（Environment）（以下简称“3E”）的发展矛盾日益突出。三方的关系日益密切，任何一方的问题已经不能脱离其他两个方面单独存在[9]。从引入能源经济开始，中国就展开了对“3E”理论的大量研究。最初，该理论被用于综合能源平衡问题以及成本效益问题的研究中[10]。后来西方能源经济学被引入，增加了对能源和经济关系的研究[11]。1984~1989 年，中国首次大规模开展“3E”协调发展研究[12~13]，原国家计委和原国务院能源办组织的广义能源效率战略项目，提出了要走符合中国国情的保障能源供应、促进经济发展和环境保护的道路。

根据社会发展的不同阶段，研究能源、经济和环境之间平衡的重点是不同的。从效益最大化出发，研究能源、经济、环境三个子系统之间的较为理想的综合平衡状态，然后通过政策机制的引导，实现三者之间的协调。“3E”系统由能源子系统、经济子系统和环境子系统组成，它们相互独立，各自具有运行规律和特征指标，但三者之间又互相依存与制约[14]。目前，我国作为一个发展中国家，在由能源、经济和环境构成的动态开放系统中，能源是系统的物质基础；经济是系统的核心；环境是系统的空间支撑，是经济和能源发展的载体。实现“3E”系统内部的协调发展对于实现整个社会系统的可持续发展至关重要。

### 5.1.3 相关研究进展

#### 5.1.3.1 *环境税与碳税相关研究*

国内外对环境税与碳税的相关研究主要包括理论机制研究与政策效应研究两方面。相关理论主要有外部性理论、公共物品理论、污染者付费原则与双重红利理论。1890 年，“外部性理论”由英国经济学家 Marshall[15] 首次提出，包括正外部性与负外部性，这一理论是环境税产生的前提。公共物品理论由美国经济学家萨缪尔森[16] 指出，他认为，环境是一种公共物品，任何人消耗环境资源都不会阻碍其他人对环境资源的使用，这将会导致“搭便车”现象的产生，因为人能够在不付出代价的情况下，享受他人治理环境带来的效益，这会造成环境过度污染，是一种外部负效应。20 世纪末，国际上开始运用经济理论治理环境污染问题，OECD[17] 提出了“污染者付费”理念，认为应该由产生污染的责任人承担环境治理产生的成本，即“谁污染，谁负责”，这一理念对环境税制度的完善起到理论支撑作用。Pearce[18] 提出，环境税能够实现环境治理与经济增长的“双重红利”，认为环境税的征收不仅能够降低污染物排放，还能够有效促进税制结构的完善，规避扭曲性税收，提高社会经济运行效率。

国内早期的研究主要集中在政策制度设计、实施层面。基于我国环境税现状，丁芸[19] 提出，我国应促进税制绿化征收，对当前排污收费制度进行改革，开征新的环境税，并提出了环境税制框架和制度的初步设计。杨思留[20] 认为，设计完备的环境税征收体系，需要根据我国的实际，参考多国征税经验。杨

凯[21] 分析了我国现行排污费征管制度的优缺点，总结了国外环境税的相关征管经验，认为我国的环境税征管应以现有制度和资源为基础，借鉴国外环境税收征管经验，根据环境税收征管的特点，进行有针对性的征管体系设计和征管能力建设。尹磊[22] 从我国环境税收制度的背景和实践出发，探讨了如何构建我国环境税的基本征管机制，以及如何实现我国的环境税收制度的协调。计金标和刘建梅[23] 从公平的角度出发，深入分析了我国开征环境税后在征管过程中可能存在的主要问题，并就如何确定税收主体、如何合理划分税收提出了相应的方案。

在环境税与碳税政策效应研究方面，国内外较多学者进行了实证分析，主要内容有经济效应与减排效应研究。早期的研究方法主要是局部均衡模型。Reyer Gerlagh 和 Wietze Lise[24] 在碳税政策下，建立了一个能源供求局部均衡模型，将资本与劳动力作为主要生产要素，研究政策对燃料消耗以及碳排放的影响。研究显示，在诱导性技术变革的作用下，碳税征税效果明显。Cheng F. Lee 和 Bhandari[25] 将碳税和排放交易政策结合进行分析，研究两种政策同时实施对不同行业产生的影响，认为在向各个行业分配排放许可证情况下，“大治理规则”将是是一种可行的方法。Guochang Fang 等[26] 构建四维动态系统框架，在该框架下对碳税政策效益进行综合分析，从而得到征收碳税的最佳时机。研究认为，选取合适的碳税征收时间有助于相关政策法规的完善，实现碳减排。Presley K. Wesseh 等[27] 模拟了不同范围的最优碳税下政策产生的影响，得出了与传统主张相反的结论，认为当模型被调整以反映环境治理的好处时，碳税会在除低收入国家以外的所有地区创造福利收益。Gen Li 和 Toshihiko Masui[28] 建立了一个动态一般均衡（CGE）模型，以 5 种发电技术组成的电力系统为研究对象，考虑了税收范围内的 19 种主要污染物，对不同政策情景进行分析。结果显示，环境税政策有助于减少大多数污染物的排放，对小部分污染物无明显效果。从产出损失看，征收碳税对重污染行业和能源密集型行业的影响更大，对清洁能源行业和服务业的产出起到促进作用。Panni Li 等[29] 采用中国 30 个省份的化石燃料发电厂的污染排放数据，分析了环境税征收对发电厂排污行为的影响。研究结果显示，相较于之前的排污费政策，环境税政策能有效促进电力行业污染物减排，且环境税税率与污染减排之间存在倒“U”形关系。吕志华等[30] 收集了芬兰在内的 12 个国家 1980~2009 年有关碳税征收的跨国面板数据，通过随机效应估计，分析环境税的经济效益。该研究发现，在短期内，开征环境税可能会对经济增长造成负面冲击，长期内的负向冲击影响更加显著。秦昌波等[31] 利用 GREAT-E 模型，在不同税率水平下，分析了环境税改革后对市场经济各部门的综合影响，并根据分析结果为政府相关部门环境税制度的制定提供依据。卢洪友和朱耘婵[32]收集了我国2003~2014年的省级面板数据，建立模型，进行实证分析，从节能减排、经济增长以及要素收入分配角度检验我国环境税费的政策效应。实证结果显示，征收环境税费能够有效促进我国的经济转型，实现产业结构优化升级，取得经济增长红利，但融入型环境税费制度对环境改善的作用非常微弱。刘海英和安小甜[33]基于环境税的减排效应与增长效应，以相关实证研究为基础，在反映环境污染与经济增长关系的环境库兹涅茨曲线（EKC）中，引入环境税作为EKC识别系统的调节变量。通过实证研究得出每一类工业污染物的排放都满足环境库兹涅茨曲线。增加环境税收虽然可以在一定程度上减少工业废水排放，却从工业废气和固体废弃物的减排效果来看，环境税并不能起到抑制作用。王佳邓等[34]采用江苏省2018年的环境社会数据，形成核算矩阵，建立了在环境税政策下的CGE模型，在不同环境税征收税率下，通过模拟分析税收对江苏省的经济发展以及碳排放的影响。结果显示，征收环境税会给江苏省经济发展带来较小的影响，且随着税率升高，江苏省碳排放减少。

#### 5.1.3.2 能源电力生产布局优化

对于能源产业，如火电、风电、光伏、储能等的生产布局优化问题，国内外都有一定数量的研究。优化目标从早期单一的供电稳定性，到后来综合考虑经济性、环保性、系统负荷、调度等，相关研究不断深入。

国外关于能源生产布局优化的相关研究的开展较早。Rodolfo Dufo-López等[35]利用遗传算法，针对包含储能的独立混合可再生电力系统，提出系统运行的优化方案。Banu Y. Ekren和Orhan Ekren[36]将负荷属性的不同与辅助能源的单位成本纳入优化考量范畴，以混合能源系统成本为指标，对带蓄电池的光伏—风能混合能源系统的规模进行了优化。Roberto Carapellucci和Lorena Giordano[37]考虑了可再生能源的间歇性和不可预测性，评估可再生能源岛屿的能源和经济性能，提出通过存储系统，解决能源生产和负载需求之间的时间不匹配问题。Bhandari[38]收集了尼泊尔两个高海拔地区的太阳辐射、风速和温度数据，用于由太阳能、风能、微型水力组成的发电系统的容量优化，基于经济性与可靠性，实现环境的可持续发展。Ali Almansoori和Alberto Betancourt-Torcat[39]提出了一种优化的混合整数线性规划公式，用于阿拉伯联合酋长国的电力系统。该优化模型可用于估算$CO_2$排放找到最合适的发电组合。Zebarjadi[40]以系统在可靠性约束下的净现值最小化为目标，考虑了储能系统，在不同电价下对并网光伏发电厂进行优化，以获得经济且可靠的能源系统，优化问题在考虑/不考虑存储系统的情况

下得到解决。Mahdavi 等[41] 依据启发式方法搭建了进一步研究规划的模型，为综合能源系统容量优化配置及经济性研究奠定基础。Hemeida 等[42] 提出基于可靠输出功率的储能系统容量确定方法，考虑了风力发电的功率损耗和传统的不确定储备，用于确定功率容量与风能损耗之间的关系。仿真结果表明，大容量储能、可靠的微电网风电输出功率保证了目前发电计划的可行性。Rongjie Wang[43] 考虑柴油混合能源系统中成本和负荷的配置优化目标，基于模糊人工蜂群优化机制，考虑了孤立混合能源系统的供电特性，提出了一种柴油混合能源系统的结构优化方法。

国外对新能源与分布式能源系统优化展开研究的同时，我国也越来越重视研究能源系统的容量优化配置，主要包括对微电网和互补能源系统的容量优化的研究。马溪原等[44] 针对由风电、光伏与储能组成的孤岛运行微电网，将电网运行过程产生的各种成本作为主要目标，建立了电源优化配置模型。通过一种改进的细菌觅食算法，以实际资源数据为输入，在考虑电网运行的可靠性的前提下，得到该微电网各电源容量配置的最佳方案组合。丁明等[45] 提出了一种独立风光柴储微网系统，将投资成本与各种费用纳入经济目标优化模型，针对微电网的电源建立数学模型，输入现实的天气数据和资源数据，得到微电网系统最优的电源容量配置组合。姜书鹏等[46] 考虑了电力系统中上网价格等敏感性因素，针对由风电与储能组成的联合发电系统，在削峰填谷等模式控制下，以系统的技术与经济为评价指标，在当前市场条件下对不同调控模式的发电系统进行可行性分析，并对未来市场条件下的运行进行模拟，得出该系统容量配置的主要趋势。卫志农等[47] 考虑了电力系统的运行风险，针对虚拟电厂，将最小化投资成本和运行成本作为优化目标，基于投资组合理论，对系统风险进行量度，建立优化配置模型。讨论风险偏好、环境成本、电力负荷对规划性虚拟电厂中各电源容量配置的影响。于东霞等[48] 提出了一种并网型风光互补发电系统，在该系统中应用了由蓄电池和超级电容组成的混合储能，在满足系统成本最小化的目标及电网调度规划要求下，利用仿真软件进行运算，得出发电系统容量的初级优化方案，进而得出合适的蓄电池容量。然后利用遗传算法，进一步优化该混合储能系统，最终得到系统容量的最优配置。毛志兵等[49] 通过对风力、光伏的经济性判断，考虑建设地区的需求，以保障能源系统的安全性与可靠性为前提，通过实现投资成本最小化，建立了阶段性的综合能源系统容量优化模型，在果蝇算法下得到风电与光伏的最佳配置结果。

5.1.3.3　*研究现状述评*

根据对已有文献的梳理分析可知，国内外关于环境税与碳税政策的理论、政策机制、政策效应的研究丰富且全面，对于电力系统生产布局的优化也展开了一定的研究，为兼顾经济、环境、能源平衡的混合能源发电系统的生产布局优化奠定了坚实的理论和方法基础。将政策工具效应与电力系统优化研究结合起来考虑，发现当前研究还存在不足，主要表现在以下两个方面：

（1）从政策效应研究来看，较少有研究将环境税与碳税进行组合研究。在“双碳”战略背景下，研究两税组合的政策效应，顺应当今低碳经济与绿色经济发展要求。在“两税”政策下开展混合能源发电系统生产布局优化研究，能够推进能源结构调整，促进可再生能源发展。

（2）从电力系统生产布局优化研究来看，在优化目标选择上，存在优化目标单一的不足。多数研究考虑优化的经济指标与环境指标，在经济性指标选择上，多数学者考虑系统生命周期中各个阶段产生的成本，少数学者将收益纳入研究体系。在环境指标上，缺少对氮氧化物、$SO_2$ 等大气污染物排放的考虑。

### 5.1.4 研究创新

在环境税与碳税政策下，研究混合能源发电产业的生产布局优化问题，有助于检验税收政策是否有效。在能源绿色发展要求下，可再生能源领域是国家大力发展建设以及企业争相投资竞标的领域，对混合能源发电系统相关问题的研究成为热点。环境税与碳税的征收，无疑增加了配置混合能源的难度。本章的创新点有以下几个方面：

（1）将环境税与碳税的组合研究，并设置不同的税率情景模拟分析，有助于检验政策组合的综合效应。

（2）从环境、经济、能源利用三方面综合考虑混合能源发电系统的生产布局优化问题，形成更加完整的研究体系。

（3）在案例数据处理上，考虑自然资源的季节性特点，用聚类方法得出每月的典型日数据，使研究更加符合实际情况。

## 5.2 环境税与碳税及其施行影响

### 5.2.1 环境税与碳税政策概述

#### 5.2.1.1 “两税”的政策机制

分析环境税与碳税的政策机制，首先需要了解征税的理论依据，环境税与碳税征收的主要理论依据是外部性理论和公共产品理论[50]。

（1）外部性理论。20 世纪末，马歇尔提出外部经济理论，用于研究外部因素对企业产生的影响。之后，庇谷通过研究社会福利最大化，首次提出了“外部性”这一概念[5]，指经济主体的经济决策给他人带来了或正或负的作用。外部性行为的影响无法完全体现在价格上。对环境产生污染的行为就是一种典型的负外部性行为。污染排放给周围的人带来了损失，却没有支付任何补偿。产生污染排放的企业为追求经济效益，会将治理污染的产生的费用转嫁到消费者身上，这就造成了外部不经济性。要解决外部性问题，可以由政府直接管制或对排放个体征收“庇古税”，将污染者造成的外部污染成本内部化，转移为生产成本，使在边际私人成本与边际社会成本保持一致的情况下，排污者为了降低税款，会通过优化生产结构等方式减少污染排放，从而达到保护和改善生态环境的目的。庇古税在实施上会面临许多困难。对政府而言，确定最优的税率和补贴，需要知道外部性问题产生的边际成本或边际收益，还要拥有实现帕累托最优的所有相关信息，因此，实施理想的税收政策难度较大。

（2）公共产品理论。公共产品是用于满足社会公共消费需要的物品或劳务，其服务对象是整个社会，具有非排他性和非竞争性。一个人在消费公共产品时，无法排除其他人对这类产品的消费。由于公共产品的特殊性，新增一个公共消费者，并不影响公共产品的边际成本。因此，公共产品并不适合由个人或企业运行管理，需要由政府出面管制，或由其他公共组织进行管理和经营。由此可见，环境是典型的公共产品。一方面，无法准确地判断环境给每一位社会成员带来的边际收益，也无法了解每个人为了改善环境愿意支付的成本。另一方面，不管是否承担对治理环境产生的费用，人们都可以享受治理环境带来的福利。这就使有些人认为在不付费的情况下也可获得他人付费后带来的利益，而选择付费也未必能带来更多的利益。逐渐地，人们会尽可能地选择逃避付费，出现大量“搭便车”行为，继而导致“公地悲剧”。此时就需要由政府部门出面，对污染行为进行外部干预，如通过强制性的税收政策，对破坏环境的行为进行管制，将税收用于改善环境。

从“两税”的理论依据可知，环境税与碳税是政府为解决污染行为带来的环境负外部性问题，通过征税对环境资源的损害者进行约束，达到使环境成本内部化的目的。政策机制的核心是价格控制，由政府设定税率，存在污染行为的企业通过缴纳税收支付其污染排放成本，通过价格干预，对经济主体行为进行引导，优化生产经营行为，以此实现降低大气污染物与 $CO_2$ 排放量的目标。

5.2.1.2 “两税”的作用机理

由政策机制可知，环境税与碳税是政府规制下针对污染行为建立的一种约束机制。其原理是通过价格控制，使环境污染成本内部化到相关商品的价格上，让使用环境资源、产生污染行为的企业与个人承担起环境责任，实现节约资源和降低污染。具体作用机理可以从以下两方面来说明：

（1）庇谷税。庇古税是环境经济政策中污染行为收费政策的理论基础。其基本内涵是，污染者必须为其污染活动的影响支付成本，以弥补对环境造成的损失，要求税额等于污染物对环境质量产生影响的边际成本。由于污染物税不可避免地会传导到产品上，因此会增加产品成本，提高产品价格，并通过市场影响产品竞争力。通过负外部性的内部化，它真正反映了产品的总成本，纠正了市场资源配置的失灵，从而实现经济效益的个体优化，并达到社会优化。

对生产过程中产生的空气污染物和 $CO_2$ 开征环境税与碳税，会导致企业成本提高，通过税负转嫁，最终引起产品价格上涨，其实质是通过价格的变动引导社会行为的改变。对企业来说，将长期开展节能技术研究，提高环境类投入品的利用效率，减少环境类产品的消耗，同时寻求其他非征税或低税负投入品进行替代。对消费者来说，将减少环境类产品的消费，同时也会寻求其他节能环保型产品进行替代，进而催生对节能环保产品的需求，刺激节能环保产业的发展，带动经济转型和经济增长。

（2）污染者付费原则。虽然通过征收庇古税可以有效实现外部成本内在化，但还需要确定应该由谁来承担这部分税费，体现税收政策的公平性原则。1972 年，经济合作与发展组织在其通过的一项决议中，提出了“污染者付费原则”（PPP 原则）[51]。该项决议规定，产生排放的“污染者”必须承担起减少污染所产生的费用，该费用会由政府部门规定，且各成员国不允许提供资金帮助企业进行污染防治。该原则明确了承担污染费用的对象，很快得到国际社会的广泛赞同，成为各国制定相关环境税政策的一项基本准则。这一原则的出发点是，生产成本和消耗的资源成本应充分体现在商品或服务的价格之中，包括环境资源。因此，在污染者成本核算中，有必要将污染造成的外部成本内部化。

我国征收的环境税就遵守了“污染者付费原则”，通过对产生污染行为的企业征税，在现行排污费标准的基础上实施税负平移，达到降低污染排放、改善环境的目的。根据我国环境保护税的优惠政策，纳税人排放的应税大气污染物或水污染物浓度低于国家和地方污染物排放标准的 30%时，按 75%征收税款；低于 50%的，减征 50%[52]。这意味着，如果企业积极整改升级，加强减排，就可以

依法享受税收优惠政策。环境税和碳税的最终目的不是增加税收，而是促使企业积极控制污染、减少排放，从而形成有效的激励和约束机制。

总体来说，环境税和碳税基于庇古税和污染者付费原则，通过价格干预优化资源配置和环境保护。一方面，通过征收环境税，政府可以从特定的经济个体获得相应的财政收入。无论这笔收入是用于环境污染控制和环境保护的研发投资，还是纳入财政总预算，都可以直接或间接地在环境保护中发挥作用。另一方面，税收会限制或引导纳税人的生产及消费行为，从而实现环境保护。此外，环境税不仅可以纠正私人成本与社会成本的差异，还可以通过改变生产要素的收益率和产品的相对价格，从而影响生产者和消费者的选择。同时，环境税的税收优惠和税收返还将降低特定产品的成本与价格，从而提高有利于环境保护的生产要素的收益率，减少市场扭曲，优化资源配置，有利于经济的健康可持续发展。

综上所述，环境税与碳税通过其作用机理，最终实现三种政策效果：第一，可以使所针对的污染物排放大大减少。第二，促进了环保、节能型技术创新，带动高科技产业增长，有利于经济增长方式转型。第三，可以调节消费者行为，形成整个社会的“绿色”消费，提高整个社会的福利水平。

### 5.2.2 “两税”对电力生产的影响

我国的《中华人民共和国环境保护税法》将电力生产经营企业归纳到征税的十大主要行业，“两税”的征收必将对电力产业的生产经营产生影响。其效果如下：

（1）导致生产成本提高。我国以火电为主的电力结构，决定了电力行业具有高污染排放、高耗能的特点。发电产生的 $CO_2$、氮氧化物、$SO_2$、烟尘等，属于环境税与碳税的征收范围，税收提高了电力生产成本。从长期来看，为了适应生态文明建设的要求，企业将开发和研究环保生产模式，创新生产技术，增加对环保设备的投资，这将增加企业的环境成本。

（2）改变生产布局。税收的刺激作用是使人们使用或生产更少的应税商品。在电力产业，环境税与碳税的征收，提高了火电生产成本，企业会选择降低燃煤发电比例，大力发展可再生能源，推动风电和水电的升级，从而促进新能源产业的发展。

在环境税与碳税政策叠加情景下，电力生产面临较大的节能减排压力，科学合理地优化生产布局，有助于实现节能减排，促进产业的可持续发展。

# 5.3 混合能源发电及其生产力布局

## 5.3.1 混合能源电力生产概述

### 5.3.1.1 产业组成中的传统火电

中国煤炭资源分布广、数量大，这成为火电产业稳健发展的基础。中国的火电行业自2001年以来经历了四个阶段：初步建设阶段、勘探开发阶段、改革创新阶段和转型阶段[53]。

我国火电产业发展成熟，在发电技术、设备制造、运营管理等方面都处于世界领先水平。

长期以来，火力发电一直承担着电力供给的主要责任，发电量达到全国总发电量的70%左右。在电力输出方面，近年来火力发电保持稳定增长状态。2019年，中国火力发电量达到51654亿千瓦时，占全国总发电量的72.32%，其中，燃煤发电量为4.56万亿千瓦时，同比增长1.7%。但受环境保护、电力结构改革等政策的影响，火力发电的份额略有下降。2015~2019年，火力发电在电力市场中的份额从74.94%降至72.32%。

中国在高效、清洁、低排放的发电技术方面不断创新，相关技术的研究和实际应用达到了国际领先水平，为中国火电结构优化和技术升级做出了贡献。但由于受能源结构、技术发展、历史电力设施布局等因素影响，国内供电仍将长期以火电为主。火力发电在目前和未来仍有许多独有的优势，在很长一段时间内是其他非化石能源所无法替代的。

### 5.3.1.2 可再生能源发电兴起

中国的可再生能源主要包括水能、太阳能、风能、地热能和生物质能。在能源转型的背景下，可再生能源以其高效、清洁、低碳、环保的特点成为能源转型的核心。近年我国可再生能源发展迅速，逐步成为推动全球能源结构转型的主角。中国风能、太阳能等可再生能源装机容量居世界首位，已成为可再生能源第一大国。

如图5-1和图5-2所示，可再生能源装机容量在逐年增加。截至2021年底，中国可再生能源装机容量为10.64亿千瓦，占中国电力总装机容量的44.76%。

其中，水电装机容量有 3. 91 亿千瓦，占可再生能源总装机容量的 36. 74%；风力发电 3. 28 亿千瓦，占 30. 87%；光伏发电 3. 07 亿千瓦，占 28. 81%；生物质发电 3798 万千瓦，占 3. 57%。

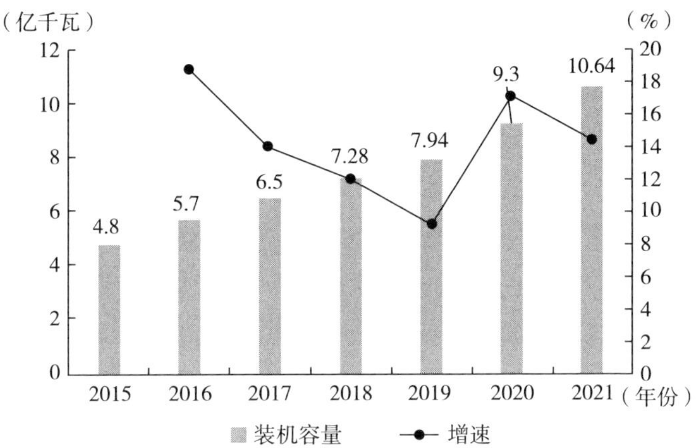


**图 5-1　2015~2021 年可再生能源装机情况**

资料来源：国家能源局。

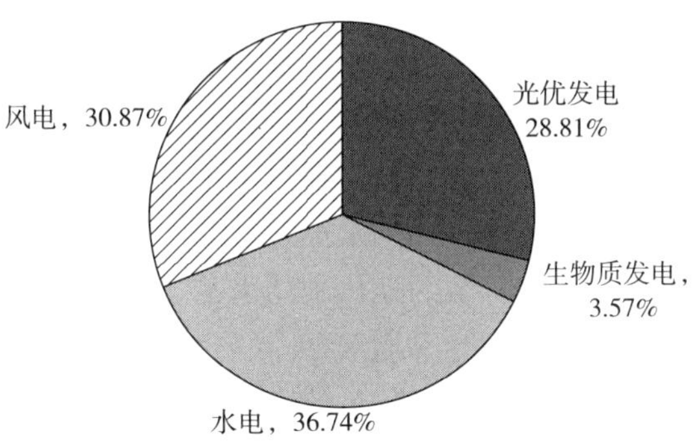


**图 5-2　2021 年可再生能源装机容量占比**

资料来源：国家能源局。

图 5-3 显示了可再生能源电力输出情况。2016 年以来，非化石能源发电量不断增加，占总发电量的比例不断扩大，发电结构持续优化。2021 年，我国非化石能源发电量达到 2. 89 万亿千瓦时，同比增长约 12. 0%，占全国发电量的 34. 5%，同比提高 0. 6%。新能源发电方面，2021 年发电量首次突破 1 万亿千瓦

时。其中，风电与光伏发电量持续增加，占总发电量的比例提高了 2.2%。可再生能源并网运行情况不断完善，并网太阳能发电与风电同比分别增长了 25.2%和 40.5%，风电在全国电力供应中越发重要。

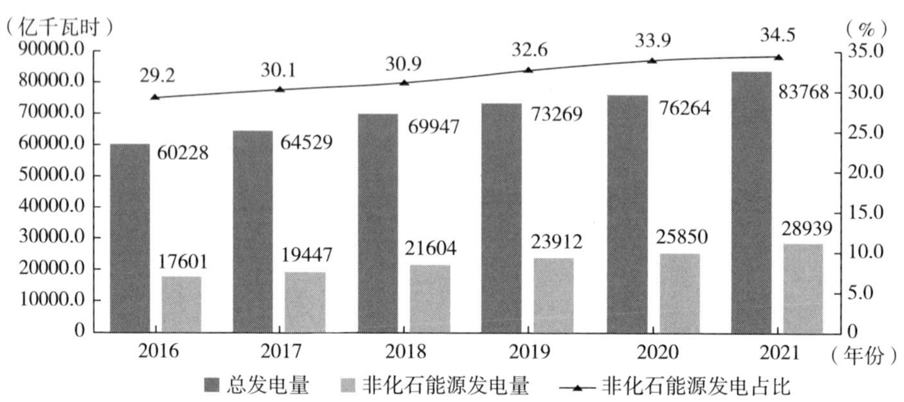


**图 5-3　2016~2021 年全国发电量及非化石能源发电占比情况**

资料来源：国家能源局。

由于受地域差异与资源分布限制，我国可再生能源发电存在消纳问题，造成资源浪费现象。近年来，我国可再生能源利用水平继续提升，电力消纳问题得到了改善。2021 年，我国的风电平均利用率为 96.9%，同比提升了 0.4%。从地区来看，湖南、甘肃和新疆等地的风电利用率得到了显著提升，而新疆、青海等地风电利用率还低于全国平均水平。光伏发电方面，全国的发电利用率为 98%，基本与上一年持平，西藏与新疆等地的光伏利用水平显著提升，但从利用率看，西藏与青海地区的光伏利用还未达到平均水平。

我国可再生能源产业发展取得了瞩目的成就，产业规模在不断扩大，结构在不断完善，但也存在一些问题。从可再生资源的布局来看，由于中国各地区地形和气候条件的差异，资源空间分布不均，地区间电力供需不平衡，因此有必要促进可再生能源发电并网、输电和消纳的解决。从发电成本看，与传统能源相比，可再生能源的生产成本较高，达不到市场自由竞争水平，需要依靠政府补贴支撑。从技术水平看，可再生能源领域存在核心技术研发能力偏弱问题，在储能技术方面有待加强。在能源绿色转型与低碳经济发展背景下，可再生能源发电成为电力产业的重要组成部分，对提高我国能源安全水平、应对气候变化以及稳定经济社会发展具有重大作用。因此，中国应大力推进可再生能源项目建设，推动技

术研发和创新，建设新电力系统，完善相关法律和政策。

### 5.3.2 混合能源发电产业的生产力布局

在电力产业中，火力发电具有燃料易得、调峰容易、建设成本低等优点，但会产生污染排放。可再生能源是环境保护程度高的清洁能源，但发电受到资源的限制，导致输出功率不稳定。在环境税和碳税的双重政策压力下，由传统火电和可再生能源发电组成的混合能源产业将在电力系统中发挥重要作用。

如前文所述，生产布局是动态的生产布局，属于生产力的再布局，属于计划、规划的范畴。混合能源发电产业的生产力布局，即该产业的生产规划与生产配置。具体而言，是混合能源发电系统中各分布式电源的装机容量。科学合理的电力能源容量配置，是实现电力系统安全、可靠、经济、高效运行的重要保障。

从我国混合能源发电生产布局来看，火电仍然是我国最主要的电力能源。如图 5-4 所示，2017 年，火电装机约占国内电力总装机容量的 62. 25%，风电与光伏的装机容量分别是 9. 21%与 7. 33%。2018 年，我国开始征收碳税。到 2019 年，我国火电装机容量占比降低到 59. 22%，可再生能源装机容量占比逐年增加，风电、光伏在电力系统中扮演着越来越重要的角色。单凭环境税征收时间与能源装机占比变化，不能判断该政策对电力产业生产布局的影响。在“双碳”战略目标下，征收碳税势在必行。在环境税与碳税政策下，探究混合能源发电产业的最优生产力布局，有利于混合能源发电产业的能源结构调整，促进电力产业转型升级。

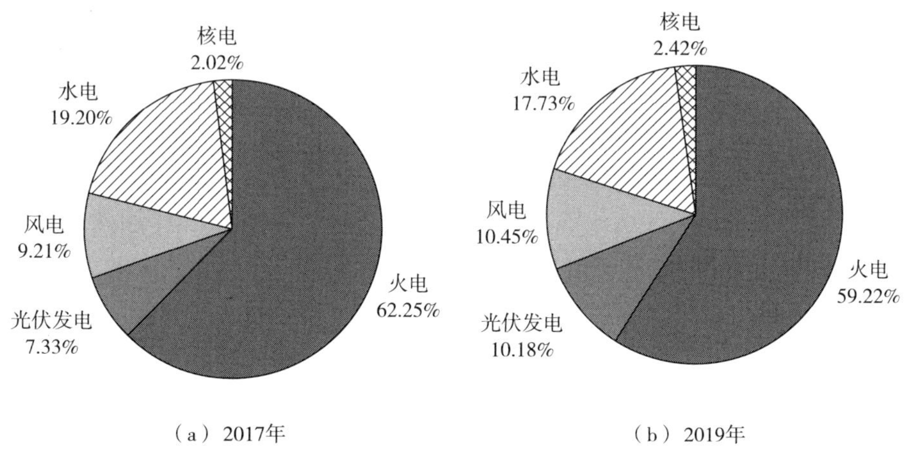


**图 5-4　2017 年与 2019 年各能源装机占比**

资料来源：国家统计局。

# 5.4 混合能源电力生产力布局优化模型

## 5.4.1 “两税”双重政策下的优化过程

本章研究旨在基于环境、经济、能源“3E”均衡目标，达到实现混合能源电力生产布局优化的目的。采取多目标优化方法，构建决策模型，考虑多种环境税与碳税征收情景，通过实证分析确定各情景下混合能源发电系统中各能源的最佳装机容量。在建立目标模型前，对“两税”条件下混合能源电力生产布局优化过程进行描述。

如前文所述，在混合能源发电系统中，虽然传统火电运行稳定、产能效率高，但在火电生产过程中不仅要消耗大量的煤炭资源，还会排放大气污染物。环境税与碳税的征收，必然会增加火电的发电成本。相较于传统火力发电，可再生能源发电清洁、无污染且资源丰富。但受限于地区差异与资源的不确定性，可再生能源存在消纳效率低、供电不稳定等问题，阻碍了产业的发展。我国许多地区风光资源丰富，风电与光伏的装机量在逐年增加。本章研究由传统火电、风电与光伏组成的混合能源电力生产系统在环境税与碳税政策叠加情景下的生产布局优化过程。

在环境税与碳税的组合下，优化混合能源发电系统生产布局需要综合考虑系统的经济、环境与能源均衡。首先，为保障产业的稳定发展，电力产业需要保证经济利润的实现，所以将系统利润最大化作为发电系统生产布局优化的经济目标。其次，“双碳”目标对电力系统运行有了新的要求，不仅要实现经济效益，还需要考虑电力系统的环境效益，这主要体现在系统发电过程中污染物的排放量上。在本章设定的混合能源发电系统中，主要的污染来自火力发电。为实现环境效益，本章将系统生产过程中大气污染物与 $CO_2$ 排放量最小化作为目标。此外，从前文分析可知，当前我国风电与光伏存在利用率不高、消纳问题严重的现象，造成了极大的资源浪费，需加快对“弃风”“弃光“现象的治理。因此，本章将系统可再生能源利用最大化为能源目标，构建多目标优化模型。求解结果是在不同政策组合情景下，风电、光伏和火电装机容量的优化方案。针对该电力生产系统，在系统供需、污染排放、装机容量等方面设立相应约束条件，在满足这些约束条件下达

到经济、环境、能源三方优化目标的方案就是系统生产布局的最优方案。

### 5.4.2 生产力布局优化方法

#### 5.4.2.1 多目标优化

1961 年，美国科学家 Charles 和 Copper 提出了多目标优化的概念，而其思想最早由法国经济学家帕累托提出。多目标优化问题最早出现在经济和管理科学领域的经济平衡与均衡竞争研究中[53]，当优化问题中有多个相互冲突的目标时，使一个目标最优的方案不能使其他目标同时达到最优值，甚至会导致其他目标的退化，这便是多目标优化问题[54]。模型表达式如下[55]：

$$\max (\min)\ Y = f(x) = [f_1(x), f_2(x), L, f_m(x)]$$

$$s.t. = \begin{cases} g_i(x) \leqslant 0, & i = 1, 2, L, p \\ h_j(x) < 0, & j = 1, 2, L, p \end{cases} \tag{5.1}$$

其中，x 是决策变量，Y 是目标向量。在单目标优化问题中，通常只有一个最优解来实现优化，且求解过程简单。在多目标优化问题中，需要考虑多个目标来实现优化问题，而这些目标往往相互制约。提高一个目标的绩效可能会导致其他目标的绩效下降。因此，在多目标优化问题中，得到的解通常是一个非劣解解集，即 Pareto 解集。

目前求解帕累托前沿解的主要算法包括数学规划方法和遗传算法[56]。基于数学的规划方法包括加权法和约束法，其实质是将多目标优化问题转化为单目标优化问题，实现多目标函数的求解。遗传算法最早由美国的 John holland 提出，该算法是根据自然界生物进化规律设计和提出的，它是模拟达尔文生物进化论的自然选择和遗传机制的生物进化过程的计算模型，是一种通过模拟自然进化过程搜索最优解的方法。多目标遗传算法是一种用于分析和求解多目标优化问题的进化算法，其核心是协调各目标函数之间的关系，并找出使各目标函数尽可能大（或小）的最佳解决方案集合。如今，遗传算法被广泛应用于规划、数据分析、预测未来趋势、预算编制等组合优化问题中，已成为处理多目标优化问题时应用普遍的算法之一[57]。因此，本章利用遗传算法获得 Pareto 最优解，以优化环境税和碳税政策下的混合能源发电系统生产布局。

本章在利用遗传算法得到各政策情景下的 Pareto 解集后，采用 TOPSIS 方法获得每种情景下的最优值，得到最优的生产布局方案。TOPSIS 法是根据有限个评价对象与理想化目标的接近程度进行排序的方法，依据评价对象与最优解、最劣解的距离来进行排序[58]。在整个决策过程中，我们首先需要找出理想点和非理想点。因为TOPSIS法是通过无量纲数据归一化矩阵找出多个目标中的理想点和非理想点，分别计算每个评估目标与理想解和非理想解之间的距离，得到每个目标与理想解之间的贴近度，根据理想解的贴近度进行排序，并选择距离非理想点最远且距离理想点最近的路线作为有利的最终路线[59]。贴近度的值在0~1，值越接近1，相应的评估目标就越接近最佳水平；相反，该值越接近0，则评估目标越接近最差水平。由于优化目标的维度是多样的，所以在做出决策之前，所有优化目标都必须是无量纲化的。$Y_{ij}$表示所求得的帕累托前沿上所有解的目标矩阵，其中，i代表帕累托前沿上的每个解，j代表目标函数，那么无量纲化的目标$r_{ij}$定义为：

$$r_{ij} = Y_{ij} / \sqrt{\sum_{i=1}^{n} Y_{ij}^2} \tag{5.2}$$

TOPSIS方法中的理想点是目标空间中的每个目标都处于最佳值的点。但是，在多目标规划的实际应用中，一般不可能保证每个目标都处于单目标最优状态。因此，理想点是一个遥不可及的存在，通常不在帕累托前沿上。在所有目标都是无量纲状态之后，帕累前沿上的每个解与理想点$Y_j^+$之间的距离确定如下：

$$S_i^+ = \sqrt{\sum_{j=1}^{m} (Y_{ij} - Y_j^+)^2} \tag{5.3}$$

非理想点是目标空间中在每个目标下都得到最劣值的点，同样，在多目标优化中，一般也不可能使每个目标都处于单目标最劣的状态。在所有目标无量纲化之后，帕累托前沿上的每个解与非理想点$Y_j^-$的距离确定如下：

$$S_i^- = \sqrt{\sum_{j=1}^{m} (Y_{ij} - Y_j^-)^2} \tag{5.4}$$

每个备选方案和非理想点之间的平均距离被视为决策标准，用式（5.5）表示，获得的$C_i$值越高，说明该选择方案越好。

$$C_i = S_i^- / S_i^+ + S_i^- \tag{5.5}$$

5.4.2.2 多准则决策

多准则决策（MCDM）方法最早由Pareto在1896年提出，是分析决策理论的重要内容之一，指在具有相互冲突且不可共同存在的有限或无限方案集中进行选择决策[60]。它能够很好地解决复杂的项目评估问题，在军事、经济、工程、管理诸多领域都有广泛的应用[61]。多准则决策需要同时考虑两个或两个以上目标的决策，实现目标之间联系和约束条件的最优平衡的决策就是最优决策，而多准则决策是在多属性条件下，寻找备选方案中最优的决策[62]。与常规评估方法相比，多准则决策评估的机理性特点是：①可以进行多个项目的评估、排序和优先选择，且各项目制定了清晰明确的目标要求，可以根据实际情况对各项目做出评价。②对一个项目进行准则决策时，将项目的每个影响因子都作为判断这个项目的准则，同时要对因子的数值进行一系列的处理，包括数值的信息加工和提取，达到给各因子的重要性赋予权重的目的。③将项目评估表看作一个影响决策判断的矩阵，用不同的判别方法，组织决策信息，形成一个具有较强机理性的动态分析系统，并借助现代化的计算机技术，快速完成信息加工。还可组织决策会议，综合决策参与人的意见，这样有助于形成一致性的决策观点。

假设在一个项目评估中，有 m 个备选方案与 n 个评价指标，则该项目的决策矩阵 X 可以表示为：

$$X=\begin{bmatrix} x_{11} & x_{12} & \cdots & x_{1n} \\ x_{21} & x_{22} & \cdots & x_{2n} \\ \cdots & \cdots & \ddots & \cdots \\ x_{m1} & x_{m2} & \cdots & x_{mn} \end{bmatrix}=(x_{ij})m\times n \tag{5.6}$$

其中，i=1，2，…，m；j=1，2，…，n；$x_{ij}$ 是方案 i 中指标 j 的特征值。

在多准则决策下，对各项目最终评价结果的选择，需要依靠评价指标进行判断。因此，需要对决策系统中的评价指标进行度量。但由于决策系统具有复杂性，各评价指标的度量和标准存在较大差异。为了实现指标之间口径的统一，需要对各评价指标进行无量纲化处理，得到统一的评价标准。主要的转化方法有直线转换法和区间转换法，通过对决策矩阵 X 进行标准化处理，会得到标准化矩阵 Y：

$$Y=\begin{bmatrix} y_{11} & y_{12} & \cdots & y_{1n} \\ y_{21} & y_{22} & \cdots & y_{2n} \\ \cdots & \cdots & \ddots & \cdots \\ y_{m1} & y_{m2} & \cdots & y_{mn} \end{bmatrix}=y_{ij}(m\times n) \tag{5.7}$$

假设各指标的权重 W 为：

$$W=(\omega_1,\ \omega_2,\ \cdots,\ \omega_n),\ \sum_{j=1}^{n}\omega_j=1 \tag{5.8}$$

则可得到各方案的综合评价值矩阵 R：

$$R=YW=\begin{bmatrix} y_{11} & y_{12} & \cdots & y_{1n} \\ y_{21} & y_{22} & \cdots & y_{2n} \\ \cdots & \cdots & \ddots & \cdots \\ y_{m1} & y_{m2} & \cdots & y_{mn} \end{bmatrix}\cdot\begin{bmatrix} \omega_1 \\ \omega_2 \\ \vdots \\ \omega_n \end{bmatrix}=\begin{bmatrix} r_1 \\ r_2 \\ \vdots \\ r_n \end{bmatrix} \tag{5.9}$$

比较矩阵 R 中 $r_i$，max $\{r_1, r_2, \cdots, r_n\}$ 对应的第 k 个方案就是最优决策。

本章中，对于各政策组合效应的评价涉及许多因素，如政策的经济效应、减排效果、社会接受度、实施难度等。而这些因素往往相互影响和作用，且各个因素的重要程度也有所不同，评估过程复杂。如果只采取基础的数学方法进行判断，很难做出精准、有效的决策判断。在多准则决策下，此类问题得到了良好的解决。因此，本章将多准则决策法应用于不同税收政策情景下混合能源发电系统运行效益比较中，可以有效得出各情景下的政策效应情况。

### 5.4.3 基于"3E"均衡的多目标优化建模

#### 5.4.3.1 目标函数

(1) 最大化经济效益。实现经济效应最大化需要考虑系统成本与收入。在本章中，电力销售收入 R 和可再生能源补贴 S 组成了电力系统的主要收入来源；而系统成本 C 是系统生产过程中各环节的支出，主要包括发电的能源成本、运行成本、机组维护成本以及在环境税与碳税征税下产生的税收成本。混合能源发电系统以实现经济利润最大化为目标，可以表示为：

$$\max f_1 = R+S-C \tag{5.10}$$

其中，R、S、C 分别表示电力收入、可再生能源补贴、系统成本，分别由式（5.11）、式（5.12）、式（5.13）表示：

$$R = \sum_t p_1 \cdot E_{t1} + \sum_t p_2 \cdot E_{t2} \tag{5.11}$$

$$S = \sum_t s_1 \cdot E_t - WT + \sum_t s_2 \cdot E_{t-PV} \tag{5.12}$$

$$\begin{aligned} C = &\sum_t g_1 \cdot E_{t-Th} + \sum_t g_2 \cdot E_{t-WT} + \sum_t g_3 \cdot E_{t-PV} + \\ &\sum_t E_{t-Th} \cdot NRC \cdot p_f + \\ &\sum_t E_{t-Th} \cdot k_1 + \sum_t E_{t-WT} \cdot k_2 + \sum_t E_{t-PV} \cdot k_3 + \\ &\sum_t \sum_r E_{t-Th} \cdot PEF_r/PE_r \cdot ET_r + E_{t-Th} \cdot CEF \cdot CT \end{aligned} \tag{5.13}$$

其中，$E_{t1}$ 和 $E_{t2}$ 分别代表 t 时间外送的电量与内销的电量；$p_1$ 和 $p_2$ 分别代表外送电价和内销的电价；$E_{t-Th}$、$E_{t-WT}$、$E_{t-PV}$ 分别表示火电、风电、光伏机组的发电量；$s_1$、$s_2$ 为风力发电与光伏发电的补贴系数；$g_1$、$g_2$、$g_3$ 分别是火电、风电、光伏的单位发电成本；NRC 表示每单位火电的燃煤消耗；$p_f$ 是燃煤的单位价格；$k_1$、$k_2$、$k_3$ 是火电、风电、光伏的运行维护成本系数；$PEF_r$ 与 CEF 分别表示火电空气污染物 r 与二氧化碳的排放系数，表示生产 1 千瓦时电所产生的污

染排放量；r=1、2、3，分别对应氮氧化物、$SO_2$ 与烟尘；$PE_r$ 是污染物 r 的污染当量；$ET_r$ 与 CT 分别表示环境税与碳税税率。

（2）最小化系统污染排放量。为实现系统环境效应，达到最小化污染排放量的目标，需要清楚系统的污染排放源头。本章中的混合能源发电系统由火电、风电与光伏组成。其中，风电与光伏是可再生能源，发电过程几乎不产生污染排放。主要的污染排放物来自火电，其生产过程会排放 $CO_2$、$SO_2$、氮氧化物和烟尘。因此，系统的环境效应可以表示为火电机组污染排放量的最小化，该目标可以描述如下：

$$\min f_2 = \sum_t \sum_r E_{t-Th} \cdot PEF_r + \sum_t E_{t-Th} \cdot CEF \tag{5.14}$$

（3）最大化可再生能源利用率。当前，可再生能源发电系统存在“弃风”“弃光”现象，消纳问题得不到妥善解决，这限制了风电与光伏的可持续发展。提高混合能源发电系统中的可再生能源利用率十分重要，本章以最大化可再生能源利用率作为优化的第三个目标，这个目标可以写成：

$$\max f_3 = \sum_t E_{t-WT} + \sum_t E_{t-PV} \tag{5.15}$$

5.4.3.2　约束条件

确定目标函数后，需要确定相关约束条件，将函数限制在一个可行解域内。电力系统的运行在各方面存在约束，需要在满足各种约束条件的前提下，实现经济、环境与能源目标的优化。本章用式（5.16）至式（5.24）表示了多目标优化模型的约束条件。以下是对各约束条件的详细阐述：

（1）系统供需平衡约束。实现电力供需平衡，满足用电需求，是电力系统最基本的原则，所以混合能源发电系统的系统供需约束可以由式（5.16）表示，$ED_t$ 表示 t 时间段内当地的用电需求。

$$E_{t-Th}+E_{t-WT}+E_{t-PV} \geq ED_t, \quad \forall t \tag{5.16}$$

（2）风力发电约束。研究发现[63]，风力发电机的输出功率受到实际风速的影响：当实际风速低于风力机组的切入风速时，风力不足以使风扇运转发电，机组输出功率为0；当风速大于切入风速且小于额定风速时，风机开始运转，进行电力输出；当风速大于切出风速时，出于对机组的保护，风机将停止运行，不产生电力输出。因此，风机的电力输出表达式可以写为：

$$P_{t-WT} = \begin{cases} 0, & V_t < V_{in}, \ V_t \geq V_{out} \\ IC_{WT} \cdot (V_t - V_{in})/(V_r - V_{in}), & V_{in} \leq V_t < V_r \\ IC_{WT}, & V_r < V_t < V_{out} \end{cases} \tag{5.17}$$

其中，$V_{in}$、$V_{out}$、$V_r$ 分别代表风力机组的切入风速、切出风速、额定风速，本章中分别为 3 米/秒、12 米/秒、22 米/秒。$V_t$ 是实际风速，$IC_{WT}$ 为风电装机量。用 $P_{t-WT}$ 表示风机输出功率，$OP_{t-WT}$ 表示风机运行时间，风力发电量可以写成：

$$E_{t-WT} = P_{t-WT} \cdot OP_{t-WT} \tag{5.18}$$

（3）光伏发电约束。光伏发电是将直射阳光转化为电能，光伏机组运行主要受到温度和光照强度的影响[64~65]，光伏机组的输出功率表达式可写为：

$$P_{t-PV} = \begin{cases} IC_{PV} \cdot G_t^2/G_0 \cdot R, & 0<G_t<R \\ IC_{PV} \cdot G_t/G_0, & G_t \geqslant R \end{cases} \tag{5.19}$$

其中，$IC_{PV}$ 为光伏装机量；$G_t$ 表示 t 时的平均太阳辐射强度；$G_0$ 表示标准环境下的光照辐射强度，数值为 1000 瓦/平方米；R 为额定辐射强度，设为 150 瓦/平方米；$P_{t-PV}$ 代表 t 时间内太阳能光伏电池的总输出功率；$OP_{t-PV}$ 表示光伏机组运行时间，那么，光伏发电量可以表示为：

$$E_{t-PV} = P_{t-PV} \cdot OP_{t-PV} \tag{5.20}$$

（4）火力发电约束。火力发电机组是通过燃烧煤炭进行发电，用 $OP_{t-Th}$ 表示火力发电机组的运行时间，η 表示机组运行效率，火电机组的发电量可以写成：

$$E_{t-Th} = IC_{Th} \cdot OP_{t-Th} \cdot \eta \tag{5.21}$$

（5）装机容量约束。由于地方政策要求与资源禀赋限制，各能源装机容量受到上下限约束：

$$IC_{timin} \leqslant IC_{ti} \leqslant IC_{timax}, \quad \forall t, i \tag{5.22}$$

其中，i=1、2、3 分别对应火电、风电与光伏，$IC_{timin}$ 与 $IC_{timax}$ 表示时间 t 内电源 i 的装机上限与下限。

（6）污染排放约束。为迎合减排要求，实现电力系统绿色发展，各地颁布了各污染物的减排要求。因此，需要控制电力系统运行过程产生的空气污染物与 $CO_2$ 排放量，可以表示为：

$$\sum_t E_{t-Th} \cdot PEF_r \leqslant AE_r, \quad \forall r \tag{5.23}$$

$$\sum_t E_{t-Th} \cdot CEF \leqslant ACE \tag{5.24}$$

其中，$AE_r$ 表示污染物 r 的最大排放量，ACE 表示 $CO_2$ 的排放上限。

基于以上描述，本章以混合能源发电系统为研究对象，以实现系统经济利润最大化、污染排放量最小化以及可再生能源利用率最大化为目标，建立了多目标优化模型，用于实现该混合能源发电系统的生产布局优化。混合能源发电系统的多目标生产布局优化模型表示如下：

$$
\max f_1 = R + S - C
$$

$$
\min f_2 = \sum_t \sum_r E_{t-Th} \cdot PEF_r + \sum_t E_{t-Th} \cdot CEF
$$

$$
\max f_3 = \sum_t E_{t-WT} + \sum_t E_{t-PV}
$$

$$
\text{s.t.}\begin{cases}
R = \sum_t p_1 \cdot E_{t1} + \sum_t p_2 \cdot E_{t2} \\
S = \sum_t s_1 \cdot E_{t-WT} + \sum_t s_2 \cdot E_{t-PV} \\
C = \sum_t g_1 \cdot E_{t-Th} + \sum_t g_2 \cdot E_{t-WT} + \sum_t g_3 \cdot E_{t-PV} + \sum_t \\
E_{t-Th} \cdot NRC \cdot p_f + \sum_t E_{t-Th} \cdot k1 + \sum_t E_{t-WT} \cdot k2 + \sum_t E_{t-PV} \cdot k3 + \\
\sum_t \sum_r E_{t-Th} \cdot PEF_r / PE_r \cdot ET_r + E_{t-Th} \cdot CEF \cdot CT \\
E_{t-Th} + E_{t-WT} + E_{t-PV} \geqslant ED_t, \quad \forall t \\
P_{t-WT} = \begin{cases} 0, & V_t < V_{in},\ V_t \geqslant V_{out} \\ IC_{WT} \cdot (V_t - V_{in}) / (V_r - V_{in}), & V_{in} \leqslant V_t < V_r \\ IC_{WT}, & V_r < V_t < V_{out} \end{cases} \\
E_{t-WT} = P_{t-WT} \cdot OP_{t-WT} \\
P_{t-PV} = \begin{cases} IC_{PV} \cdot G_t^2 / G_0 \cdot R, & 0 < G_t < R \\ IC_{PV} \cdot G_t / G_0, & G_t \geqslant R \end{cases} \\
E_{t-PV} = P_{t-PV} \cdot OP_{t-PV} \\
E_{t-Th} = IC_{Th} \cdot OP_{t-Th} \cdot \eta \\
IC_{timin} \leqslant IC_{ti} \leqslant IC_{timax}, \quad \forall t, i \\
\sum_t E_{t-Th} \cdot PEF_r \leqslant AE_r, \quad \forall r \\
\sum_t E_{t-Th} \cdot CEF \leqslant ACE
\end{cases}
\tag{5.25}
$$

### 5.4.4　基于多准则决策的政策组合选择

选择最适合采纳的税收政策组合方案，关键在于比较各方案的实施效益，衡量环境政策的政策效益一般从经济维度与环境维度进行。其中，经济维度是指该政策产生的经济效益，评价准则主要有资产收益率、投资成本、发电成本等；环境维度主要指政策实施对环境产生的效果，评价准则有污染排放量、减排量、土地使用情况等。此外，国家一直提倡降低能源消耗，促进能源结构调整。因此，在混合能源发电产业中，评价政策效益还应从能源维度考虑，相关的评价准则有能源利用率、能源结构。综上所述，本章从经济、环境、能源维度，基于多准则决策，为混合能源发电系统的高效运行选取最佳的税收政策组合。

决策的关键是指标的选取[66]，本章选择电力系统的运行成本作为决策的经济指标，包括系统的固定成本与投资成本，可以用式（5.26）表示。环境指标用混合能源发电系统运行过程中产生的污染物排放量来衡量，包括大气污染物和 $CO_2$ 排放量，可以用式（5.14）表示。就能源指标而言，选择用系统能源结构来表示，即可再生能源装机占比，具体如式（5.27）所示。

$$\text{系统成本} = C_f + C_m + C_E + C_{gen} \tag{5.26}$$

$$\text{能源结构} = (ICWT + ICPV) / TIC \tag{5.27}$$

其中，$C_f$、$C_m$、$C_E$、$C_{gen}$ 分别表示电力系统的燃料成本、运行维护成本、环境成本和发电成本；TIC 表示电力系统总装机量。

## 5.5 案例分析

### 5.5.1 案例基本情况

案例地区位于我国内蒙古自治区中部，该地煤炭资源与可再生资源丰富，风能资源技术可开发量居全国首位，太阳能资源属我国最丰富的区域之一。电力产业是该地区工业发展的重要支柱，对该地区经济增长做出巨大贡献。近年来，该地区发电量处于持续增长状态。2020 年发电量高达 588.8 亿千瓦时，比上年增长 17.8%[67]。其中，可再生能源发电量与火电比例约为 1∶6。地区社会用电需求不断增大，2020 年全社会用电量达 159.07 亿千瓦时，同比增长 4.0%。发电装机容量 2261.4 万千瓦，火电装机容量 1241.4 万千瓦，风电装机容量 947 万千瓦，太阳能发电装机容量 73 万千瓦。

为应对全球气候变化问题，各国在发展可再生能源方面达成一致。在“双碳”目标驱动下，“十四五”成为我国碳达峰的关键期、窗口期[68]。内蒙古自治区作为国家的重要能源基地，全区的能源产业发展迎来新的机遇与挑战。《内蒙

古自治区“十四五”可再生能源发展规划》指出了全区的能源发展目标，规划表示到 2030 年自治区新能源装机容量要超过 2 亿千瓦，且新能源发电总量要超过火电发电总量[69]。此外，结合“双碳”目标，提出了通过可再生能源综合利用，减少污染物和温室气体排放的要求，积极助推大气污染防治，改善空气质量，这无疑给该地区电力系统的发展带来了新的挑战。

由于该地区电力生产系统的火电占比较大，且当地可再生能源发展以风电和光伏发电为主，面临较大的并网消纳压力，亟须构建新型电力系统，满足电力发展要求。地区混合能源发电系统由风力发电、太阳能发电和火力发电组成，每种能源的装机容量使用 2020 年的实际数据。在环境税与碳税政策影响下，结合当地可再生能源发展要求与减排要求，优化该地的混合能源发电产业的生产布局，实现各能源装机容量的有效规划。

### 5.5.2　参数及数据处理

进行情景分析前，需收集案例分析所需数据，主要包括地区的电力需求、风光资源数据以及电力系统中各发电能源的相关参数。根据国家规定，中国陆上风能资源分为四类。根据这种分类，锡林郭勒盟属于第一类地区，其上网电价确定为 0.4 元/千瓦时。中国太阳能光伏资源分为三类，该地属于第一类地区，上网电价为 0.65 元/千瓦时。该地的火电价格为 0.2819 元/千瓦时。为促进可再生能源的发展与消纳，国家给予风电和光伏发电补贴，分别是 0.117 元/千瓦时、0.367 元/千瓦时。表 5-2 给出了火电、风机、光伏机组的相关参数值。

表 5-2　发电设备相关参数

| 电源类型 | 发电成本<br>元/千瓦时 | 维护成本<br>元/千瓦时 | 燃料成本<br>元/千瓦时 | 初始装机<br>万千瓦 |
|---|---|---|---|---|
| 风电 | 0.25 | 0.05 | 0 | 947 |
| 光伏 | 0.25 | 0.0096 | 0 | 73 |
| 火电 | 0.3 | 0.5 | 0.13 | 1241.4 |

环境税与碳税会对火力发电机发电时燃烧煤炭产生的 $CO_2$、氮氧化物、$SO_2$ 和烟尘征税，火电机组的具体排放标准和各污染物的税收见表 5-3。

表 5-3　火力发电污染排放参数

| 污染类型 | 排放系数克/千瓦时 | 污染当量 |
|---|---|---|
| $CO_2$ | 232.04 | — |

续表

| 污染类型 | 排放系数克/千瓦时 | 污染当量 |
|---|---|---|
| $NO_x$ | 6.9 | 0.95 |
| $SO_2$ | 8.03 | 0.95 |
| 烟尘 | 3.35 | 2.18 |

地区用电负荷和自然资源数据如图 5-5 所示。图 5-5（a）显示了当地一年的负荷曲线，对每个月的用电负荷进行聚类，得到每个月典型一天的用电负荷情况，从图中可以看出该地区夏季和冬季的负荷需求高于春季和秋季。月平均风速和太阳辐射如图 5-5（b）和图 5-5（c）所示，从当地自然资源来看，该地区春夏两季拥有丰富的风能和太阳能资源。

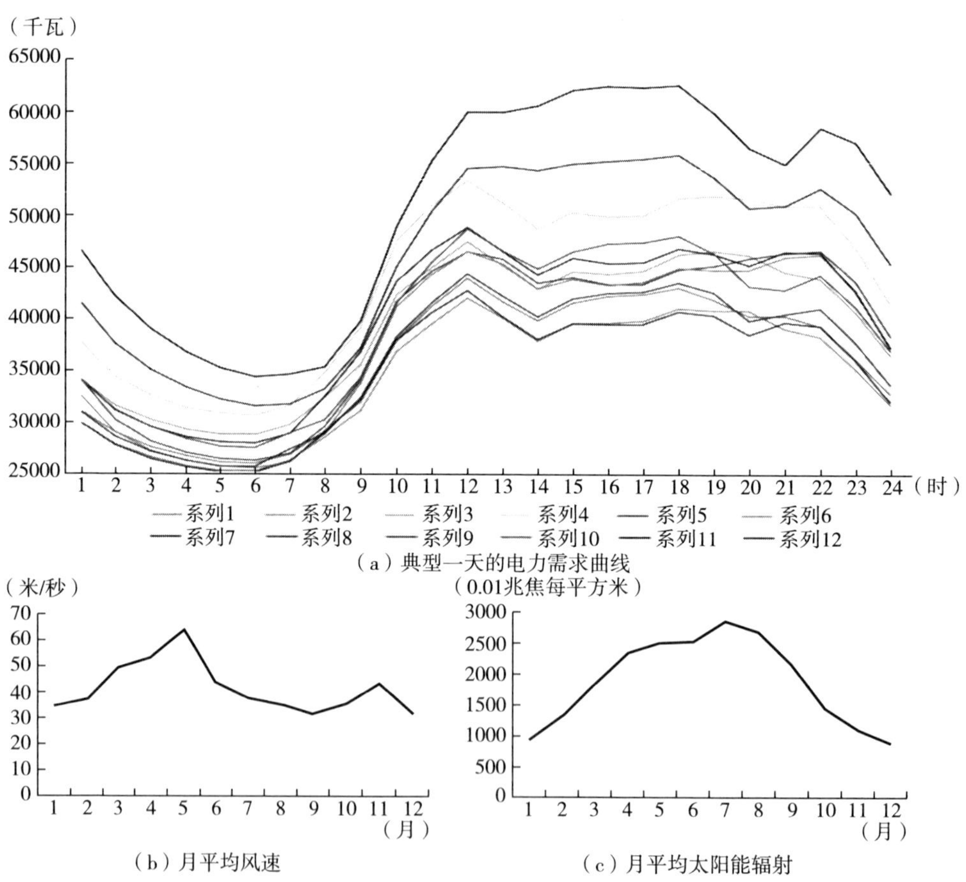


**图 5-5 锡林郭勒盟用电负荷及自然资源**

### 5.5.3　政策情景分析

#### 5.5.3.1　情景设置

为了控制大气污染物的排放，中国对排放污染的企业征收环境税。然而，$CO_2$ 不在其征收范围之内。作为一种有效减排政策，国际组织强烈建议征收碳税来达到对 $CO_2$ 排放的控制。早前，国家发展和改革委员会曾表示我国征收碳税的合适时机是 2012 年左右，但出于各种考量，征收碳税在我国还处于探讨阶段。在“双碳”背景下，健全和完善碳税相关的法规体系，推行碳税政策，是实现节能减排目标不可或缺的一环。

然而，碳税政策在全球没有统一标准，各国的碳税制定情况也大不相同。本章为研究环境税与碳税征收对电力产业的影响，设定了五种不同的税制组合情景。根据之前的研究[70~71]，设定了三种不同水平的碳税税率（20 元/吨、50 元/吨、100 元/吨）。基于环境税与碳税不同的税收组合，构建了五种政策情景，具体如表 5-4 所示。在每种情景下，模拟得出优化的混合能源发电系统生产布局。

表 5-4　“两税”政策情景组合

| 序号 | 政策组合情景 |
|---|---|
| S1 | 无环境税与碳税征收 |
| S2 | 只征收环境税 |
| S3 | 环境税+碳税（20 元/吨） |
| S4 | 环境税+碳税（50 元/吨） |
| S5 | 环境税+碳税（100 元/吨） |

#### 5.5.3.2　优化结果分析

本章选取案例地区 2020 年数据，对当年的混合能源电力生产系统进行优化，并基于长期发展和规划考量，以 2021~2025 年为电力生产系统的建设规划期，结合历史气候等数据，为地区混合能源电力生产系统制定生产配置计划。运用遗传算法，利用 MATLAB 求解得出该模型的优化结果。从目标值分析、系统装机容量变化、政策组合优先排序等几方面进行分析。

（1）目标值分析。图 5-6 给出了五种环境税与碳税政策组合情景下，满足经济、环境、能源目标的混合能源发电系统生产布局优化的帕累托前沿，并通过 TOPSIS 方法，从各情景的 Pareto 前沿得到系统最优运行下的装机容量配置。

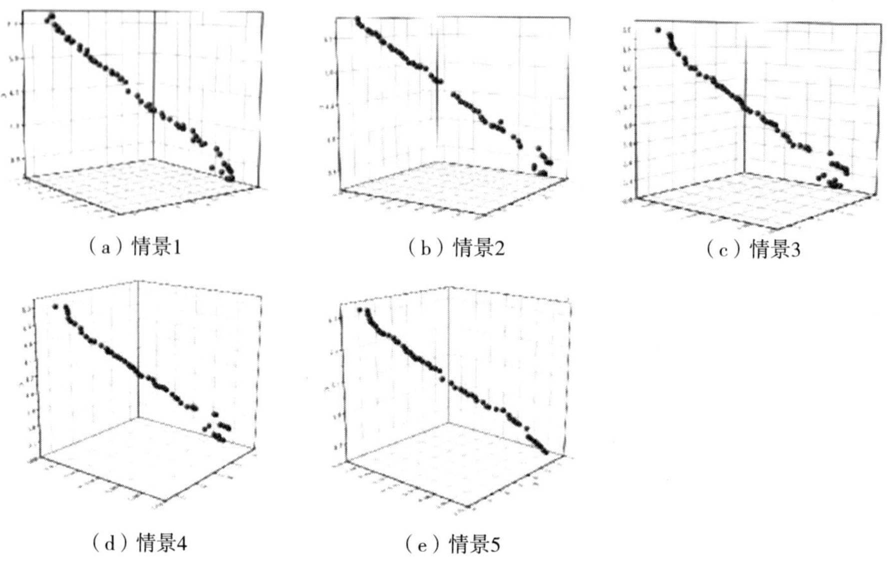


**图 5-6　混合能源发电系统生产布局优化的帕累托前沿**

从图 5-7 可以看出，当混合能源发电系统实现经济、环境、能源均衡时，情景 1，即无税征收时经济效益最好，随着环境税与碳税的征收，系统的经济效益降低。从情景 3 至情景 5 的经济效益结果变化可知，碳税税率越高，系统产生的经济效益越低。在污染排放方面，可以明显看出，环境税与碳税的征收降低了污染物的总排放量。另外，随着两税征收，可再生能源的利用率得到显著提高。

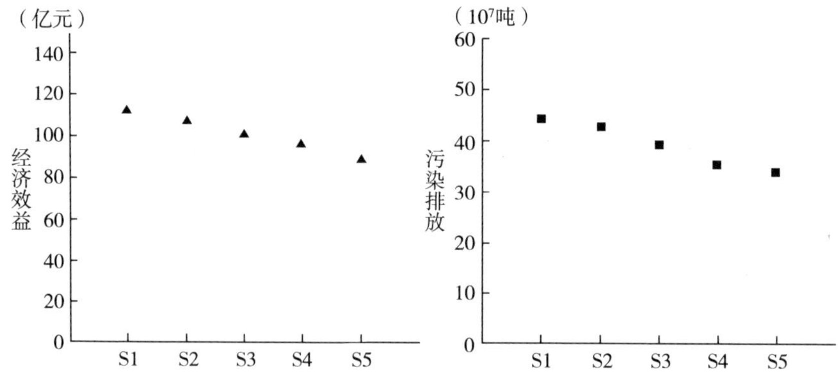


**图 5-7　各政策情景下的目标函数值**

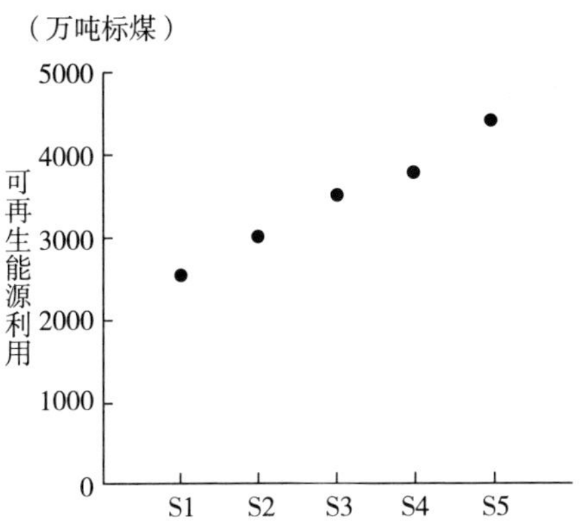


**图 5-7　各政策情景下的目标函数值（续）**

针对混合能源电力生产系统的长期发展规划，选择 2021～2025 年为规划期，不同碳税和环境税情景下的系统总经济效益和污染物排放如图 5-8 所示。

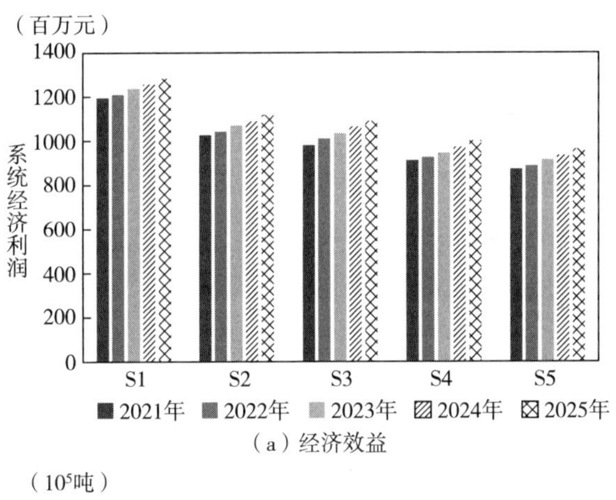


（a）经济效益

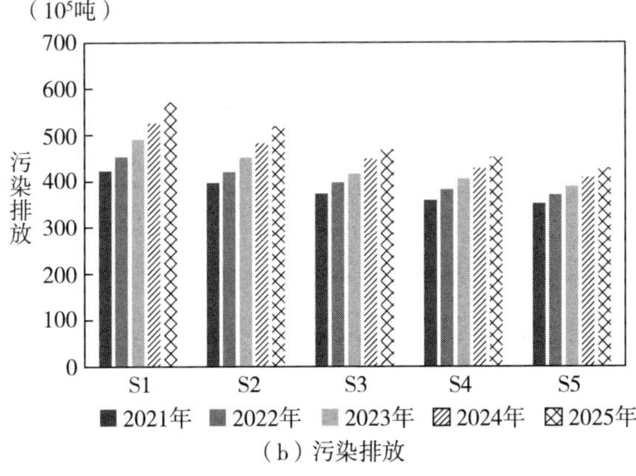


（b）污染排放

**图 5-8　2021～2025 年不同情景下的系统总经济效益和污染物排放**

由图 5-8（a）可见，在同一税制情景下，由于当地电力需求在规划期内增加，系统经济效益将在五年规划期内有所提升。然而，从同一年的结果可知，随着环境税与碳税的征收，电力系统的经济效益呈现下降趋势。这是因为，环境税与碳税征收一方面增加了系统中火电的发电成本，另一方面对各种分布式能源的再部署将增加系统的投入成本。系统产生的空气污染物和 $CO_2$ 排放量如图 5-8（b）所示，可以看出，随着税收水平的提高，空气污染物总量和 $CO_2$ 排放量将减少。以 2022 年为例，情节 1 下的排放量为 $45.68\times10^7$ 吨，情景 2 为 $42.37\times10^7$ 吨，情景 3 为 $39.89\times10^7$ 吨。这主要是由于税收政策提高了燃煤发电厂的单位发电成本，增强了可再生能源发电厂的竞争力。结果表明，两税政策将有助于锡林郭勒盟的污染减排，能够加快电力结构调整。

（2）系统装机容量变化。一个区域的电力结构受当地经济增长、资源禀赋、能源和环境政策的影响，在环境税与碳税征收下，满足经济、环境、能源均衡的混合能源发电系统的生产布局如图 5-9 所示。

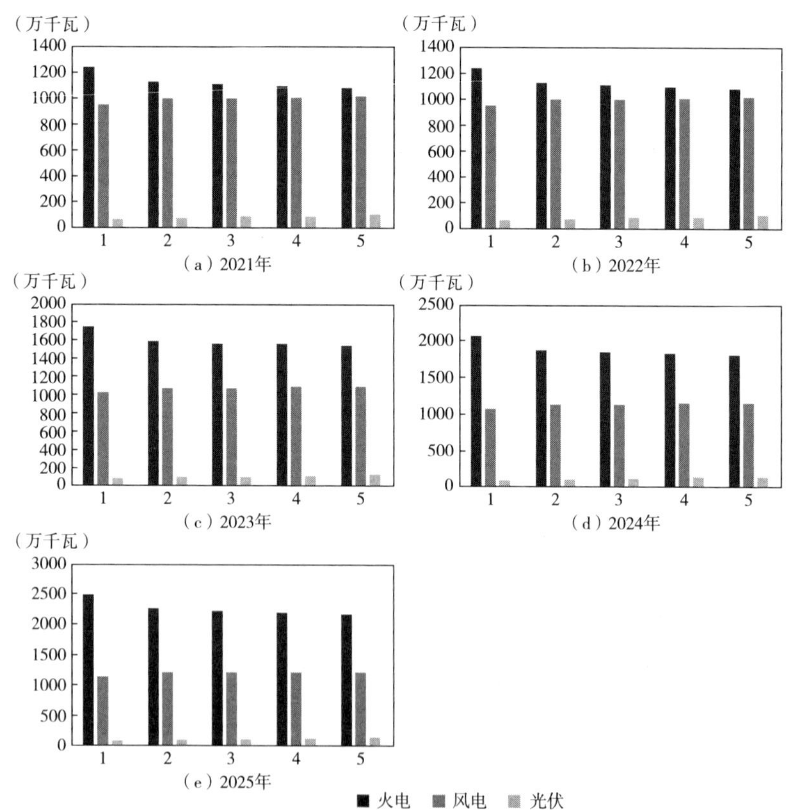


**图 5-9　2021~2025 年情景 1 至情景 5 混合能源发电系统的生产布局**

如图 5-9 所示，不同发电技术的装机容量将随时间和税收的变化而变化。在整个规划期内，随着电力需求的增长，混合能源发电系统中各能源的装机容量呈现增长趋势。例如，作为主要发电厂，燃煤发电装机量在 5 年内逐年增加，在情景 1 下，从 2021 年的 1281. 4 万千瓦增加到 2025 年的 2493. 5 万千瓦。

图 5-10 给出了 2021 年各情景下混合能源发电系统各发电能源的装机容量情况。从系统中各能源装机容量占比来看，环境税和碳税的征收将对电力系统生产布局造成影响。从情景 1 与情景 2 的结果可知，环境税的征税会提高系统的风电和光伏装机容量占比，降低火电的装机占比。在环境税征收的情况下，火电装机容量份额将随着碳税税率的提高而下降。例如，在 2021 年，情景 3、情景 4、情景 5 的火电装机容量分别是 1158. 74 万千瓦（占比 53. 86%）、1117. 52 万千瓦（占比 53. 44%）、1086. 58 万千瓦（占比 52. 57%）。相反，随着环境税与碳税的征收，可再生能源的装机占比提高，且碳税税率越高，风电和光伏的装机容量份额越高。从 2021 年的结果看，风电装机容量占比从情景 1 的 42. 07%增加到情景 5 的 43. 86%，光伏装机占比由 3. 48%增加到 3. 57%。可以看出，在环境税与碳税政策的影响下，混合能源发电系统中的火电的装机容量比例会下降，光伏和风电装机份额上升。由此可以判断，“两税”政策将促使电力系统结构从高碳排放、高污染向清洁生产途径转变。

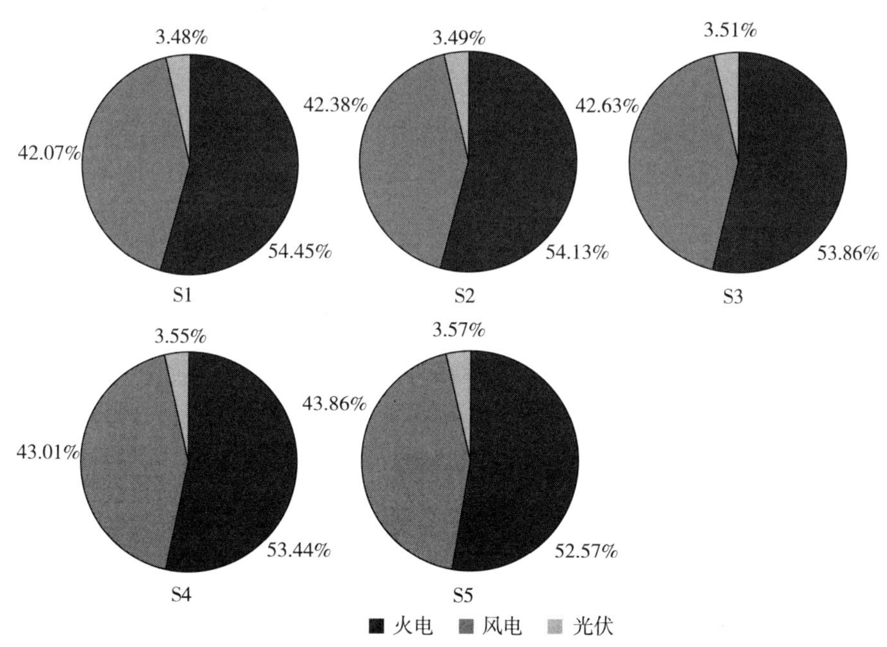


**图 5-10　2021 年情景 1 至情景 5 的装机占比**

（3）政策组合优先排序。为了比较各种税收政策组合的有效性，采用 TOPSIS 法对税收政策组合情景（S1～S5）进行优先排序。本章假设三个准则系统成本、污染物排放和能源结构的权重分别为 0.34、0.33 和 0.33。各政策组合情景的优先级的计算结果如图 5-11 所示。

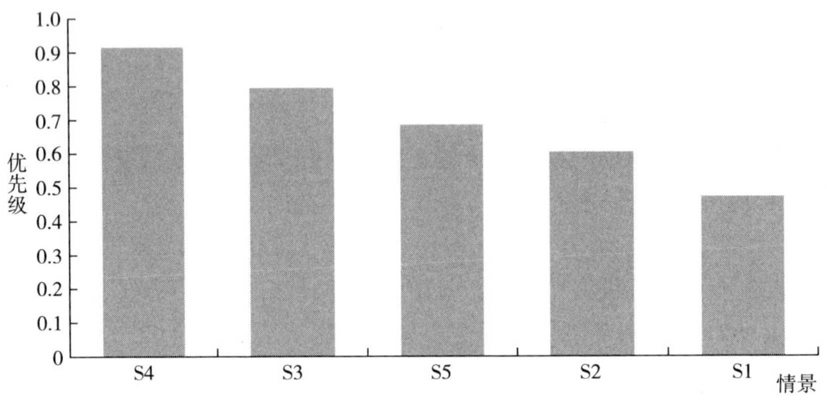


图 5-11 税收政策组合情景优先级

可以看出，在整个规划期间内，情景 4 在所有税收政策组合中具有最高优先级，其后便是情景 3、情景 5 和情景 2，情景 1 的优先级最低。所得结果表明，征收碳税在满足经济、环境与能源目标方面起着关键作用，因为征收碳税的情景（S3、S4、S5）的优先级较不征收碳税的政策情景（S1、S2）高。从情景 3、情景 4、情景 5 的优先级可以看出，碳税税率并不是越高越好，50 元/吨的碳税效果相较于 20 元/吨和 100 元/吨的效果较好。因此，为实现政策的有效性，碳税税率应合理设定。此外，只征收环境税的政策情景并没有达到较好的政策效应，因为与环境税和碳税组合征收的情景相比，该情景的优先级较低，可见碳税征税的必要性。

### 5.5.4 生产力布局优化建议

面对日益凸显的能源、经济、环境之间的不协调矛盾，环境税与碳税的征收将影响混合能源发电产业的经济效益，促进系统减少污染物排放，改变产业生产布局，这给电力系统发展带来新的要求与挑战。基于上述分析和讨论，为优化能源结构、缓解环境压力，一方面需要加强税收政策的完善，实现政策的经济效应与减排效应；另一方面需要推进混合能源电力系统生产布局的科学配置，促进可

再生能源的开发。对此，提出以下建议：

在政策层面，我国环境税征税时间尚短，碳税征税还处于探讨实施阶段。由税收政策组合的政策效应结果看，环境税与碳税政策能够有效促进能源结构转型，实现减排。且碳税的征收对实现经济、环境、能源目标尤为重要。因此，对政府相关部门而言，一方面要完善当前环境税征收体系，包括强化部门间的协调合作、完善税收优惠制度等；另一方面要总结其他国家的碳税征收经验，设定合理的税率水平，落实碳税的征收。

在产业层面，对于电力系统运营商而言，在环境税与碳税政策下，需要对电力系统的生产布局进行优化。首先，要积极改变发电系统电源结构，增加可再生能源比例。建立完善的分布式可再生能源开发规划、用地管理和建设运行监管制度，促进可再生能源就近消纳。其次，要通过技术减排减少碳排放，实现转型发展。火电企业要做好节能减排工作，持续降低 $CO_2$ 排放水平，探索提高 $CO_2$ 捕集、利用与封存技术水平。

## 5.6　本章小结

本章在环境税征收背景下，以混合能源发电产业为研究对象，探究产业生产布局优化问题。从能源、经济、环境角度出发，以系统经济利润最大化、污染排放量最小化、可再生能源利用率最大化为目标，构建混合能源发电系统多目标优化模型，研究环境税与碳税政策下混合能源发电系统生产布局优化组合。首先分析了政策作用机理与实施影响，介绍混合能源发电产业现状与生产布局。其次构建了混合能源电力生产系统多目标规划模型，设置五种不同的税收政策组合进行实例分析。通过研究发现：①排放空气污染物和 $CO_2$ 的火电的装机容量和份额将随着碳税或环境税的征收而减少。随着规划期间两税种的增加，可再生能源的装机份额将逐渐增加。②环境税与碳税征收能够有效实现电力行业减排，减少空气污染物与 $CO_2$ 排放量。③只征收环境税并不是最好的解决措施，碳税与环境税组合能够达到更好的减排效果，且碳税税率应设置合理。

在本章研究基础上，后续可以进行以下几方面的拓展：首先，在系统优化目标的选择上，可以综合考虑系统的运行可靠性与安全性。其次，在碳税税率的选择上，可以多借鉴国外的实践经验，结合当地的政策实施效果，制定更详细的碳税税率。最后，在电力系统构建上，可以将储能设备纳入电力系统，减少电力浪费。

## 5.7 本章参考文献


[1] 庄贵阳．我国实现“双碳”目标面临的挑战及对策［J］．人民论坛，2021（18）：50-53.

[2] Ji L.，Niu D. X.，Huang G. H.，et al. Environmental and economic optimization model for electric system planning in Ningxia，China：Inexact stochastic risk-aversion programming approach［EB/OL］. https：//doi. org/10. 1155/2015/236958.

[3] 中华人民共和国统计局．中国统计年鉴［M］．北京：中国统计出版社，2016.

[4] 2020年中国火电发电量、装电容量、竞争格局及趋势分析［EB/OL］. https：//www. sohu. com/a/453973629_120113054.

[5] Pigou A. C. The economics of welfare（4th Edition）［M］. London：Macmillan，1932.

[6] 赵慧琼．我国环境保护税工业污染减排效应研究［D］．石家庄：河北经贸大学，2021.

[7] 黄洪，张世敬．环境保护税的主要问题与优化策略研析［J］．税务研究，2020（11）：58-61.

[8] 何盛明．财经大辞典［M］．北京：中国财政经济出版社，1990.

[9] 幸晴晴，郭存芝．我国能源、经济与环境的新3E系统协调度实证分析［J］．南京财经大学学报，2014（2）：15-20.

[10] Chen M. S，Lin K. P. On the design and analysis of the privacy-preserving SVM classifier［J］. Knowledge and Data Engineering，2011，23（11）：1704-1717.

[11] Cheng F. L，Lin S. J.，Lewis C. Analysis of the impacts of combining carbontaxation and emission trading on different industry sectors［J］. Energy Policy，2008，36（2）：722-729.

[12] 孙亚男．碳交易市场中的碳税策略研究［J］．中国人口资源与环境，2014，24（3）：32-40.

[13] 张济建，丁露露，孙立成．考虑阶梯式碳税与碳交易替代效应的企业碳排放决策研究 [J]．中国人口·资源与环境，2019，29（11）：41-48.

[14] 朱彤，王蕾．国家能源转型：德、美实践与中国选择 [M]．杭州：浙江大学出版社，2015.

[15] Marshall Alfred. Principles of economics [M]. London：Macmillan，1890.

[16] Samuelson P. A. The pure theory of public expenditure [J]. Review of Economics and Statistics，1954，36（4）：387-389.

[17] OECD. OECD Development Centre Working Papers [EB/OL]. https：//doi. org/10. 1787/18151949.

[18] Pearce D. W. The role of carbon taxes in adjusting to global warming [J]. The Economic Journal，1991，101（407）：938-948.

[19] 丁芸．我国环境税制改革设想 [J]．税务研究，2010（1）：45-47.

[20] 杨思留．我国环境税的制度设计及战略实施 [J]．开发研究，2010（6）：154-157.

[21] 杨凯．我国环境税征管问题思考 [J]．财会通讯，2012（12）：123-125.

[22] 尹磊．环境税制度构建的理论依据与政策取向 [J]．税务研究，2014（6）：47-50.

[23] 计金标，刘建梅．公平视角下环境保护税若干问题探析 [J]．税务研究，2014（7）：64-68.

[24] Reyer Gerlagh，Wietze Lise. Carbon taxes：A drop in the ocean，or a drop that erodes the stone? The effect of carbon taxes on technological change [J]. Ecological Economics，2005，54（2-3）：241-260.

[25] Cheng F. Lee，Sue J. Lin，Charles Lewis. Analysis of the impacts of combining carbon taxation and emission trading on different industry sectors [J]. Energy Policy，2008，36（2）：722-729.

[26] Guochang Fang，Lixin Tian，Min Fu，Mei Sun. The impacts of carbon tax on energy intensity and economic growth-A dynamic evolution analysis on the case of China [J]. Applied Energy，2013（110）：17-28.

[27] Presley K. Wesseh，Boqiang Lin，Philip Atsagli. Carbon taxes，industrial production，welfare and the environment [J]. Energy，2017（123）：305-313.

[28] Gen Li，Toshihiko Masui. Assessing the impacts of China's environmental

tax using a dynamic computable general equilibrium model [J]. Journal of Cleaner Production, 2019 (208): 316-324.

[29] Panni Li, Zhongguo Lin, Huibin Du, et al. Do environmental taxes reduce air pollution? Evidence from fossil-fuel power plants in China [J]. Journal of Environmental Management, 2021 (295): 113112.

[30] 吕志华，郝睿，葛玉萍．开征环境税对经济增长影响的实证研究——基于十二个发达国家二氧化碳税开征经验的面板数据分析 [J]. 浙江社会科学，2012 (4): 13-21+155.

[31] 秦昌波，王金南，葛察忠，高树婷，刘倩倩．征收环境税对经济和污染排放的影响 [J]. 中国人口·资源与环境，2015，25 (1): 17-23.

[32] 卢洪友，朱耘婵．我国环境税费政策效应分析——基于“三重红利”假设的检验 [J]. 中国地质大学学报（社会科学版），2017，17 (4): 9-26.

[33] 刘海英，安小甜．环境税的工业污染减排效应——基于环境库兹涅茨曲线（EKC）检验的视角 [J]. 山东大学学报（哲学社会科学版），2018 (3): 29-38.

[34] 王佳邓，孙启宏，李小敏，武琛昊．环境保护税对经济和碳排放影响研究——以江苏省为例 [J]. 生态经济，2021，37 (5): 51-56.

[35] Rodolfo Dufo-López, José L. Bernal-Agustín, Javier Contreras. Optimization of control strategies for stand-alone renewable energy systems with hydrogen storage [J]. Renewable Energy, 2007 (32): 1102-1126.

[36] Banu Y. Ekren, Orhan Ekren. Simulation based size optimization of a PV/wind hybrid energy conversion system with battery storage under various load and auxiliary energy conditions [J]. Applied Energy, 2009, 86 (9): 1387-1394.

[37] Roberto Carapellucci, Lorena Giordano. Modeling and optimization of an energy generation island based on renewable technologies and hydrogen storage systems [J]. International Journal of Hydrogen Energy, 2012, 37 (3): 2081-2093.

[38] Sfikas E. E., Katsigiannis Y. A., Georgilakis P. S. Simultaneous capacity optimization of distributed generation and storage in medium voltage microgrids [J]. International Journal of Electrical Power & Energy Systems, 2015 (67): 101-113.

[39] Ali Almansoori, Alberto Betancourt-Torcat. Design optimization model for the integration of renewable and nuclear energy in the United Arab Emirates' power system [J]. Applied Energy, 2015 (148): 234-251.

［40］ Zebarjadi M. , Askarzadeh A. Optimization of a reliable grid - connected PV - based power plant with/without energy storage system by a heuristic approach ［J］. Solar Energy, 2016 (125): 12-21.

［41］ Mahdavi S. , Hemmati R. , Jirdehi M. A. Two-level planning for coordination of energy storage systems and wind-solar-diesel units in active distribution networks ［J］. Energy, 2018 (151): 954-965.

［42］ Hemeida A. M. , El-Ahmar M. H. , El-Sayed A. M. , et al. Optimum design of hybrid wind/PV energy system for remote area ［J］. Ain Shams Engineering Journal, 2020, 11 (1): 11-23.

［43］ Rongjie Wang. Multi-objective configuration optimization method for a diesel-based hybrid energy system ［J］. Energy Reports, 2020 (6): 2146-2152.

［44］ 马溪原，吴耀文，方华亮，孙元章．采用改进细菌觅食算法的风/光/储混合微电网电源优化配置 ［J］. 中国电机工程学报，2011，31 (25)：17-25.

［45］ 丁明，王波，赵波，陈自年．独立风光柴储微网系统容量优化配置 ［J］. 电网技术，2013，37 (3)：575-581.

［46］ 姜书鹏，乔颖，徐飞，聂宏展，胡丹．风储联合发电系统容量优化配置模型及敏感性分析 ［J］. 电力系统自动化，2013，37 (20)：16-21.

［47］ 卫志农，陈好，黄文进，胥峥，孙国强，周亦洲．考虑条件风险价值的虚拟电厂多电源容量优化配置模型 ［J］. 电力系统自动化，2018，42 (4)：39-46.

［48］ 于东霞，张建华，王晓燕，高源．并网型风光储互补发电系统容量优化配置 ［J］. 电力系统及其自动化学报，2019，31 (10)：59-65.

［49］ 毛志斌，周俊，陈琦，等．综合能源系统容量优化配置及其经济效益研究 ［J］. 价格理论与实践，2021 (3)：138-141+168.

［50］ 王哲林．可持续发展条件下我国环境税有关问题研究 ［D］. 厦门：厦门大学，2007.

［51］ 杨喆，石磊，马中．污染者付费原则的再审视及对我国环境税费政策的启示 ［J］. 中央财经大学学报，2015 (11)：14-20.

［52］ 刘田原．环境税的税收优惠政策解析 ［J］. 税务与经济，2020 (5)：95-102.

［53］ 薛文博，许艳玲，王金南，唐晓龙．全国火电行业大气污染物排放对空气质量的影响 ［J］. 中国环境科学，2016，36 (5)：1281-1288.

[54] 肖晓伟，肖迪，林锦国，肖玉峰．多目标优化问题的研究概述［J］．计算机应用研究，2011，28（3）：805-808+827.

[55] Hwang C. L., Paidy S. R., Yoon K., et al. Mathematical programming with multiple objectives: Atutorial [J]. Computers & Operations Research, 1980, 7 (1): 5-31.

[56] 何留杰，李波．满足帕累托最优的多目标云工作流调度算法［J］．计算机应用与软件，2019，36（5）：289-297.

[57] 梁昌勇，戚筱雯，丁勇，冷亚军．一种基于TOPSIS的混合型多属性群决策方法［J］．中国管理科学，2012，20（4）：109-117.

[58] 李亚东．基于多目标决策的新建高速铁路线路方案优选研究［D］．大连：大连交通大学，2018.

[59] 戴东东．基于斯特林循环的能源系统热力学分析及优化［D］．武汉：华中科技大学，2019.

[60] Jiang-Jiang Wang, You-Yin Jing, Chun-Fa Zhang, et al. Review on multi-criteria decision analysis aid in sustainable energy decision-making [J]. Renewable and Sustainable Energy Reviews, 2009, 13 (9): 2263-2278.

[61] 付亚轩．基于多准则决策法的光伏发电项目综合效益评价研究［D］．北京：中国石油大学，2019.

[62] 姜华，高国安，刘栋梁．多准则决策评价系统设计［J］．系统工程理论与实践，2000（3）：12-16.

[63] Aliari Y., Haghani A. Planning for integration of wind power capacity in power generation using stochastic optimization [J]. Renewable and Sustainable Energy Reviews, 2016 (59): 907-919.

[64] Reddy S., Bijwe P., Abhyankar A. Real-time economic dispatch considering renewable power generation variability and uncertainty over scheduling period [J]. IEEE Trans Smart Grid, 2015, 9 (4): 1440-1451.

[65] Biswas P., Suganthan P., Amaratunga G. Optimal power flow solutions incorporating stochastic wind and solar power [J]. Energy Convers Manage, 2017 (148): 1194-207.

[66] Doukas H. C., Andreas B. M., Psarras J. E. Multi-criteria decision aid for the formulation of sustainable technological energy priorities using linguistic variables [J]. European Journal of Operational Research, 2007 (182): 844-855.

［67］锡林郭勒盟统计局．锡林郭勒盟2020年国民经济和社会发展统计公报［EB/OL］. http：//tjj. xlql. gov. cn/tjj/tjyw/tjgb/af807c28cb3f4ed3801c723e6ac2c8d8/index. html.

［68］王安．保障资源安全　助力双碳目标［J］. 宏观经济管理，2021（7）：5-6.

［69］内蒙古能源局．内蒙古自治区“十四五”可再生能源发展规划［EB/OL］. https：//news. bjx. com. cn/html/20220303/1207867. shtml.

［70］Cheng R.，Xu Z.，Liu P.，et al. A multi-region optimization planning model for China's power sector［J］. Applied Energy，2015（137）：413-426.

［71］Dong H.，Dai H.，Geng Y.，et al. Exploring impact of carbon tax on China's $CO_2$ reductions and provincial disparities［J］. Renewable and Sustainable Energy Reviews，2017（77）：596-603.

# 第6章　混合能源电力供给侧动态经济调度模型

能源电力产业在我国国民经济中具有十分重要的地位，是国民经济重要的基础产业，也是国民经济发展战略中的重点和先行产业。能源电力产业可再生能源高渗透率化发展，已成为我国能源革命和工业转型升级的必由之路。电力生产作为可再生能源开发利用最主要的形式，具有清洁、可再生的优点，同时面临着因风能、光伏等资源不确定性带来的稳定性和利用率不高等突出问题。其中，风力发电作为可再生能源中最具前景的开发方式之一受到广泛重视。与传统火电不同，风能发电具有间歇性和波动性等特点，势必会给电力系统的稳定、高质量运行带来挑战，也增加了电网经济调度的复杂性。同时，风能发电利用率不高，“弃风”问题严重，造成了巨大的资源浪费，阻碍了产业的发展。因此，以风电生产为例，研究可再生能源发电的动态经济调度问题具有重要的理论意义和实际应用价值。可再生能源的不确定性促使必须考虑未来各时间段内的电力分配，而科学的动态经济调度可以合理地规划生产周期内的电力生产安排，不仅有助于减少碳排放、提高可再生能源利用率、提高经济效益，对于可再生能源产业的可持续性发展也有积极的促进作用。

本章基于动态经济调度相关理论，从经济、环境、可再生能源利用三方面入手，建立了多目标动态经济调度模型。设计了十二种调度情景，根据调度结果说明了该模型的实用性和有效性，并进一步为运营商和政府提出相关建议。研究表明，这种针对风能发电产业的动态经济调度策略能够有效提高对风电的利用，减小火电比例，进而减少碳排放，提高经济效益，还可应对电网负荷的峰谷效应以及帮助实现供需平衡。本章的研究结果可以为相关研究机构、能源运营商、政府相关部门的可再生能源发电产业决策及政策制定提供一定的参考。

## 6.1　能源互联网供给侧运行调度

### 6.1.1　问题背景

可再生能源包括风力、太阳能、潮汐能、地热能等，是取之不尽、用之不竭的能源。受风速、光照、温度等天气条件的影响，风电、光伏等可再生能源具有较大的随机性和波动性，直接大量接入电网会对电网安全稳定运行造成危害。目前我国能源互联网还是以传统化石电源加上可再生能源电源为主的混合能源结构，这种能源结构将持续几十年。

与传统的发电系统相比，能源互联网的混合能源系统中存在大量的可再生能源电源，因此，其运行在一定程度上具有随机性和不确定性，这会增加经济调度的难度。在可再生能源发电产业中，如何将可再生能源的不稳定性考虑在内，既保障微电网混合能源系统的正常运行，又能做出合理的负荷分配方案，是电网经济调度领域的研究热点。根据国内外电网的实际测算，合理的调度策略带来的效益很大，可节省0.15%~1.15%的能源，节约1%~3%的运行费用。在电力市场的经济性要求下，研究混合能源系统的经济调度问题具有非常重要的意义。

经济调度问题的研究始于20世纪20年代，主要的研究范畴是静态经济调度和动态经济调度。静态经济调度是电力系统规划运行的一种典型模式，它只研究单时段的优化方案，而不研究各时段之间的联系，只适用于一些简单的结构化的微电网混合能源系统。在对微电网混合能源系统的静态经济调度模型进行建模时，目标函数通常是最小化微电网混合能源系统一天的运行成本，而大多数约束只考虑机组的功率限制和功率平衡约束。动态经济调度在静态经济调度的基础上进行了改进和创新，它考虑了各时段之间的联系。在微电网混合能源系统中，由于储能设备既不是能源的生产者，也不是能源的消耗者，因此，可用能源一方面取决于过去的使用方式，必须考虑未来时间段将如何使用，另一方面可再生能源的随机性也将影响储能的使用，所以动态经济调度法更适合微电网混合能源系统。

此外，由于可再生能源具有不确定性，我国可再生能源的利用率较低，“弃风弃光”问题严重，严重阻碍了可再生能源发电产业的发展。已有对可再生能源发电产业的动态经济调度问题的研究多是基于利润、成本、排放等进行的，却忽略了能源角度的优化调度。由于经济利润一直是每个决策者的最终目标，研究角度一般是从经济利润或环境效益出发，而只有综合考虑经济、环境、能源，才能对经济调度问题有更为全面的认识。因此，本章从能源、经济和环境三个方面出发，基于多目标理论和动态经济调度理论提出微电网混合能源系统的动态经济调度策略，提出的调度策略可以同时减少碳排放、增加利润和增加可再生能源利用，有助于经营者制定调度计划，提高决策的科学性和合理性，也有利于完善可再生能源产业发电动态经济调度理论，促进可再生能源发电与传统电网的整合，对我国可再生能源发电产业可持续发展具有重要实践意义。

### 6.1.2 相关研究现状

能源互联网中混合能源系统的动态经济调度是可再生能源发电产业相关研究中的关键问题之一，其目的是合理分配输出以达到最大化的经济效益、环境效益或其他目标。

学者们对不同的电源组合方式产生的发电效果进行了研究。Umeozor 等[1]针对包含光伏、风能的微电网混合能源系统提出了基于参数化编程的能源管理方法，通过对风能和太阳能的不确定坐标进行参数化，将调度问题作为参数化的混合整数线性规划问题。Khosrav 等[2] 通过动态经济调度模型对光伏、风能与氢储能组成的微电网混合能源系统进行了能源利用和经济性分析，这样的系统适用于伊朗南部偏远地区，这里每天约需要 7600 千瓦的电，光伏、风能和氢储能分别提供占总能量 43%、31%和 26%的电能。Rezkallah 等[3] 针对风能、光伏组成的微电网系统构建了动态经济调度模型，开发了一种基于正交单元的控制算法。研究表明，风电和光伏在数小时内彼此互补，它们能够直接满足负荷需求，并存储多余的电能到铅酸电池组中。

当仅靠可再生能源发电时，微电网的波动性还是存在的，所以要引入火电、燃气机轮等传统电源，使微电网运行更加平稳。Hu 等[4] 提出了一种综合考虑风电、光伏、火电的微电网混合能源系统，根据功率密度、能量密度、响应速度和储能设备寿命构建了具有三种存储类型（即超级电容器、锂离子电池、铅酸电池）的两层混合式能量存储系统，提出的成本函数考虑了可再生能源电源运行和维护的成本、燃料消耗成本、购电和售电成本，但没有考虑到微电网混合能源系统运行带来的环境成本。通过实例分析发现，该微电网混合能源系统稳定性显著高于无传统电源的系统。Yiwei Ma 等[5] 提出了一种考虑可再生能源、火电的微

电网混合能源系统经济调度模型，采用混合整数规划方法建立了火电的数学模型，并根据效率特性将非线性模型转化为线性模型，从成本和效益两个方面对微电网混合能源系统的经济性进行了详细的分析，建立了以减少温室气体和污染物排放、运行成本最小化为目标的经济调度模型。通过实例分析发现，该能源系统的功率输出比无传统电源的系统更能匹配用电需求端。

在微电网混合能源系统的经济调度中，风速预测的不确定性是研究人员的主要担忧之一。Talari 等[6] 提出了一个微电网混合能源系统经济调度的随机模型，他们的模型基于蒙特卡洛模拟生成多种场景，考虑了随机变量等一些决策变量的不确定性，如风电的输出功率。Eseye 等[7] 提出了一种用于短期风力发电预测的人工神经网络模型，该方法有两个阶段：第一阶段采用天气预报气象参数来预测风电场确切站点的风速；第二阶段对实际风速和功率关系进行建模。然后，将第一阶段预测的第二天的风速应用于第二阶段，以预测第二天的风能，他们所提出的方法已经实现了预测精度的改进。Ye 等[8] 考虑了风电机的地理分布和风速的时空分布，建立了等效风速模型，在此模型的基础上，建立了上游风机与下游风机的风速关系，用于确定下游风机的风速。另外，提出了一种基于风速修正的风电场功率预测方法，以提高风电功率的预测精度。通过基于实际风电场参数和地理数据的仿真实例验证了该方法的可行性和合理性。Jiang 等[9] 从多时空，多空间的角度总结了风电预测方法，将现有的风电功率预测方法分为三个空间尺度，即单个风电机、一个风电场和一组风电场。在每个空间尺度上，根据是否使用气象信息对方法进行分类，然后再根据时间尺度对该方法进行分类。

在微电网混合能源系统中，储能设备不仅用于补偿可再生能源波动的影响，而且增加了微电网混合能源系统调度的灵活性。为了实现可行、优化的结果，开发适当的储能模型是必要的。Kamankesh 等[10] 对储能系统进行了建模，并提出了一个共生生物搜索方法，以提高在本地和全球搜索的能力。Zhang 等[11] 利用和声搜索方法开发了一种有效的混合差分进化算法，在满足各种约束条件的情况下，尽量减少发电成本和启动成本。在提出的方法中，进行了一些改进，如利用储能设备以提高系统灵活性。然而，他们的模型只包括经济目标，没有考虑火电的污染物排放。Nojavan 等[12] 提出了一种以双目标优化模型优化微电网中储能系统的位置和规模，所提出的双目标优化模型目标包括：最小化总投资成本以及运营成本、最小化期望负荷损失。他们利用混合整数非线性程序对微电网中储能设备的最佳选址和选型问题进行建模，并通过 GAMS 软件进行求解，算例表明，该方法可以有效发挥储能设备的优势，延长设备使用寿命。

国内学者对微电网中不同的电源组合方式进行了研究。薛阳等[13]针对风—光组成的微电网进行动态经济调度研究，运用粒子群算法得到优化结果，进而对其调度可行性及经济效益进行了分析。罗毅和张若含[14]针对风—光—抽水蓄能组成的微电网提出了一种交互式优化模型，以满足经济效益最大、系统出力波动性最小、出力偏差最小的目标，并将多目标问题转化为一个单目标优化问题来进行求解。结果表明，减小出力偏差或减小系统出力波动性会降低系统的经济效益。林佳等[15]针对风—火组成的微电网混合能源系统提出了一种多目标经济调度模型，该模型考虑了需求侧热电协同响应、经济效益和碳排放。结果表明，该系统具有更好的经济效益与环保效益。朱晔等[16]提出了一种针对风—光组成的微电网的动态经济调度模型，该模型考虑了风电和光伏的消纳、碳排放、储能设备的运行成本、系统弃风弃光的成本等，采用粒子群算法对模型进行求解。算例分析结果表明，其所提出的动态经济调度策略能够充分考虑系统实际运行特点。

对可再生能源不确定性的研究如下：赵波等[17]提出了一种考虑可再生能源预测误差的微电网动态经济调度模型，所提出的模型有效地修正了由预测误差引起的可再生能源的波动。结果表明，其所提出的模型能够充分利用可再生能源和储能设备，实现微电网经济、安全、稳定运行。王辉和崔建勇[18]针对光伏—抽水蓄能组成的微电网提出了动态经济调度模型，以最小化燃料成本为目标，采用蒙特卡罗法模拟负荷端的不确定性和光伏发电的不确定性，运用遗传算法对模型进行求解。研究结果表明，该调度策略可大大提高光伏发电的可靠性。肖浩等[19]提出了一种基于模型预测控制的多时间尺度协调调度方法，综合考虑了电价峰谷差、储能设备寿命及可再生能源随机性，以系统运行成本最低为目标，通过算例分析验证了所提模型及算法的有效性。刘一欣等[20]建立了两阶段鲁棒优化模型，引入了一个不确定性预算的参数，来调整鲁棒解决方案的保守性水平，考虑了可再生能源不确定性、储能设备和发电机等的运行约束和协调，以最小化微电网的运营成本为目标，通过实例分析验证了该模型和算法的有效性。周冬等[21]提出了一种考虑可再生能源发电的不确定性、惩罚成本和备用成本的调度模型，除了考虑可再生能源经济因素以外，还考虑了传统火力机组的成本函数，其中，风能和太阳能的随机性分别通过 Weibull 和 Beta 分布模拟。结果表明，其所提出的调度模型兼顾经济效益和环境效益。

对微电网中储能系统的研究如下：孙浩等[22]针对微电网混合能源系统的动态经济调度问题提出了一种考虑蓄电池充放电过程的混合整数规划模型，能有效考虑充放电循环次数和老化成本，模型求解精度高，快速稳定收敛于全局最优

解。董海鹰等[23]考虑了当前调度所处的不同时段和蓄电池荷电状态，针对微电网系统并网运行优化的问题提出了一种直观的启发式分时段运行调度优化模型，该模型能够充分利用储能电池的优势。孙黎霞等[24]提出了一种考虑蓄电池深度充放电和电池寿命的微电网动态经济调度模型，运用改进遗传算法优化各电源出力，使运行成本最小化。赵倩等[25]针对分时电价机制下的微电网调度模式，把整个调度周期24小时分成峰、谷、平3种时刻，提出一种实用的基于不同时刻的微电网经济调度策略。仿真结果显示，该策略有助于对分时电价机制下的主网进行“削峰填谷”，从而科学地利用蓄电池，避免频繁充放电。

研究人员尝试采用各种技术来处理考虑利润和污染物排放目标的动态经济调度问题。由于排放最小化伴随着更昂贵燃料的使用，所以研究人员尝试用多目标优化技术解决含有多个目标的动态经济调度问题。通常，多目标优化问题可以通过加权的方法来解决，该方法通过给每个目标分配权重来将多目标问题变成一个单目标优化问题，这样，单目标优化问题的最优解就是多目标优化的帕累托最优解。杨文荣等[26]针对经济效益、环保目标，利用二元对比定权法将多目标转化为单目标优化模型，运用改进鸟群算法进行了模型求解，仿真结果证明了改进算法的可行性以及多目标优化的有效性。刘娇扬等[27]提出了一种双层优化配置方法：底层优化以微电网日运行成本最小为目标，上层规划以项目投资期内微电网总成本、配电网总经济成本为目标，通过混合整数线性规划方法确定微电网的动态经济调度方案。结果表明，该算法是可行的。周磊等[28]以微电网混合能源系统经济成本最小化与污染气体排放量最少化为目标，建立了微电网混合能源系统的动态经济调度模型，采用改进人工鱼群算法求解所建立的数学模型。仿真结果表明，所提算法能够合理安排电源出力，降低了总成本，微电网获得了更好的综合效益。朱永强等[29]提出一种基于动态规划—遗传算法的微电网实时调度和经济运行方法，建立双目标优化模型，对储能的容量、功率、放电深度和充放电时间进行约束。仿真结果表明，所提调度方法可取得良好的经济效益。

综上可以看出，风—光—储能组成的能源系统，相较于单独的光能或风能发电，对可再生能源的利用显著增加。当加入火电等传统电源时，虽然会产生一定的空气污染物，会使微电网混合能源系统的动态经济调度模型更复杂，但也使发电质量更高，使微电网混合能源系统的动态经济调度更为合理。在对风电、光伏等的不确定性分析中，有一些研究利用风速、光或其他气象因素的概率模型（如风速的Weibull概率模型、辐照度的Beta分布概率模型），建立了微电网混合能源系统中风力发电或光伏发电等的随机模型，考虑了微电网混合能源系统动态经济调度中可再生能源的不确定性。但是很少有研究考虑气象学、地理学、人类活动等的整合。即使一些研究将人工智能用于预测可再生能源，但其方法也受到限制，无法有效地解释预测结果的合理性和可靠性，导致可再生能源发电不能得到充分利用，“弃风弃光”问题严重，造成了巨大的资源浪费，阻碍了可再生能源发电产业的蓬勃发展。而传统电源会产生空气污染物，所以大多数研究往往从微电网混合能源系统日常运营的经济效益和环境效益入手，很少有研究同时考虑经济、环境与可再生能源利用。

综上所述，在对微电网混合能源系统的动态经济调度进行建模时，应将可再生能源与火电等传统电源结合。微电网的动态经济调度应从经济、环境、可再生能源利用等多方面进行考虑，从而更加合理、准确地安排调度计划，使可再生能源发电得到充分利用，使微电网混合能源系统的发电质量更高、运行更平稳、经济效益更高、污染物排放更少。

我国发电产业能源结构的优化升级需要可再生能源发电产业的快速发展，而可再生能源发电产业的发展离不开对微电网混合能源系统动态经济调度的研究。目前大多数学者的研究还是集中在经济效益与环境效益这两个目标上，并没有从可再生能源利用角度去研究微电网混合能源系统的动态经济调度问题。本章在已有研究的基础上，从环境、经济、能源利用三个方面出发，综合考虑微电网混合能源系统的动态经济调度问题。以往的研究往往只从典型日的平均风速入手，而风能具有波动性、不确定性，根据平均风速得出的结果往往与实际相差很大。所以本章模拟了十二种情景，在四个季节中分别选取平均风速、高风速和低风速三个典型日，充分考虑风能资源的季节性特点，使研究更符合实际情况。

## 6.2 动态经济调度建模

### 6.2.1 概念与情景设计

在可再生能源发电的动态经济调度问题中，目标是构建一个决策模型，确定各电源输出功率以达到最优的目标值。为了模拟可再生能源发电和市场的真实情况，本章采用了动态经济调度方法，考虑了多种模拟情景。在建立动态经济调度模型之前，给出了一些背景和描述，具体如图 6-1 所示。

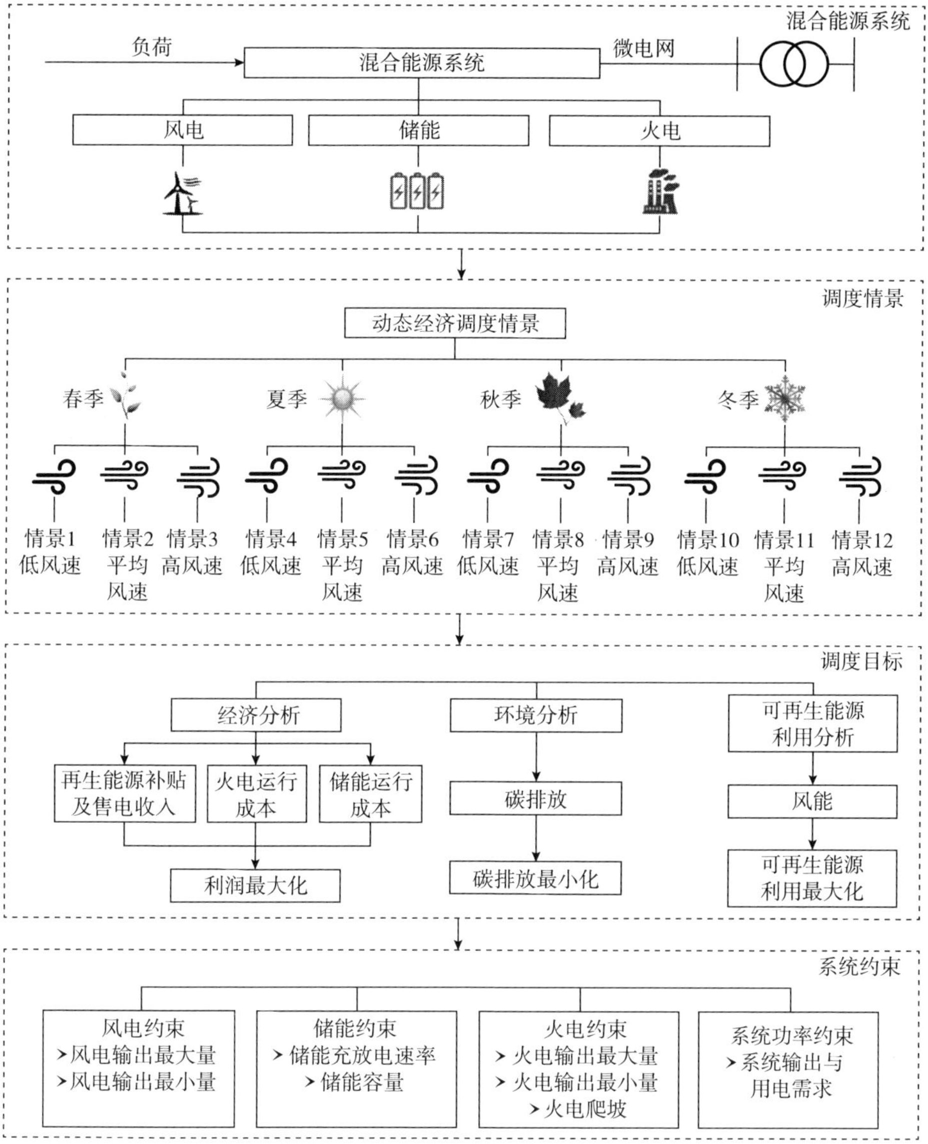

**图 6-1　能源互联网混合能源电力生产多目标动态优化调度概念**

正如第 2 章所述，虽然风能具有资源丰富、可再生、清洁无污染、开发难度低等优点，但是风能发电的不稳定性、地区差异大等问题也阻碍着风能发电产业的发展。而火力发电运行稳定，电能质量较好，但是煤炭耗费量大，环境污染较为严重。风电和火电联合运营可以利用火电来弥补风电的稳定性不足，保持我国电能质量稳定，还可以利用风电来减少化石能源消费和火电污染排放。在供电过程中，供电侧特性需要跟随负荷需求侧特性变化，只能调整可控的火电，频繁启停火电机会造成严重损坏，缩短火电机使用寿命，增加成本。而微电网中的储能设备对于可再生能源的充分利用有着重要作用。储能设备可以补偿风能波动影响，可以存储过剩的电能，进行“削峰”，当生产不足时，可以通过释放电能来进行“填谷”，降低了火电机组调整频率，提高了微电网混合能源系统调度的灵活性。故本章采取风电与火电微电网混合能源系统结构。

火力发电是风力发电的补充电源，当用电需求处于高峰且风力发电无法满足用电需求时，火力发电增加输出功率；当处于用电需求低谷时，火力发电相应减少输出功率，以满足微电网混合能源系统电力与用电需求功率的平衡，所以假设输出功率为变量，并对此进行能量管理和优化。但是火电机组不能频繁启停，所以火电机组一般会设置一个输出下限。这时，当火电和风电输出功率大于用电需求时，就会存在“弃风”的现象，为了避免这种现象的发生，需要充分运用储能设备来进行调峰。如果风电和火电的输出功率无法满足负荷需求时，储能设备放电；如果风电和火电的输出功率超出负荷需求时，储能设备进行充电。

受地理位置和气候的影响，四个季节平均风速各不相同，每个季节下每天的风速也一直在波动，有时高于季节的平均风速，有时又低于季节的平均风速。这些自然限制意味着风电不能像传统火电那样进行调度。因此，本章取每个季节高风速、平均风速和低风速这样典型的三天，针对十二种不同的风速情况，建立了风速情景集。

由于风速随机变化，风电的输出功率也会随之随机变化，进而影响火电机组以及储能设备的运行，火电机组启停、储能设备的充放电次数和放电深度等，都会影响机组寿命，甚至造成损坏，动态经济调度考虑了不同时间断面的耦合性，如发电机爬坡速率的限制、储能设备的运行约束等，计算结果更符合实际要求。有研究表明，采用储能设备的动态经济调度比用静态经济调度可节约37%的运行成本[30]。

在十二种调度情景下，系统运营企业需要考虑经济利润、环境影响以及可再生能源利用。为了保证区域经济和社会的稳定发展，系统运营企业需要保证利润，所以利润最大化是目标之一，影响利润的有销售收入、风电补贴、储能设备运行成本以及火电运行成本。根据中国的电力定价政策，可再生能源发电的上网电价远远高于火力发电，又由于输入是免费的，所以已经建造并连接到微电网的风力发电比火力发电更有优势。微电网混合能源系统的运行不仅要考虑经济利

润，还需要考虑整体环境效益。影响环境的主要是火电排放，在发电过程中减少碳排放的技术比较复杂和昂贵，以至于大量的 $CO_2$ 仍在排放。由于减少 $CO_2$ 排放具有重要意义，因此，需要将碳排放最小化作为调度目标之一。第 2 章已经阐述了目前我国风电利用率不高的现象，该现象造成了巨大的资源浪费，阻碍了风电产业的发展，对“弃风”现象的治理已经刻不容缓。为了避免“弃风”，本章将可再生能源利用作为目标之一。

调度模型的最终解是由风电输出功率、火电输出功率以及储能设备输出功率表示的调度方案。而风电输出功率、火电输出功率以及储能设备输出功率有一定的限制条件，如风电输出功率不能超过其输出的最大量；火电输出功率也需要满足最大、最小输出功率限制以及爬坡限制；储能设备充放电需要满足其充放电速率限制，充电也不能超过其容量限制；微电网混合能源系统的输出功率也需要与负荷需求匹配。在满足这些限制条件下达到所设置的三个目标的调度方案才是最优的调度方案。

### 6.2.2 基础理论方法

#### 6.2.2.1 动态经济调度基本模型

静态经济调度只考虑了某个调度时段内电力系统经济调度的最优，动态经济调度是在静态经济调度上改进和发展而来的[31]。动态经济调度考虑了不同调度时段内的联系，比静态经济调度更能反映实际电力系统经济调度的要求[32]。

建立动态经济调度优化模型，首先要根据研究的侧重点选取一个或多个目标函数。对于单目标的动态经济调度优化模型，通常选取发电成本最小化或燃料成本最小化作为优化目标[33]。在考虑电价等市场因素的动态经济调度问题中，则选取经济效益最大化作为优化目标[34]。若选取经济效益最大化作为目标函数，那么动态经济调度优化模型的目标函数可表示为[35~36]：

$$\max F(P_{it}) = \sum_{i=1}^{N_G} \sum_{t=1}^{T} C(P_{it}) \tag{6.1}$$

其中，i 为发电机组号；$N_G$ 为发电机组台数；t 为调度时段；T 为调度的总时段；$P_{it}$ 为第 i 台发电机组 t 时段的输出功率；C（$P_{it}$）为第 i 台发电机组出力为 $P_{it}$ 的收益；F（$P_{it}$）为调度时段系统的总收益。

动态经济调度需要保证各个时段的系统功率平衡，因此，约束条件如下：

$$P_{Lt} = \sum_{i=1}^{N_G} P_{it}, \ t \in T \tag{6.2}$$

其中，$P_{Lt}$ 为 t 时段的负荷预测值。

各个发电机机组的输出功率要满足机组输出功率上下限约束，因此，约束条件如下：

$$P_{it}^{min} \leqslant P_{it} \leqslant P_{it}^{max} \tag{6.3}$$

其中，$P_{it}^{min}$ 为发电机输出功率下限，$P_{it}^{max}$ 为发电机输出功率上限。

综上所述，动态经济调度的通用模型表述如下：

$$\max F(P_{it}) = \sum_{i=1}^{N_G} \sum_{t=1}^{T} C(P_{it})$$

$$\begin{cases} P_{Lt} = \sum_{i=1}^{N_G} P_{it} \\ P_{it}^{min} \leqslant P_{it} \leqslant P_{it}^{max} \\ t \in T,\ i \in \mathbf{N_G} \end{cases} \tag{6.4}$$

该模型的最终解是由变量 $P_{it}$ 表示的调度方案。动态经济调度模型是一个非线性、多约束条件的模型，很难进行精确求解，对此，国内外学者进行了大量的研究，提出了各种不同的算法，求解算法分为以下两类：

（1）经典数学规划算法。经典数学规划算法是运筹学的一个重要组成，其求解思路是：在一定条件下按某衡量指标来寻优迭代。该算法具有概念清晰、搜索效率高等优点。经典数学规划算法包括动态规划法、拉格朗日松弛法、内点法等。

（2）智能优化算法。智能优化算法广泛应用于求解电力系统的各种优化问题中，通过程序来模拟自然界已知的进化方法来进行优化，随着人工智能的发展而获得快速进展。具有高效、鲁棒性、通用性强等优点。主要包括蚁群算法（Ant Colony Optimization，ACO）、粒子群算法（Particle Swarm Optimization，PSO）、遗传算法（Genetic Algorithm，GA）、免疫算法（Immune Algorithm，IA）和神经网络算法（Neural Network Algorithm，NNA）等。下面主要介绍粒子群算法：

粒子群算法（PSO）是由经济学家卡尔森受到鸟群觅食行为的启发而提出的一种智能优化算法[37]。PSO 应用于函数优化、神经网络训练、模糊系统控制、数据聚类等领域。Alrashidi 和 El-Hawary[38] 总结出粒子群优化算法具有以下优势：

1）简单容易实现。因为没有许多参数的调节，所以易于操作。

2）兼容性强。PSO 算法能够十分便捷地与其他算法结合。

PSO 算法流程如下：

步骤 1：确定 PSO 基本参数值，包括种群规模 M、粒子维数 D、粒子活动范围 x、惯性权重 ω、学习因子 $c_1c_2$、最大速度 $v_{max}$、最大迭代次数。

步骤2：初始化m个粒子的速度和位置，即随机生成m组维的位置矩阵和速度矩阵。

步骤3：计算m个粒子的适应度值，记录各粒子的位置和个体极值（pbest，gbest），将m个粒子极值中适应度最优的个体的位置和适应度值储存于全局极值中。

步骤4：根据 $v_i=v_i+c_1\times rand()\times(pbest_i-x_i)+c_2\times rand()\times(gbest_i-x_i)$ 和 $x_i=v_i+x_i$ 更新粒子的速度和位置，i=1，2，3，…，N，N是此群中粒子的总数。

步骤5：更新粒子的个体极值和全局极值，如果粒子当前的适应度优于个体极值，则将粒子的位置和适应度值更新为当前值；如果m个粒子中适应度值最优的粒子的适应度值优于全局极值，则将全局极值更新为适应度值最优的粒子的位置和适应度值[39]。

步骤6：检查是否达到终止条件，是则迭代终止，输出结果；否则转步骤4继续迭代[40]。

除此之外，可以将环境目标、维护计划目标、机组启停次数目标等不同的目标函数增加到通用模型中，扩展为多目标动态经济调度模型，如选择由火电发电机组发电所产生的污染物排放量（如 $SO_2$、氮氧化物、CO以及 $CO_2$ 等）最小化作为优化目标[41~42]，或者可以添加约束条件对该通用模型进行扩展。但是，当增加发电机数量或者增加目标函数时，会使模型的求解变得更为复杂。

6.2.2.2 多目标规划

多目标规划属于数学规划的一个分支，研究多个目标函数在给定区域上的最优化，通常记为Multi-Objective Programming（MOP）。很多问题都有多个目标，希望能获得综合的最优，但这些目标有时相互矛盾，因此有许多学者致力于这方面的研究。1896年，Pareto在向量优化问题中谈到了多目标问题。后来，Neumaee、Harold William Kuhn、Thaker等数学家做了深入的探讨，使该研究方法逐步发展起来。多目标规划通常应用在资源分配、计划编制、生产调度等实际问题中。

其基本数学方程如下[43]：

$$\max \quad F=[F_1,\ F_2,\ \cdots,\ F_p]$$

$$\text{s.t.}\begin{cases}F_i=f_i\geqslant(x) & i=1,\ 2,\ \cdots,\ p\\ g_j(x)<b_j & j=1,\ 2,\ \cdots,\ m\\ x=(x_1,\ x_2,\ \cdots,\ x_n)\end{cases} \tag{6.5}$$

其中，$f_i(x)$ 和 $g_j(x)$ 代表决策函数；x和 $b_j(j>0)$ 是某些不确定参数。该模型有n个决策参数、m个限制模型p个目标。

多目标的求解方法常用的有：

（1）约束法。约束法是指在多个目标函数中，确定一个主要目标，对其他各目标都给定一个所期望的值，将其转化为约束条件，从而将多目标模型转换成单目标模型进行求解。

其基本数学方程如下：

$$(VP)\begin{cases} V-\min F(x)=[f_1(x), \cdots, f_p(x)]^T \\ s.t.\ g_i(x)\geqslant 0, i=1, \cdots, m \end{cases}$$

$$S=\{x \mid g_i(x)\geqslant 0, i=1, \cdots, m\} \tag{6.6}$$

设 $f_1(x)$ 为主要目标函数，对其他各目标 $f_2(x)$，…，$f_p(x)$ 可预先给定一个期望值，记为 $f_2^0$，$f_3^0$，…，$f_p^0$，则有 $f_j^0\geqslant \min\limits_{x\in S} f_j^0(x)$，$j=2, 3, \cdots, p$，求解问题如下：

$$(P)\begin{cases} \min f_1(x) \\ s.t.\ g_i(x)\geqslant 0, i=1, 2, \cdots, m \\ f_j^0(x)-f_j^0\leqslant 0, j=2, 3, \cdots, p \end{cases} \tag{6.7}$$

（2）分层序列法。分层序列法是依据 p 个目标函数 $f_1(x)$，…，$f_p(x)$ 的重要程度分成最重要、次重要、重要、不重要、最不重要等几类，然后按先后顺序依次求出最优解。其求解过程为：

假设目标函数的序列为 $f_1$，$f_2$，…，$f_p$，先求解 $(P_1)\begin{cases} \min f_1(x) \\ s.t.\ x\in S \end{cases}$ 得到最优解 $f_1^*$，记 $S_1=\{x \mid f_2(x)\leqslant f_2^*\}\cap S$，再求解 $(P_2)\begin{cases} \min f_2(x) \\ s.t.\ x\in S_1 \end{cases}$ 得到最优解 $f_2^*$，依次进行求解直到 $(P_p)\begin{cases} \min f_p(x) \\ s.t.\ x\in S_{p-1} \end{cases}$ 得到最优值 $f_p^*$，那么，$S_p=\{x \mid f_p(x)\leqslant f_p^*\}\cap S_{p-1}$ 就是最优解集合。

### 6.2.3 多目标动态经济调度模型

#### 6.2.3.1 目标函数

（1）利润最大化。能源互联网混合能源电力生产的运行成本主要由火电和储能设备的运行成本组成，当风电场建好以后风电机所需的运行成本基本可以忽略不计，因此，混合能源电力生产的成本可表示为：

$$C_t = \sum_{n=1}^{N} C_{THn,t} + \sum_{j=1}^{J} C_{ESSj,t} \tag{6.8}$$

其中，$C_t$ 为混合能源电力生产运行所需的成本；$C_{THn,t}$ 为火力发电机 n 在 t 时段

的运行成本，n 的取值为 1，2，…，N；$C_{ESSj,t}$ 为储能 j 在 t 时段的运行成本，j 的取值为 1，2，…，J。火力发电机的运行成本和储能设备的运行成本又可以表示为：

$$C_{THn,t}=\alpha P_{THn,t} \tag{6.9}$$

$$C_{ESSj,t}=\beta(P^{d}_{ESSj,t}+P^{c}_{ESSj,t}) \tag{6.10}$$

其中，α 为火电机的运行成本系数；β 为储能设备的运行成本系数；$P_{THn,t}$ 为 t 时段火力发电机 n 的输出功率；$P^{d}_{ESSj,t}$ 为在 t 时段储能设备 j 的输出功率；$P^{c}_{ESSj,t}$ 为在 t 时段储能 j 装置储存的功率。

混合能源电力生产的收入主要由售电收入与可再生能源发电补贴组成，因此，混合能源电力生产的利润可表示为 $\pi_t$：

$$\pi_t = C_e P_t + C_w \sum_{m=1}^{M} P_{Wm,t} - C_t \tag{6.11}$$

其中，$C_t$ 是 t 时段的电价；$C_w$ 为风能补贴；$P_{Wm,t}$ 为 t 时段风电机 m 的输出功率，m 的取值为 1，2，…，M；$P_t$ 是 t 时段混合能源电力生产的输出功率，可表示为：

$$P_t = \sum_{n=1}^{N} P_{THn,t} + \sum_{j=1}^{J} \lambda^{d} P^{d}_{ESSj,t} + \sum_{m=1}^{M} P_{Wm,t} \tag{6.12}$$

其中，$\lambda^{d}$ 为储能的放电效率。

综上所述，最大化利润的目标可以表示为：

$$\max\pi = \sum_{t=1}^{T} \pi_t \tag{6.13}$$

（2）最小化碳排放。风电和储能运行过程中不产生任何污染物，火电是唯一的污染源。火电机向空气中排放 $CO_2$ 等污染物，t 时段混合能源电力生产的污染物排放可表示为：

$$E_t = \sum_{n=1}^{N} a_n + b_n P_{THn,t} + c_n(P_{THn,t})^2 \tag{6.14}$$

其中，$a_n$、$b_n$、$c_n$ 均为碳排放系数。

最小化碳排放的目标可以表示为：

$$\min E = \sum_{t=1}^{T} E_t \tag{6.15}$$

（3）最大化可再生能源利用。“弃风”问题严重困扰着风电行业，已成为风电行业健康可持续发展的最大“绊脚石”。为了确保可持续发展和利润目标，提高可再生能源的利用的确是有必要的。那么，这个目标可以写成：

$$\max U = \sum_{t=1}^{T} \sum_{m}^{M} P_{Wm,t} \tag{6.16}$$

6.2.3.2　模型约束

定义目标函数后，下一步是定义约束条件，限制可行解域。动态经济调度模型中的约束条件在式（6.17）至式（6.29）中列出，下面进行详细阐述。

（1）系统功率约束。最基本的发电原则是确保电力供应符合用电需求，所以混合能源电力生产的系统功率约束可以写成：

$$P_{Dt} \leqslant P_t \leqslant (1+\gamma) P_{Dt} \tag{6.17}$$

其中，$P_{Dt}$ 为 t 时段的电力需求；γ 为调节系数，主要是指电路损耗。

（2）风力发电约束。风力发电机的输出功率特性与风力发电机的类型及风速有关。研究表明，风速分布通常是偏正态的。国内外学者提出许多模型用于拟合风速分布，其中，威布尔函数使用最广泛，并且更接近实际的风速分布[44]。它的数学表达式是：

$$f_v(v) = \frac{k}{B}\left(\frac{v}{B}\right)^{k-1} \exp\left[-\left(\frac{v}{B}\right)^k\right] \tag{6.18}$$

其中，$f_v(v)$ 是风速 v 的概率密度；k 是威布尔分布的形状系数，决定了分布曲线的形状；B 是比例系数，反映平均风速；v 是风速。

累积分布函数如下[45]：

$$F(v) = 1-\exp\left[-\left(\frac{v}{c}\right)\right]^k \tag{6.19}$$

容量因子 $C_F$ 表示风力发电机的生产率，可以表示为[46~47]：

$$C_F = \frac{\exp\left[-\left(\frac{v_c}{c}\right)^k\right] - \exp\left[-\left(\frac{v_r}{c}\right)^k\right]}{\left(\frac{v_r}{c}\right)^k - \left(\frac{v_c}{c}\right)^k} - \exp\left[-\left(\frac{v_0}{c}\right)^k\right] \tag{6.20}$$

其中，$v_c$、$v_r$ 和 $v_0$ 分别为切入速度、额定速度和切出速度。

风电输出功率 $P_{Wm}$ 可表示为[48~49]：

$$P_{Wm} = P_r \times C_F \times T \tag{6.21}$$

其中，$P_r$ 为风电机额定输出功率，T 为发电时长。

风电输出功率不能超出风电机发电上限，对于每个风电机，都有上下风电输出功率范围，$P_{Wm,t}^{max}$ 代表风电机 j 的最大输出功率。那么，这个约束可以写成：

$$0 \leqslant P_{Wm,t} \leqslant P_{Wm,t}^{max} \tag{6.22}$$

（3）火力发电约束。火电机的输出功率必须在最小和最大发电范围内以保证稳定运行，其输出功率约束可表示为：

$$P_{THn,t}^{min} \leqslant P_{THn,t} \leqslant P_{THn,t}^{max} \tag{6.23}$$

火力发电不如风电灵活，火电输出功率不能在短时间内大幅增加或减少，快速增加或减少火电输出功率都可能损坏设备，降低设备的可用使用寿命，造成资金浪费。因此，为了在火电厂中保持持续和稳定的利用率，在削减用电需求峰值时必须考虑火电输出功率的变化限制。据此，这个约束可以写成：

$$P_{THn,t}-P_{THn,t-1}\leqslant Ru_n$$

$$P_{THn,t-1}-P_{THn,t}\leqslant Rd_n \tag{6.24}$$

其中，$Ru_n$ 为火电机输出功率变化上限，$Rd_n$ 为火电机输出功率变化下限。

（4）储能设备约束。储能设备在混合能源电力生产中扮演着重要的角色，在用电高峰时期削减峰值需求，在用电低谷时期存储超过的电能。为了防止在充放电过程中损坏储能设备的循环寿命，储能设备在每个调度时间段内的充放电速率必须满足如下约束：

$$E_{j,t}=E_{j,t-1}+\lambda^c\Delta_{j,t}P^c_{ESSj,t}-\Delta_{j,t}P^d_{ESSj,t}/\lambda^d \tag{6.25}$$

其中，$\lambda^c/\lambda^d$ 为储能系统的充电/放电效率，$E_{j,t}$ 为 t 时段电池的容量。

储能设备中储存的电量不能超过电池本身的容量，充放电功率也必须满足储能系统的限制，因此，储能设备中储存的电量以及充放电功率限制如下：

$$E_{min}\leqslant E_{j,t}\leqslant E_{max} \tag{6.26}$$

$$P^d_{min}\leqslant P^d_{ESSj,t}\leqslant P^d_{max} \tag{6.27}$$

$$P^c_{min}\leqslant P^c_{ESSj,t}\leqslant P^c_{max} \tag{6.28}$$

式（6.26）强制储能设备在每个调度时间段内其电池的储量都在一个特定的区间内，式（6.27）至式（6.28）意味着储能设备的充放电功率必须在限制范围内。

由于大多数储能设备不允许同时充放电，那么有：

$$P^d_{ESSj,t}\cdot P^c_{ESSj,t}=0 \tag{6.29}$$

基于前文的描述，在此建立风—火微电网混合能源发电系统的多目标动态经济调度模型。数学模型优化的三个目标是：最大限度地提高发电利润、减少排放、提高可再生能源利用。风—火微电网混合能源系统的多目标动态经济调度模型如下所示：

$$\min E=\sum_{t=1}^{T}E_t$$

$$\max B=\sum_{t=1}^{T}B_t$$

$$\max U=\sum_{t=1}^{T}\sum_{m}^{M}P_{Wm,t}$$

$$
\text{s.t.}\begin{cases}
E_t = \sum_{n=1}^{N} a_n + b_n P_{THn,t} + c_n (P_{THn,t})^2 \\
B_t = C_e P_t + C_w \sum_{m=1}^{M} P_{Wm,t} - C_t \\
P_t = \sum_{n=1}^{N} P_{THn,t} + \sum_{j=1}^{J} \lambda^d P_{ESSj,t}^d + \sum_{m=1}^{M} P_{Wm,t} \\
C_t = \sum_{n=1}^{N} C_{THn,t} + \sum_{j=1}^{J} C_{ESSj,t} \\
C_{THn,t} = \alpha P_{THn,t} \\
C_{ESSj,t} = \beta (P_{ESSj,t}^d + P_{ESSj,t}^c) \\
P_{Dt} \leqslant P_t \leqslant (1+\gamma) P_{Dt} \\
0 \leqslant P_{Wm,t} \leqslant P_{Wm,t}^{max} \\
P_{THn,t}^{min} \leqslant P_{THn,t} \leqslant P_{THn,t}^{max} \\
P_{THn,t} - P_{THn,t-1} \leqslant Ru_n \\
P_{THn,t-1} - P_{THn,t} \leqslant Rd_n \\
E_{j,t} = E_{j,t-1} + \lambda^c \Delta_{j,t} P_{ESSj,t}^c - \Delta_{j,t} P_{ESSj,t}^d / \lambda^d \\
E_{min} \leqslant E_{j,t} \leqslant E_{max} \\
P_{min}^d \leqslant P_{ESSj,t}^d \leqslant P_{max}^d,\ P_{min}^c \leqslant P_{ESSj,t}^c \leqslant P_{max}^c \\
P_{ESSj,t}^d \cdot P_{ESSj,t}^c = 0 \\
E_T = E_0
\end{cases} \tag{6.30}
$$

与先前针对微电网混合发电系统提出的动态经济调度模型相比，该模型具有更全面、系统的结构。①由风电、火电以及储能设备三个电源构成，微电网混合能源系统电源协调，避免了单一电源的劣势。②采用多目标动态经济调度方法寻求最优化解决方案，以实现风—火微电网混合能源系统发电过程中的经济利润、环境影响和可再生能源利用的均衡。③为了应对自然风速限制，建立了十二种不同的风速调度情景集，相较于四种风速调度情景更为全面。

# 6.3 实例分析

### 6.3.1 案例描述

中国拥有丰富的风能资源，风电场的发展主要集中在陆上风电场，大多数陆

上风电场实际分布在风能资源丰富的地区，即中国的北部、东北部和西部。

乌兰察布市位于内蒙古中部，风能资源条件得天独厚，总储量约 5000 万千瓦，被誉为“空中三峡”“风电之都”，风力发电装机容量 652 万千瓦，占全区风电装机容量的 22.51%，位居全区第一，如今又规划了二期 1100 万千瓦风电基地，乌兰察布将成为名副其实的“风电之都”。乌兰察布市的煤炭资源也非常丰富，煤炭储量约 40 亿吨，火电总装机容量 756 万千瓦，占全区火电装机容量的 9.0%。此外，乌兰察布市附近的两个 9000 万千瓦的大型煤炭和电力基地列入国家能源发展战略的行动计划（2014~2020 年）中，它也是华北电网丰—沙线的起点，近 90%的电力被送往京津冀地区。乌兰察布市具有明显的风能和煤炭资源优势，必将成为中国重要的电力输出基地和西气东输的战略重镇，而风电是乌兰察布市的主要应用模式。如前文所述，风电与火电的调度方式不同，更依赖于自然条件而难以控制。因此，优化风—火混合能源电力生产的动态经济调度至关重要。

此外，乌兰察布的风电和火电的装机容量已从 2015 年的两倍差额发展到 2019 年的几乎持平，计划的储能约占总装机容量的 25%。因此，本章以乌兰察布市风—火微电网混合能源系统的实际调度为例进行研究。本案例中系统由两个风力发电厂、两个火电厂和微电网系统中的储能设备组成，总装机容量为 120 兆瓦，分别由 60 兆瓦风电、60 兆瓦的火电和 30 兆瓦的储能构成。风—火微电网混合能源系统发电通过丰—沙线调度中心与电网相连。

### 6.3.2　数据收集

在进行情景分析前，先收集相关数据，分别为电力需求、风能、风电场、火电厂及储能设备的相关参数。表 6-1 给出了风—火微电网混合能源系统动态经济调度的一些数据，如电价。风电、火电和储能设备的数据参考以前的研究[50]，相应区域电力需求和风能的数据是从第一手行业统计数据以及公共和历史数据中收集得到的。

表 6-1　火电机、储能、风电机参数

| 参数 | 值 | 单位 | 参数 | 值 | 单位 |
|---|---|---|---|---|---|
| 风电补贴（$C_w$） | 40 | 元/兆瓦时 | 火电厂 1，2 最大输出功率（$P_{THn,t}^{max}$） | 30，30 | 兆瓦 |
| 上网电价（$C_e$） | 300 | 元/兆瓦时 | 火电厂 1，2 最小输出功率（$P_{THn,t}^{min}$） | 15，15 | 兆瓦 |

续表

| 参数 | 值 | 单位 | 参数 | 值 | 单位 |
|---|---|---|---|---|---|
| 火电运行成本系数(α) | 280 | 元/兆瓦时 | 火电最大爬坡功率($Ru_n$) | 15 | 兆瓦 |
| 储能运行成本系数(β) | 400 | 元/兆瓦时 | 火电最小爬坡功率($Rd_n$) | 15 | 兆瓦 |
| 风电场1，2最大输出功率($P_{Wm,t}^{max}$) | 30，30 | 兆瓦 | 火电碳排放系数($a_n$) | $0.554\times10^{-3}$ | 千克 |
| 储能最大容量($E_{max}$) | 30 | 兆瓦 | 火电碳排放系数($b_n$) | $-0.369\times10^{-3}$ | 千克/兆瓦时 |
| 储能最小容量($E_{min}$) | 0 | 兆瓦 | 火电碳排放系数($c_n$) | $0.352\times10^{-3}$ | 千克/兆瓦时 |
| 储能最大充/放电功率($P_{max}^{d}/P_{max}^{c}$) | 30 | 兆瓦 | 储能充/放电效率($\lambda^{d}/\lambda^{c}$) | 1 | |
| 储能初始容量($E_0$) | 20 | 兆瓦 | 线损调节系数(γ) | 6% | |

对于风电，煤炭火电基准价格内的部分由电网支付，超出基准价格的部分由国家可再生能源发展基金支付。根据中国国家发展和改革委员会（CNDRC）2019年发布的风电基准价格，中国的陆上风能资源分为四类。在这种分类下，中国乌兰察布市属于第一类区域，风电上网电价为0.34元/千瓦时。内蒙古自治区发展和改革委员会的最新文件宣布，乌兰察布的上网电价为0.30元/千瓦时。

此外，基于对丰—沙线最终用户区域的实际电力需求数据的聚类分析，得到每天24小时的电力需求。由此，得到了最终用户区域每个季节每小时的平均电力需求，并在表6-2中给出。

**表6-2 不同季节的小时平均电力需求（春、夏、秋、冬）**

| 时段 | 电力需求（兆瓦） | 时段 | 电力需求（兆瓦） | 时段 | 电力需求（兆瓦） | 时段 | 电力需求（兆瓦） |
|---|---|---|---|---|---|---|---|
| 1 | (32，42，38，40) | 7 | (54，44，40，42) | 13 | (56，66，66，69) | 19 | (67，72，64，71) |
| 2 | (30，42，38，35) | 8 | (60，54，44，52) | 14 | (56，65，63，66) | 20 | (66，68，65，71) |
| 3 | (30，38，34，33) | 9 | (61，61，53，65) | 15 | (61，62，65，64) | 21 | (63，67，64，69) |
| 4 | (31，37，33，33) | 10 | (66，68，65，70) | 16 | (66，67，62，64) | 22 | (55，63，63，63) |
| 5 | (37，37，33，35) | 11 | (63，72，70，71) | 17 | (68，69，62，69) | 23 | (48，59，59，55) |
| 6 | (45，40，37，38) | 12 | (58，68，68，71) | 18 | (68，72，63，71) | 24 | (37，47，47，47) |

该区域春夏秋冬典型一天24小时的用电需求曲线如图6-2所示，用电需求呈现一定的规律性，夏季和冬季的负荷需求较大，春季和秋季的负荷需求较小。不管

在哪个季节，在典型一天中都有同样的一种规律，00：00~05：00 电力需求最小，05：00 时普遍增加，分别在 11：00~14：00 和 17：00~21：00 达到高峰负荷。

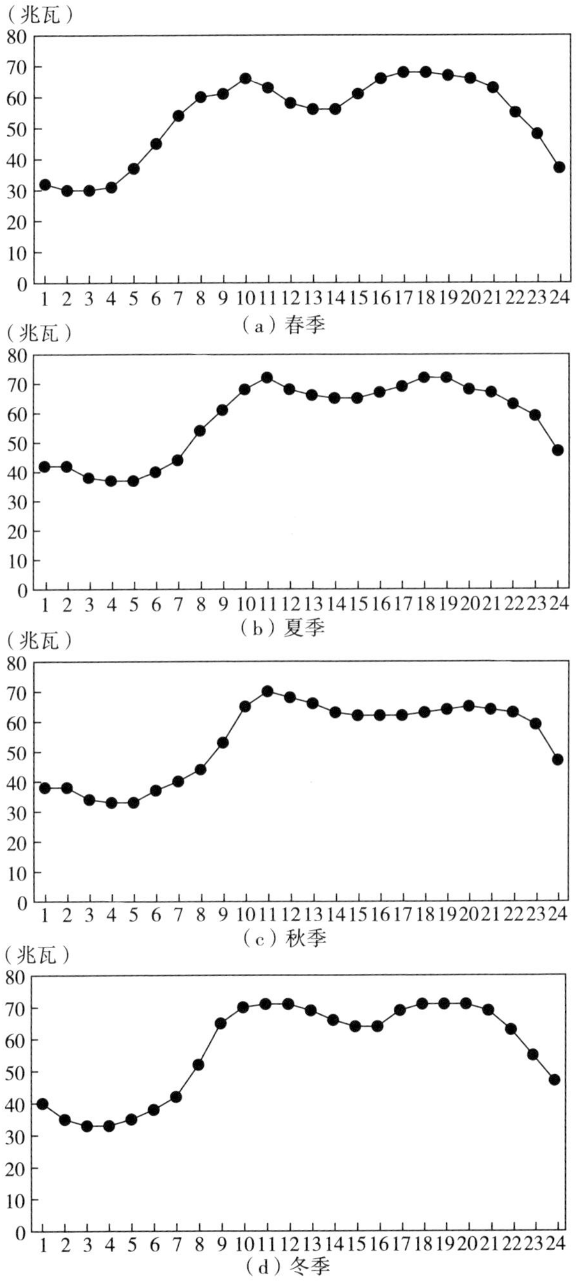


**图 6-2　春夏秋冬典型一天的电力需求曲线**

良好的风能预测可提前安排调度计划，既有利于提高可再生能源的利用率，又可使微电网混合能源系统运行更加平稳。因此，在研究微电网混合能源系统动态经济调度之前，我们要预测风能输出功率，风能输出功率与风速有关。我们使用乌兰察布市近十年的风速时间序列，根据式（6.20）和式（6.21）将风速转换为风能，得到每个季节典型一天 24 小时的平均风能，见表 6-3。

表 6-3 不同季节的小时平均风能（春，夏，秋，冬）

| 时段 | 风能（兆瓦） | 时段 | 风能（兆瓦） | 时段 | 风能（兆瓦） | 时段 | 风能（兆瓦） |
|---|---|---|---|---|---|---|---|
| 1 | （15.5，13.9，14.6，15.3） | 7 | （20.8，13.9，25.9，20.3） | 13 | （49.8，50.4，34.2，43.7） | 19 | （34.2，25.8，30.0，31.2） |
| 2 | （16.7，16.1，16.6，18.8） | 8 | （22.7，15.9，25.9，22.5） | 14 | （51.1，50.1，38.9，45.3） | 20 | （28.7，20.4，24.7，25.2） |
| 3 | （17.8，20.5，18.1，21.4） | 9 | （26.4，19.1，21.7，31.4） | 15 | （52.1，49.0，46.3，50.7） | 21 | （24.7，19.1，23.9，21.5） |
| 4 | （18.7，19.1，19.3，21.1） | 10 | （34.7，30.0，23.1，27.3） | 16 | （55.8，46.4，50.2，53.9） | 22 | （19.0，17.7，20.3，17.5） |
| 5 | （19.4，12.0，19.1，19.4） | 11 | （39.2，42.1，23.5，29.8） | 17 | （50.1，38.1，42.5，44.9） | 23 | （18.3，16.9，17.0，17.5） |
| 6 | （18.8，10.3，21.7，19.8） | 12 | （43.9，48.1，29.1，37.9） | 18 | （41.4，32.4，37.9，32.6） | 24 | （15.1，14.2，16.6，15.3） |

### 6.3.3 情景分析

根据前文的分析，每个季节都有三种气候条件：高风速、平均风速和低风速。这些自然约束条件影响了风能的调度。因此，我们根据风速设置了 12 种不同的调度情景。

本章构建多目标优化模型针对这 12 种情景进行动态经济调度，并针对优化结果从输出功率比、每小时输出功率、季节性输出功率和目标值的比较这四方面进行分析，具体如图 6-3 至图 6-6 所示。

图 6-3 给出了在 12 种调度情景下典型一天中风电、火电和储能设备的输出功率比例以及基准情景下风电和火电输出功率比例。本案例中的基准情景是为了比较而设置的，即风能和火力输出功率分别固定为 60%和 40%，而没有储能设备。情景 1 至情景 3 显示了春季的输出功率比，情景 4 至情景 6 显示了夏季的输出功率比，情景 7 至情景 9 显示了秋季的输出功率比，情景 10 至情景 12 显示了冬季的输出功率比。

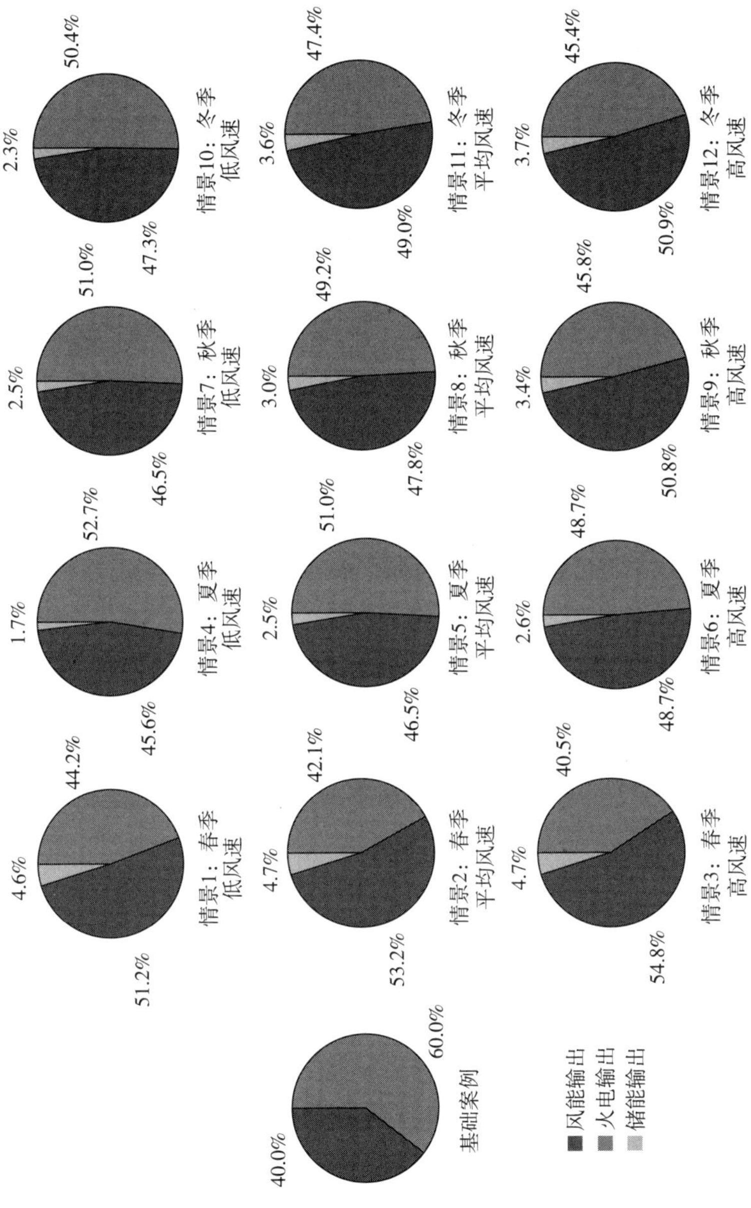

图 6-3　不同情景下的输出功率比例

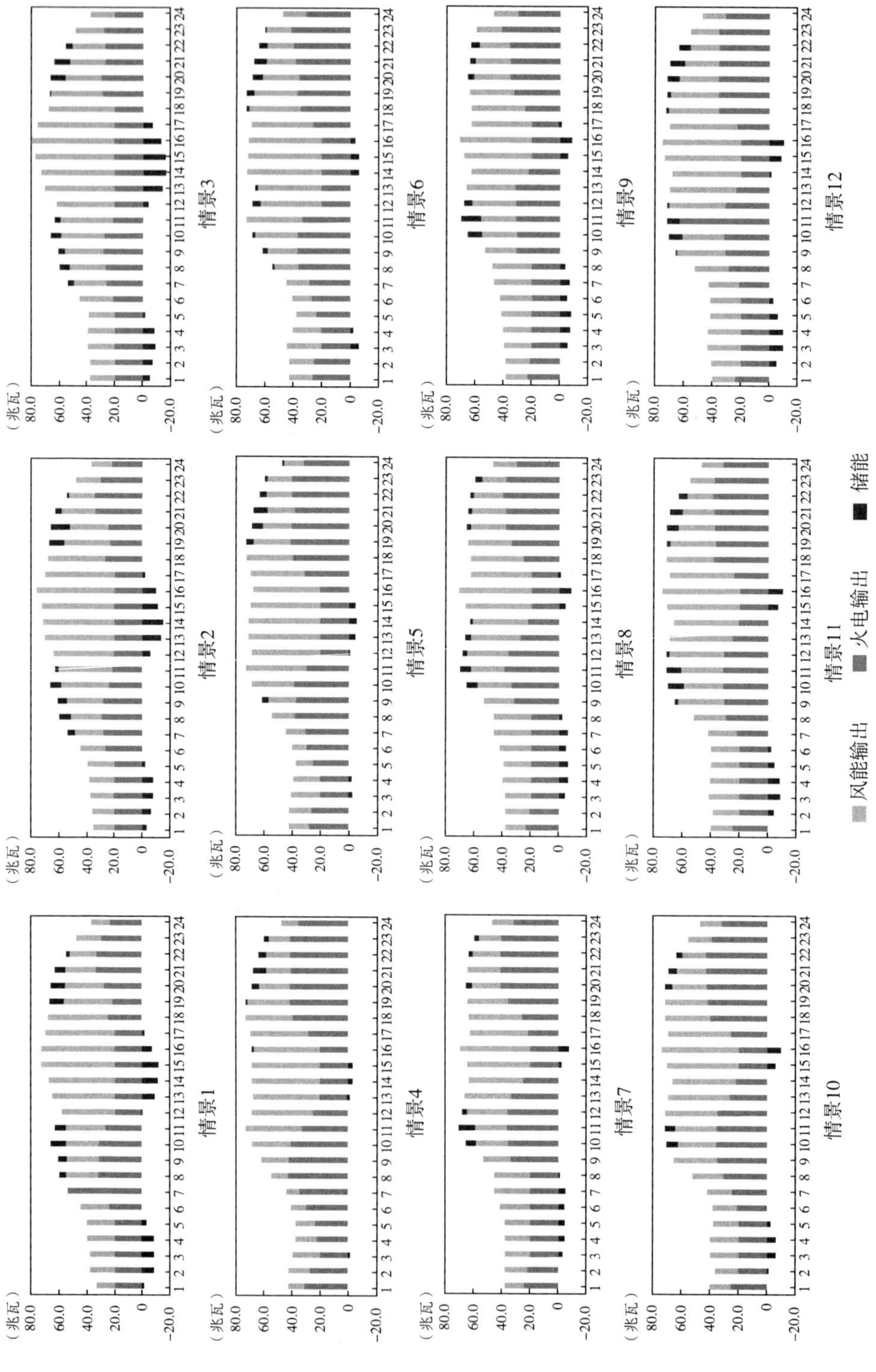

风能输出　火电输出　储能

图 6-4　十二种调度情景的调度结果

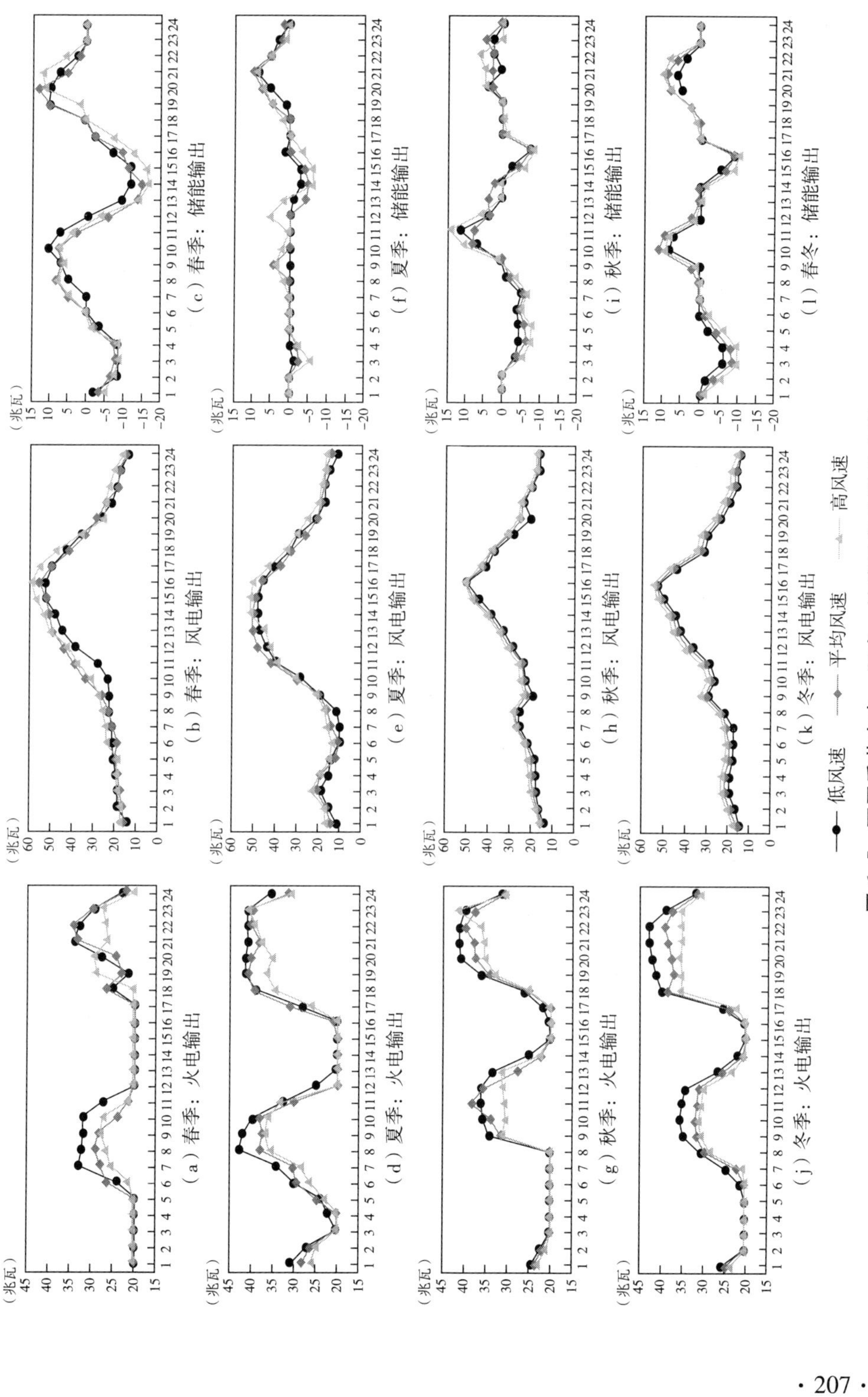

（a）春季：火电输出

（b）春季：风电输出

（c）春季：储能输出

（d）夏季：火电输出

（e）夏季：风电输出

（f）夏季：储能输出

（g）秋季：火电输出

（h）秋季：风电输出

（i）秋季：储能输出

（j）冬季：火电输出

（k）冬季：风电输出

（l）春冬：储能输出

低风速　平均风速　高风速

**图 6-5　不同季节火电、风电、储能设备的输出功率**

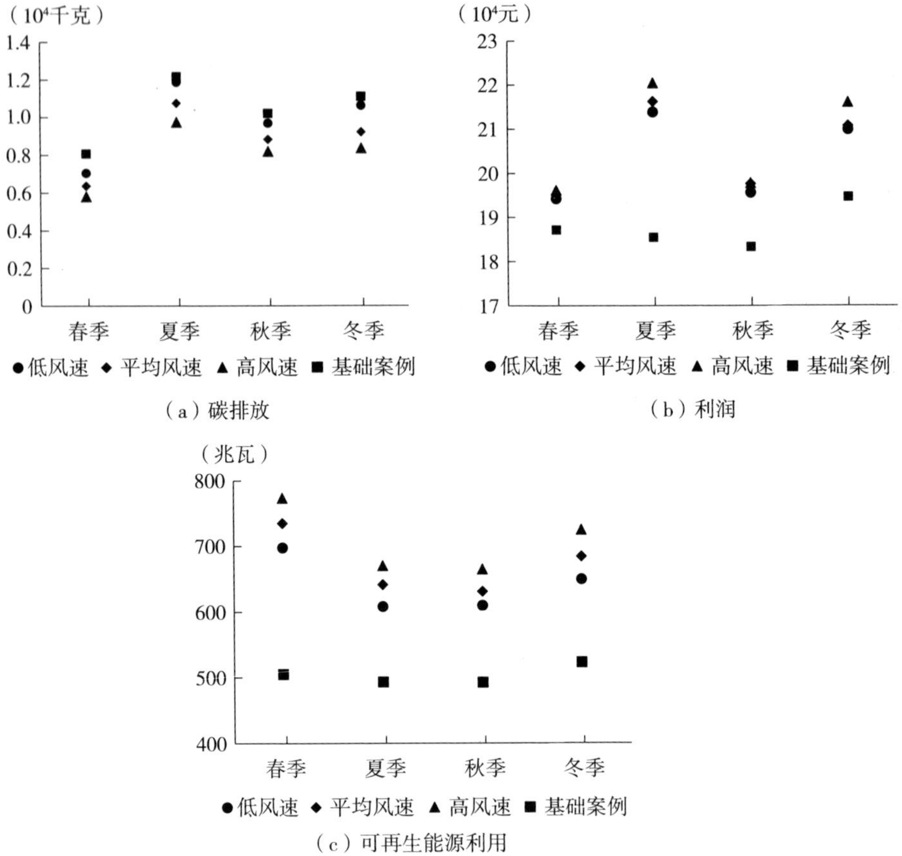

（a）碳排放

（b）利润

（c）可再生能源利用

**图 6-6　十二种情景及基础案例的目标函数值**

当气候条件固定时，季节从春季到冬季发生变化（参见情景 1、4、7、10；情景 2、5、8、11；情景 3、6、9、12），风电输出功率占比最大出现在春天高风速情况下，为 54.8%。储能设备输出功率占比最大出现在春天平均风速和高风速情况下，为 4.7%。火电输出功率最大出现在夏天低风速情况下，为 52.7%，这是因为乌兰察布地区风能资源在春季比夏季丰富。以情景 3 为例，由图 6-3 可以看出，火电和风电的输出功率比分别为 40.5%和 54.8%，而基准情景中火电和风电的输出功率比分别为 60%和 40%，风电比例显著增加，而在其他情景中也可以看到相同的变化。此外，在 12 种调度情景下，风电输出功率比例均高于 45.6%，有的甚至高于 51%，远高于基础案例。相应地，火力输出功率的比例远低于基准情景，而储能设备的输出功率比例从未高于 4.7%，远低于设计容量。这意味着

在这种优化方法下，能更好地利用风能资源，并达到减排的效果。

不同情景下火电、风电、储能设备的小时输出功率如图 6-4 所示。不同季节的火电、风能和储能设备输出功率会有所不同。风电输出功率春季最大，冬季次之。火电输出功率夏季最大，秋季次之。储能设备输出功率春季最大，冬季次之。在同一季节当风速逐渐变大时，火电的输出功率会逐渐减小，而储能设备在负荷低谷期储存多余风能，为冗余的风力发电提供其他能源形式转移的途径，在负荷高峰期释放储能设备中储存能量，从而减少电网负荷的峰谷差，降低电网的供电负担。以情景 1 为例，在 2：00 至 5：00 以及 13：00 至 17：00 的低负荷期间，储能设备存储多余的风能，并在 9：00 至 11：00 和 19：00 至 22：00 释放电能，缓解风能波动对电网的影响。此外，图 6-5 显示了不同季节下火电、风电和储能的小时输出功率。

对应于情景 1 至情景 3，图 6-5（a）至图 6-5（c）分别显示了在春季高中低风速下火电、风电和储能设备的小时输出功率。类似地，对应于情景 4 至情景 6，图 6-5（d）至图 6-5（f）显示了夏季的每小时输出功率。对应于情景 7 至情景 9，图 6-5（g）至图 6-5（i）显示了秋季的每小时输出功率。对应于情景 10 至情景 12，图 6-5（j）至图 6-5（l）显示了冬季的每小时输出功率。

风能的波动性可以从图 6-5 中清晰地看到，风电输出功率通常集中在 12：00 至 19：00。1：00 至 7：00 风电输出功率小，而火电输出功率也很小，这是因为负荷需求小。8：00 至 11：00 风能输出功率逐渐增大，伴随着负荷需求的逐步增大，火力输出功率达到第一个高峰。12：00 至 16：00 风电输出功率逐渐增大，达到峰值，火电输出功率随风电的增大而减小。反过来，17：00 至 24：00 火电输出功率又再次达到峰值，而风能输出功率逐渐下降。储能设备在低负荷时段 3：00 至 6：00 暂时存储了过量的风能，并在高峰负荷时段 10：00 至 14：00 和 17：00 至 21：00 释放了风能，减小了电网负荷的峰谷效应。图 6-6 给出了 12 种调度情景与基础案例的经济效益、碳排放和可再生能源利用情况。

在图 6-6（a）中，动态经济调度优化模型下的碳排放量都比基准情景少。这是因为，风能输出功率的增加伴随着火电输出功率的减少，所以碳排放也减少了。由于气候原因和季节性电力需求，夏季和冬季的碳排放量高于春季和秋季。因此，当确定电力需求时，可再生能源的使用的增加将减少火电输出功率以及相关的碳排放量。从图 6-6（b）中可以看出，当每个季节的风速从低变高时，利润都会增加。因为风能不需要燃料成本，而且还可以获得相应的可再生能源补贴。此外，储能设备在风电冗余时可以储存多余的电能，在负荷高峰期时释放出电能。因此，这 12 种调度情景的利润都大于基础案例。图 6-6（c）表明，在动态经济调度优化策略下 12 种调度情景中的可再生能源利用均高于基础案例。可再生能源利用最高的季节是春季，其次是冬季。因为春季和冬季的气候条件要优于夏季和秋季。而基础案例中没有储能设备，存在着“弃风”的现象，限制了风能的充分利用。

### 6.3.4 综合讨论及建议

本章提出了风—火—储混合能源系统电力生产的多目标动态经济调度策略，具有降低排放、提高利润和提高可再生能源利用的效用。在构建这一多目标动态经济调度模型之前，风电和火电输出功率比例分别固定为 60%和 40%。如图 6-3 至图 6-6 所示的动态经济调度优化结果表明，当风速增加时，风电输出功率和储能设备输出功率所占比例逐渐增大，火电输出功率比例逐渐减小。而储能设备在低负荷时期存储冗余的风能，在高峰负荷时期释放电能，为风—火微电网混合能源系统提供了一种灵活的调度方法。优化后，采用储能设备的风电、火电形成了良好的互补关系，而碳排放、利润和可再生能源利用的目标值均比基础案例要好得多。这意味着动态经济调度优化可以有效地提高可再生能源的利用，同时减少燃煤发电量，从而减少碳排放，还可以应对电网负荷的峰谷效应以及实现供需平衡。

基于上述分析和讨论提出以下实施建议：混合能源电力生产的多目标动态经济调度应被视为实现经济和环境友好型发电的实用选择。尽管与火力发电相比，风力等可再生能源在环境方面相对友好，但这些可再生能源的波动性和间歇性特征也给供电可靠性和稳定性带来负面影响。尽管火力发电可以为地区经济发展提供最可靠的电力供应，但减少碳排放和保护环境也势在必行。因此，为了更清洁、经济地发电，微电网混合能源系统发电机应采用动态经济调度的优化方式。此外，对于电力行业而言，由于储能设备仍处于计划和建设阶段，因此，储能设备对风—火发电的影响非常大。如果比例协调，风能和储能的互补特性将在减少火电峰值需求方面发挥更关键的作用。因此，有必要科学地规划储能的安装容量，以打造更好的系统。

尽管混合能源电力生产是世界各地的研究人员和工程师一直在鼓励的发电模式，但各种电源之间的合作效率仍然不高，“弃风弃光”等问题突出。本章研究已经验证了混合能源电力生产动态经济调度优化的可行性，它能够克服可再生能源的波动性和间歇性特征弊端，提高可再生资源渗透率，减少对化石燃料的使

用，从而减少碳排放。因此，对于政府而言，需要制定针对性的政策，如通过落实保障性收购制度、可再生能源发展基金、补贴资金长效机制等，完善可再生能源发电发展保障机制。还可以通过增强《中华人民共和国可再生能源法》的操作性和约束力，在法律上进一步明确可再生能源的战略和优先地位，实现化石能源和可再生能源并重发展还可以在项目开发上统筹规划“火水核风光”布局，加强风电、光电项目与火电、水电、核电等传统电力项目的协调，防止“弃风弃光”等资源浪费问题恶化。

## 6.4　本章小结

本章以作为能源互联网核心单元的微电网中的风—火—储系统为例，探讨了混合能源电力生产的动态经济调度问题。根据相关文献，梳理了国内外微电网混合能源系统的电源结构、可再生能源不确定性的预测方法、微电网中储能的相关研究、微电网混合能源系统的动态经济调度模型以及模型求解算法，分析了研究成果及存在的问题，并以其中最主要的经济、环境、可再生能源利用均衡为主要目标，根据动态经济调度理论，建立了风—火微电网混合能源系统的动态经济调度模型。选取乌兰察布的风电产业进行案例分析，设计了 12 种调度情景，根据模拟结果系统分析了模型的有效性，并进一步针对企业和政府提出了应用该调度策略的一些建议。研究结果表明，该调度策略对于我国可再生能源发电产业的发展有很好的促进作用，有利于提高可再生能源利用，减少污染物排放，并具有一定的经济效益。根据案例分析结果可知，要达到未来的能源战略目标，还需可再生能源发电产业运营商注重不同电源之间的协调，也还需政府进一步完善相关政策，可以考虑从落实保障性收购制度、可再生能源发展基金、补贴资金长效机制等方面入手，促进可再生能源发电产业更好地发展。

虽然微电网混合能源系统可以减弱风能、太阳能等可再生能源波动的影响，实现持续、环保的发电，但是发展微电网混合能源系统仍然存在着一些挑战。例如，即使考虑了合适的储能设备，该微电网混合能源系统也无法提供完全稳定的电力；与传统的发电技术相比，一些可再生能源发电的成本非常高；可再生能源（太阳能、风能等）无法满足峰值用电需求；储能设备的容量小、寿命短以及成本高限制了储能设备的广泛应用，进而限制了微电网混合能源系统的发展。

在之后的研究中，可以从以下角度拓展研究思路：在建模时，可以考虑更复杂的能源结构，如考虑风—光—火微电网混合能源系统结构，形成能源互补；在设置目标时，可以考虑多种污染物的减排量（如 $SO_2$、氮氧化物等），可以综合考虑经济、环境、可再生能源利用以及储能设备寿命等多种目标，使模型更符合实际情况；在划分情景时，可以综合考虑天气、季节、海拔等对可再生能源的影响，划分更为丰富的情景进行模拟；对储能系统进行更多的研究，以提高储能设备的耐用性和性能，同时着重于降低成本，以便大规模进行储能设备的应用。

## 6.5 本章参考文献

[1] Umeozor E. C., Trifkovic M. Operational scheduling of microgrids via parametric programming [J]. Apply Energy, 2016 (180): 672-681.

[2] Khosravi A., et al. Energy, energy and economic analysis of a hybrid renewable energy with hydrogen storage system [J]. Energy, 2018 (148): 1087-1102.

[3] Rezkallah M., Singh S., Chandra A., et al. Comprehensive controller implementation for wind-PV-diesel based standalone microgrid [J]. IEEE Transactions on Industry Applications, 2019 (5): 5416-5428.

[4] Hu B., Wang H., Yao S. Optimal economic operation of isolated community microgrid incorporating temperature controlling devices [J]. Protection & Control of Modern Power Systems, 2017, 2 (1): 7.

[5] Yiwei Ma, Yanmei Zhou, Jinai Zhang. Economic dispatch of Islanded microgrid considering a cooperative strategy between diesel generator and battery energy storage system [J]. Journal of Shanghai Jiaotong University (Science), 2018, 23 (5): 593-599.

[6] Talari S., Yazdaninejad M., Haghifam M. R. Stochastic-based scheduling of the microgrid operation including wind turbines, photovoltaic cells, energy storages and responsive loads [J]. IET Gen Transm Distrib, 2015, 9 (12): 1498-1509.

[7] Eseye A. T., Zhang J., Zheng D., et al. Short-term wind power forecasting using a double-stage hierarchical hybrid GA-ANN approach [EB/OL]. https://ieeexplore.ieee.org/document/8078695.

[8] Ye Y., Wang Q., Chen N., et al. Wind forecast model considering the characteristics of temporal and spatial distribution [J]. Power System Protection and Control, 2017, 45 (4): 114-120.

[9] Jiang Z. Y., Jia Q. S., Guan X. H. A review of multi-temporal-and-spatial-scale wind power forecasting method [J]. Acta Automatica Sinica, 2019, 45 (1): 51-71.

[10] Kamankesh H., Agelidis V. G., Kavousi-Fard A. Optimal scheduling of renewable micro-grids considering plug-in hybrid electric vehicle charging demand [J]. Energy, 2016 (100): 285-297.

[11] Zhang J., Wu Y., Guo Y., et al. A hybrid harmony search algorithm with differential evolution for day-ahead scheduling problem of a microgrid with consideration of power flow constraints [J]. Applied Energy, 2016 (183): 791-804.

[12] Nojavan S., Majidi M., Esfetanaj N. An efficient cost-reliability optimization model for optimal siting and sizing of energy storage system in a microgrid in the presence of responsible load management [J]. Energy, 2017 (139): 89-97.

[13] 薛阳，时宇飞，李华郁．基于粒子群算法的风光储微电网经济优化运行 [C]. 2015 年全国智能电网用户端能源管理学术年会，2015.

[14] 罗毅，张若含．风—光—水联合发电系统优化调度研究 [J]. 太阳能学报，2015，36 (10)：2492-2498.

[15] 林佳，刘涌，陈冰斌．基于随机机会约束规划的冷热电联供微电网能量优化调度 [J]. 电测与仪表，2018，56 (19)：85-90.

[16] 朱晔，兰贞波，隗震．考虑碳排放成本的风光储多能互补系统优化运行研究 [J]. 电力系统保护与控制，2019 (10)：127-133.

[17] 赵波，薛美东，陈荣柱．高可再生能源渗透率下考虑预测误差的微电网经济调度模型 [J]. 电力系统自动化，2014 (7)：1-8.

[18] 王辉，崔建勇．应对光伏并网的抽水蓄能电站优化运行 [J]. 电网技术，2014，38 (8)：2095-2101.

[19] 肖浩，裴玮，孔力．基于模型预测控制的微电网多时间尺度协调优化调度 [J]. 电力系统自动化，2016，40 (18)：7-14.

[20] 刘一欣，郭力，王成山．微电网两阶段鲁棒优化经济调度方法 [J]. 中国电机工程学报，2018，38 (14)：4013-4022.

[21] 周冬，陈阜东，邹红波．基于改进烟花算法的可再生能源动态经济调

度分析［J］. 智慧电力，2019（5）：59-64+77.

［22］孙浩，张磊，许海林．微电网日内调度计划的混合整数规划模型［J］. 电力系统自动化，2015（19）：21-27.

［23］董海鹰，褚衍廷，余雨婷．实时电价理论下含蓄电池的微电网系统运行优化［J］. 太阳能学报，2018（10）：2831-2842.

［24］孙黎霞，刘甜甜，裴启晨．计及蓄电池使用寿命的热电联供型微电网经济优化［J］. 可再生能源，2019（4）：538-544.

［25］赵倩，杨帅，章珂．基于启发式调度策略包含蓄电池储能的微网经济调度［J］. 电力信息与通信技术，2019（6）：51-57.

［26］杨文荣，马晓燕，边鑫磊．分时电价机制下采用改进鸟群算法的微电网运行优化［J］. 可再生能源，2018（7）：1046-1054.

［27］刘娇扬，郭力，杨书强．配电网中多光储微网系统的优化配置方法［J］. 电网技术，2018，42（9）：2806-2815.

［28］周磊，董学育，孙飞．基于改进人工鱼群算法的微电网经济调度［J］. 供用电，2019（12）：62-68.

［29］朱永强，王甜婧，许阔．基于动态规划—遗传算法的混合储能系统实时协调调度和经济运行［J］. 太阳能学报，2019（4）：1059-1066.

［30］Chunyang L.，Xiuli W.，Shimin L.，et al. Economic dispatch model considering battery lifetime for microgrid［J］. Electric Power Automation Equipment，2015，35（10）：29-36.

［31］周玮，彭昱，孙辉，等．含风电场的电力系统动态经济调度［J］. 中国电机工程学报，2009，29（25）：13-18.

［32］孙元章，吴俊，李国杰，等．基于风速预测和随机规划的含风电场电力系统动态经济调度［J］. 中国电机工程学报，2009（4）：43-49.

［33］Yuan X. H.，Su A.，Yuan Y. B.，et al. An improved PSO for dynamic load dispatch of generators with valve-point effects［J］. Energy，2009（34）：67-74.

［34］赵波．应用粒子群优化算法求解市场环境下的电力系统动态经济调度问题［J］. 电力系统保护与控制，2004，32（21）：1-5.

［35］Bechert T. E.，Kwatny H. G. On the optimal dynamic dispatch of real power［J］. IEEE Transactions on Power Apparatus and Systems，1972，91（3）：889-898.

［36］Attaviriyanupap P.，Kita H.，Tanaka E.，et al. A hybrid EP and SQP for dynamic economic dispatch with nonsmooth fuel cost function［J］. IEEE Transactions on Power Systems, 2002, 17 (2): 411-416.

[37] 王杰文, 李赫男. 粒子群优化算法综述 [J]. 现代计算机, 2009 (2): 24-29.

[38] Alrashidi M. R., El-Hawary M. E. A survey of particle swarm optimization applications in electric power systems [J]. IEEE Transactions on Evolutionary Computation, 2009, 13 (4): 913-918.

[39] 龚建原, 卢继平, 章耿勇, 等. 含储能系统及风电的电力系统动态经济调度 [J]. 重庆师范大学学报 (自然科学版), 2013, 30 (6): 140-146.

[40] 白牧可, 唐巍, 吴邦旭. 用户侧综合能源系统评估指标体系及其应用 [J]. 分布式能源, 2018, 3 (4): 43-48.

[41] Xia X., Elaiw A. M. Optimal dynamic economic dispatch of generation: A review [J]. Electric Power Systems Research, 2010, 80 (8): 975-986.

[42] Han X. S., Gooi H. B., Daniel S. Kirschen. Dynamic economic dispatch: Feasible and optimal solutions [J]. IEEE Power Engineering Review, 2001, 21 (2): 56-56.

[43] Hwang C. L., Paidy S. R., Yoon K., et al. Mathematical programming with multiple objectives: A tutorial [J]. Computers & Operations Research, 1980, 7 (1): 5-31.

[44] Dorvlo A. S. S. Estimating wind speed distribution [J]. Energy Conversion & Management, 2002, 43 (17): 2311-2318.

[45] Ulgen K., Hepbasli A. Determination of weibull parameters for wind energy analysis of Izmir, Turkey [J]. International Journal of Energy Research, 2002, 26 (6): 495-506.

[46] Dalabeeh A. S. K. Techno-economic analysis of wind power generation for selected locations in Jordan [J]. Renewable Energy, 2017 (101): 1369-1378.

[47] Adaramola M. S., Paul S. S., Oyedepo S. O. Assessment of electricity generation and energy cost of wind energy conversion systems in north-central Nigeria [J]. Energy Conversion & Management, 2011, 52 (12): 3363-3368.

[48] Mohammadi K., Mostafaeipour A. Economic feasibility of developing wind turbines in Aligoodarz, Iran [J]. Energy Conversion & Management, 2013, 76 (30): 645-653.

[49] Abdelhady S., Borello D., Santori S. Economic feasibility of small wind

turbines for domestic consumers in Egypt based on the new feed-in tariff [J]. Energy Procedia, 2015 (75): 664-670.

[50] Dubey H. M., Pandit M., Panigrahi B. K. Hydro-thermal-wind scheduling employing novel ant lion optimization technique with composite ranking index [J]. Renewable Energy, 2016 (99): 18-34.

# 第 7 章　经济与环境均衡的需求响应计划及实施优化

可再生能源发电具有间歇性和波动性等特征，会给能源互联网运营的稳定性和可靠性带来挑战，并使电网经济调度的复杂性加剧。仅靠供给侧的调度和优化来保证电力供需平衡不仅困难而且成本巨大，因此需要激活需求方的潜力以协同解决该问题。需求响应作为电力需求侧管理的重要经济策略之一，能够根据各种电价和激励措施提高需求方潜力，促进能源互联网安全、经济、可持续运营，对可再生能源产业的可持续性发展也具有重要的推动作用。

本章以混合能源微电网为例，研究了需求响应计划对于能源互联网运行效益的影响，提出了混合微电网需求响应计划及实施优化的方法。此外，还分析了微电网以及需求响应的特征、在中国的发展现状及潜力、相关的政策等，明确了中国具有在微电网中实施需求响应计划的条件以及迫切需求。基于多目标规划以及多准则决策理论和方法，从经济、环境、可再生能源利用三方面入手，建立了考虑实施需求响应计划对于负荷的影响的多目标优化模型。在此基础上，结合电力供需侧对于需求响应计划选择的偏好，建立了以负荷因子、满意度和节能率为构成要素的多准则决策模型，以对不同的需求响应计划实施效果进行排序，选出最佳的实施计划。以中国二连浩特市微电网项目为例，选取了 8 种适合我国国情的需求响应计划方案，根据优化结果说明了该方法的实用性和有效性。研究结果表明，通过该方法得出的优化方案能有效应对电网负荷的峰谷效应以及实现供需平衡以提高发电系统效率，同时在满足混合能源微电网的经济效益下，提高环境效益以及可再生能源的利用。本章研究也能够为相关研究机构、微电网运营商、政府相关部门的需求响应计划设计和可再生能源产业经济政策制定提供一定的理论及方法参考。

# 7.1 能源互联网的需求侧响应

## 7.1.1 问题背景

国际电工委员会在《IEC 2010~2030 年白皮书：应对能源挑战》中就曾指出过微电网技术的重要性，并表明它将成为未来的能源领域的关键技术之一。我国从 2009 年开启了微电网的研究，目前是世界上第二大微电网市场，已建成运营了 35 个微电网。此外，中国还有 4.2 吉瓦的微电网项目在筹备建设的过程中[1]。其中，并网型微电网成为未来中国微电网发展的主要形式。《国家发展改革委 国家能源局关于印发〈推进并网型微电网建设试行办法〉的通知》中提到，微电网分为并网型和独立型，可以实现自我控制和自治管理[2]。此外，并网型混合能源微电网也是有效解决大规模并网发电的可再生能源消纳问题的主要方法，也是可再生能源创新发展的重要方向。

但是，可再生能源极易受到风速、阳光和温度等天气条件的影响，因此其发电不稳定且随机。直接将可再生能源大量接入电网会造成电网波动性显著增加、稳定性降低、成本大幅度提高。但单纯依靠提高可再生能源利用技术或者增加可再生能源装机容量也产生了很多问题，如不能及时解决供应波动、研发成本巨大，还会造成严重的“弃风弃光”现象。因此，电力行业开始发现并重视电力需求侧资源的价值。需求响应作为实现需求侧管理的主要措施[3]，可以引导电力用户对电价信号或者激励机制做出响应，从而使用户侧积极参与电力系统调度。2003 年，为了使需求响应计划能被各国的电力市场所接纳，国际能源机构就实现需求响应特定目标需要的方法、流程等开展了需求响应相关的研究。此外，中国也积极开展需求响应计划实验项目。2014 年 8 月，上海共计 6 家工业用户和 28 家商业用户响应国内的需求响应试点项目，共计降低了 5.5 万千瓦峰负荷。这一试点的成功说明了需求响应能对电网系统进行优化和改善。紧接着，在国家政策指引下，北京、苏州、佛山等地也纷纷启动实施了需求响应计划。天津市在 2018 年的春节期间采用市场的手段激励和引导用户在低谷时段用电，这是国内首次开展的填谷需求响应计划。试点用户在此期间约增加 40 万千瓦的非峰荷时段用电，该响应的成功说明了需求响应能够在保证电力供需平衡的情况下促进电

网系统的热电联产机组持续稳定发电供热。同年，江苏省也在国庆期间试点了需求响应电力填谷，当期最大填补低谷负荷142万千瓦，累计填谷719万千瓦，通过竞价模式保证了电网的安全性和稳定性，同时促进了可再生能源发电的全额消纳。2019年，重庆首次组织了雨季电力需求响应试点，主要包括低谷电增量交易试点和主动移峰负荷需求响应试点，利用四川雨季电价低的优势，将差价作为需求响应补贴资金，引导工业用户调整生产用电，实现峰荷期间的电力需求减少以及峰谷时期的电力需求增加。截至2019年，响应国家战略进行试点的省（自治区、直辖市）数量已达到10个，其中有8个省（市）发布了试点扶持政策。全国范围内共计实施了8次填谷响应，其中，工业需求响应用户、商业需求响应用户和住宅需求响应用户分别为2861户、444户、288户，增加的用电量约为543.55万千瓦，总计消纳非峰值负荷1.33万千瓦。

将需求响应引进电力行业，综合规划供需双侧的资源是电力系统未来发展的必然趋势。通过实施需求响应减少或改变负荷，提升用户侧与电网间的信息交互水平，柔化用户侧负荷需求，有助于减缓传统电力系统中电能储备的发展速度，进而缓解保障系统可靠运行的压力，同时为规模化消纳清洁能源发电提供了崭新的思路[4]。因此，为了进一步发挥需求响应在中国电力市场中的作用，以及促进可再生能源的消纳，将需求响应计划应用于并网型混合能源微电网中具有重大意义。

### 7.1.2 相关研究现状

#### 7.1.2.1 需求响应计划研究现状

需求响应是需求侧管理的重要技术手段，是指用户对价格或者激励做出响应，并改变原有的用电模式[5]。需求响应作为调控供需两侧平衡的关键手段，积极调动用户参与用电优化调度，在保证用户用电经济性和降低负荷峰谷差等方面具有重要作用。如图7-1所示，基于价格的需求响应计划以及基于激励的需求响应计划是目前的两个主要类别。

基于价格的需求响应计划主要分为3类：分时电价（Time of Use）、实时电价（Real the Pricing）和尖峰电价（Critical Peak Pricing）。其中，分时电价是在电力市场交易中根据用户侧历史用电数据对不同时间段的电价进行划分。分时电价的设定可以使用户在利益的引导下，在电网负荷过高的时段自行削减部分用电量，缓减电网输电压力；在电网负荷较低时增加用电量，提升电能的消纳率[6]。实时电价通常在每小时或者更短的时间内变动一次，用户则会提前收到下一个

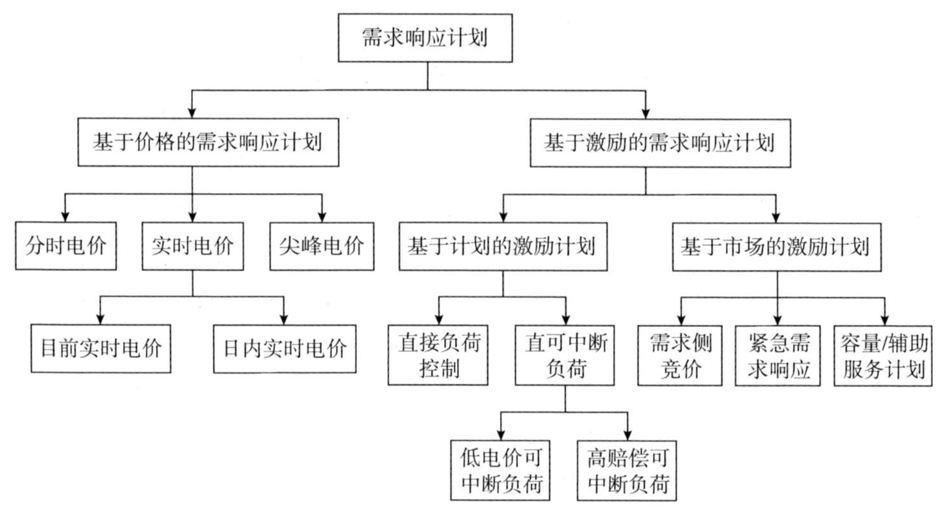


**图 7-1 需求响应计划分类**

时间段的电价，从而引导用户响应电网的实时调度。实时电价的制定可以反映电力系统的实时运行状态。尖峰电价是指当用户侧用电需求量过高、电源侧难以满足时，在分时电价中峰值电价的基础上再加收尖峰费后的费用[7]。尖峰电价的提出是为了在电力系统发生突发性事件时通过执行预先规定好的高电价从而进一步引导用户参与电网调度，削减用电高峰时的负荷量。基于政策激励的需求响应大致分为 5 类：直接控制负荷（Direct Load Control）、可中断负荷（Interruptible Load）、需求侧竞价（Demand Side Bidding）、紧急需求响应（Emergency Demand Reduction）、容量/辅助服务（Capacity/Ancillary Service Program）。其中，紧急需求响应和容量/辅助服务是最常应用的两种基于政策激励的需求响应电价政策。紧急需求响应是当电力系统发生故障或因其他情况导致电网供电能力不足时，用户侧参考与供电公司之间的补偿协议自愿选择中断部分负荷的用电需求的响应行为[8]。容量/辅助服务是指当用户具备发电能力且用电量小于发电量时，该用户可以申请为该供电区域的备用容量提供辅助服务，当电网供电能力不足时参与电网供电。参与容量辅助服务的可以是拥有大容量发电的用户，也可以是拥有小容量发电或者具有储能装置的用户[9]。

随着各个国家不断开展电力系统的需求响应应用，关于需求响应方案的研究也越来越多。Ruan 等[10] 采用经验法将日负荷分为峰、谷、平三类。Muzmar 等[11] 以能源网收益为目标，基于峰、谷、平时段的分时电价建立了发电系统风电消纳模型。陈沧杨[12] 基于峰谷电价建立风—光—储能源网的用户容量优化模

型，对于日负荷的“削峰填谷”有积极作用。刘小聪等[13] 建立了考虑分时电价和可中断负荷参与系统运行的日前调度模型，结果表明，需求侧管理可以使系统运行更加安全经济，能够降低发电成本。Doe[14] 以家庭负荷为例，研究了实时电价型需求响应对可再生能源接入系统的影响。Radaideh 和 Ajjarapu[15] 基于激励型需求响应，通过考虑可中断负荷的容量、价格和参与时机等，评估可中断负荷参与电力市场的可行性。窦晓波等[16] 分别分析了直接负荷控制、可中断负荷等基于激励的需求响应负荷的调度管理模型及方法。

除了基础的需求响应方案，一些新的需求响应计划也不断被提出。Hajibandeh 等[17] 引入基于价格的需求响应和基于激励的需求响应，建立需求响应模型，分别构建了电动汽车客户、企业客户、行业客户和住宅客户的收益函数。结果证明，不同的客户具有不同的用电特性，可以驱动其需求响应特性。因此应建立多样化的需求响应方案对不同的参与客户提供激励措施。Wang 等[18] 提出，需求响应是一个至关重要的且有效的措施。然而，传统的需求响应范围不能完全适用电力系统。多能源系统具有互补性，即使非弹性负载也能积极参与需求响应项目，这使在维护消费者舒适度的同时可以充分发挥需求响应资源的交互能力。据此，我们提出了“集成需求响应”（IDR）的概念及应用。Monfared 等[19] 提出了一种基于混合价格的需求响应（HPDR，该响应方案比其他现有方案更适合定价原则，且可在住宅微电网计划的日常调度中实现。

郝勇生等[20] 根据大型用户的能源效率制订了需求响应计划。通过考虑用户侧、发电侧和电力市场的需求响应，建立仿真模型优化基于大用户能源效率的需求响应机制。结果表明，实施这种大型用户驱动的需求响应机制可以在保证一定的总负荷需求的情况下保持高能耗行业的平均能源效率。

7.1.2.2 *考虑需求响应的能源互联网运行研究*

如前文所述，微电网具有经济合理以及环境友好的性质，是未来智能电网主要的发展方向，鉴于智能电网和传统电网的区别在于是否能使用户主动且积极地加入电网优化运行中[21]，因此有必要从需求响应的视角开展微电网运行研究。基于需求响应的微电网运行优化研究需要构建优化模型，同时考虑系统运行的经济、能源和环境目标，且满足系统安全和设备运行的前提条件。因此，微电网优化运行问题实际上是多目标运行、多时间尺度、多能源耦合的复杂问题[22]。包侃侃[23] 考虑了影响价格型和激励型需求响应计划的因素，并研究了其对离网微电网和并网微电网优化配置的影响。赵波等[24] 在已有的光储微网基础上，引入需求响应，以运行成本最小为目标来对储能进行合理配置。结果表明，包含储能的光伏并网微网系统经济效益更高，需求响应参与微电网运行可以减少储能的配置，从而提高微网系统的经济效益。杨晓萍等[25] 在模型中利用正态分布函数考虑了负荷、电价和可再生能源发电的不确定性，研究发现，在运营过程中实施基于激励的需求响应方案，既可以降低发电机的成本，又可以降低交易成本。此外，用加权和技术求解，得到最优的帕累托解，并运用模糊满足法选择折中解。赵胤慧等[26] 以最小化运行成本、一次能源消耗量和碳排放量为目标，建立了微能源网多目标优化运行模型，并通过粒子群算法得出了系统最优运行策略。Montuori 等[27] 基于用户需求响应和相关组件约束，建立了微电网“源—储—荷”两级协调运行的双层优化模型。其中，上层规划模型以负荷转移策略前后的相对效益最大化为目标，下层规划模型以发电侧经济效益最大化为目标。结果表明，可控负荷和储能系统的参与，可增强微电网的灵活性，提高微电网的总体效益。Hajibandeh 等[28] 提出了一种新的风电与需求响应的集成模型，从而优化了供需侧的运行。

此外，针对可再生能源消纳的研究也很多。王泽森等[29] 考虑通过需求响应来降低处理传统能源发电所带来的环境污染所需要的成本。米阳等[30] 为了可再生能源的最大化利用，针对可再生能源制定了需求响应方案，提高电能质量。Moreira 等[31] 针对大范围的风力发电接入供电系统，综合风力发电的不确定性和需求响应建立了使储能配置成本最小的微电网经济调度模型，以保证风力发电的有效使用。Rahbari-Asr 等[32] 建立了考虑可再生能源以及储能的经济调度模型。结果表明，该模型提高了微电网的电能质量，同时加强了可再生能源的消纳。张倩文等[33] 考虑风力发电的波动性，采用盒式理论来描述其出力，并建立模型。艾芊和郝然[34] 在微电网中加入储能系统，建立多目标模型，通过解决可再生能源出力的不确定性，以提高可再生能源的消纳率。虞临波等[35] 主要结合需求响应和储能两个重要因素，以提高可再生能源的利用率，减少电能的浪费。Aluisio 等[36] 基于需求响应和储能技术，构建了风电消耗的优化模型。结果表明，考虑需求响应能促进风电消纳。李盛伟等[37] 为解决大规模“弃风”问题并提高可再生能源利用率，一方面提出通过外部交付扩大风电消耗的范围，另一方面将需求响应考虑进了发电系统中。

对比实施需求响应前后微电网的变化、可能的效益，以及不同需求响应方案的实施效果也是重要的研究方向之一。如 Krishnamurthy 等[38] 研究了需求响应作为具有大量风力的系统中的新兴备选方案的潜力，考虑了包括基于价格的、基于激励的和组合的需求响应方案在内的方案集合，并在各种需求响应方案中优先考虑系统运营商的经济、技术和环境需求。有学者对不同需求响应方案下客户对价

格弹性的敏感性进行分析，对需求和参与水平进行了评价[39]，对一套综合需求响应方案的柔性水平进行定量评价。为此，考虑到客户的利益函数，建立了基于价格的、基于激励的和组合的需求响应方案的组合。Hajibandeh 等[17] 研究了温控负荷群、用户行为模拟、异质性个体参数估计以及协同优化管理策略等，并提出了一种大规模聚合温控负荷的需求响应潜力定量评价方法。王蓓蓓等[40] 对平均成本加权的方法进行了改进，量化了参与需求响应各主体的边际收益，其基于需求响应提出的电价模型考虑了诸多因素，如用户类型、停电时间与负荷恢复时间等。赵福林等[41] 分析了在风电并网情况下多种调节资源对电力系统灵活性的影响，考虑分时电价，构建以经济性为目标函数的机组组合模型，提出一种“整体—局部”的灵活性评估方法。路红池等[42] 将负荷分解为弹性负荷和非弹性负荷，并提出了多能源系统的综合需求响应模型。将目标函数设置为能源购买成本和减少负荷成本的最小总和，考虑了全面的需求响应资源及多能源系统的可靠性，建立了包括综合需求响应的最优负载削减模型。

7.1.2.3 当前研究评述

对以上文献进行梳理分析可知，目前的需求响应计划主要是基于价格的需求响应计划和基于激励的需求响应计划，混合型的需求响应计划也开始得到应用。但已有研究多针对某一种或者某一类的需求响应计划展开，而并未进行全面考虑。此外，相关研究主要涉及运营成本、减排和能源管理等方面，多数研究仅以单独效益或者成本和减排两种效益为目标。仅以成本和减排两种效益为目标，可能会导致可再生能源发电不能充分利用，导致“弃风弃光”现象而造成资源浪费；而仅以可再生能源消纳为目标，则可能会导致微电网的运营成本增加。因此，应同时考虑混合能源微电网的经济、环境与可再生能源利用效益，使可再生能源发电得到充分利用，在经济效益更高的同时使污染物排放更少。对于需求响应，不同的方案会对微电网的运营产生不同的影响，很多文献评估了实施需求响应后微电网的运行效益，如可靠性、灵活性等，但缺乏对效益优化水平的比较。

综上所述，需求响应在混合能源微电网中应用时，除了考虑需求响应方案对于微电网经济、环境、可再生能源利用等多方面的影响，以保证混合能源微电网在经济环境等均衡的条件下运行，还应该比较不同种类需求响应方案实施的效果，以便得出较优的需求响应方案。

7.1.2.4 研究的创新点

（1）形成更加完整的研究体系。需求响应计划的实施对于提高混合能源微电网运行的可靠性、经济性以及促进可再生能源消纳有着重大的影响。本章在已有研究的基础上，考虑了更加全面的需求响应计划类型，包含基于价格、激励以及二者结合的八种方案，并从环境、经济、能源利用三方面综合考虑需求响应对于混合能源微电网运行效益的影响，综合电力供需两方的方案选择偏好对优化后的效益进行排序，从更加全面的方案中选择合适的需求响应计划。

（2）研究更符合实际情况。已有研究往往只从典型日一天的平均风速和光伏入手，而这些可再生能源具有波动性、不确定性，单一的需求响应计划将难以应对全年的电力供应和需求变化。所以本章基于历史数据，按月度进行需求响应计划选择从而形成全年的需求响应规划，为电力供应方及政府的决策提供参考。

## 7.2 混合微电网与需求响应概况

### 7.2.1 混合微电网

微电网具有清洁、智能、灵活等特点。以分布式可再生能源为主的混合能源微电网能接入多种可再生能源电源和储能单元，提高可再生能源的利用率，促进分布式发电的创新发展。微电网作为可控的电源/负荷系统还可以缓解电网消纳的问题。作为分布式能源广泛接入的混合能源微电网，其能根据运行状况选择是否连接和断开分布式电源，还可以根据不同的需求选择不同的运行方式。同时，微电网中囊括了智能化的技术和设备，如快速仿真计算软件、先进的能量管理系统、分布式储能管理装置等，可以就地消纳分布式的可再生能源发电，降低“弃风弃光”率。微电网系统是一种新型的智能小型能源网络，既能作为自治电网独立运行，也能接入大的发电主网并网运行，能够通过实时的信息交互，快速控制储能单元以实现微电网内负荷的供需平衡，保证混合能源微电网的安全稳定及供电质量。中央及各级地方政府早在2009年就开始重视发展和应用微电网，并在相关的能源政策中提到了推动微电网的建设。2010年，《关于加强金太阳示范工程和太阳能光电建筑应用示范工程建设管理的通知》下发，在城市园区、边远地区、海岛等地区加强微电网建设和运行管理试点。西藏、青海、新疆、内蒙古等地已经相继开展了一批微电网试点项目。近几年，国家为了促进微电网建设和运营相继出台了一系列政策。例如，2015年《国务院关于积极推进“互联网+”的指导意见》提出了一些关键技术的建设。同年，《国家发展改

革委　国家能源局　关于促进智能电网发展的指导意见》下发。

微电网拥有实施需求响应计划的先决条件，微电网可以按照用户提供的实时信息对负荷进行动态调整，从而“削峰填谷”，优化分布式能源的配置，以实现微电网电力供需平衡，以及微电网的经济运行。微电网可以实现电网与用户的友好互动，既增强用户体验，为消费者提供优质的电力服务，鼓励用户积极参与电力系统管理，又能保证微电网的可靠性，减少能源的消耗。

### 7.2.2　需求响应计划

随着经济社会发展，负荷水平不断升高，需求响应的重要性在世界范围内日益显现，在中国实施需求响应计划也有极大的必要性。近年来，我国多个省市的夏季负荷需求几次创历史新高，给发电系统以及输电通道带来了极大的挑战。可以通过新建发电机组及特高压输电线路等传统方式增加发电量以应对负荷激增的问题，这些方法虽然缓解了用电高峰时期的供电紧张，但这些方法涉及高昂的资金投入，在处于负荷低谷时，过多的发电机组不得不将出力维持在一个较低的水平，甚至停机，导致系统总运行成本明显升高，使供电的可靠性降低、污染排放也增多。热电联产机组的调节能力有一定的限度，当用电需求较低时就会导致热电联产机组出力不足。如果可以通过市场的手段引导用户提高低谷时段的用电量，就能从需求侧改善机组的运行。因此，通过实施需求响应来达到“削峰填谷”的目的是十分有必要的，一方面可以缓解高峰时段的用电压力，另一方面可以保证低谷时段机组的在线运行，提高设备运行效率。

伴随着风电与太阳能发电的快速发展，可再生能源大规模接入发电系统。但如前文所述，风电与太阳能发电具有明显的随机性与波动性，大规模接入系统，为发电系统的可靠性带来了巨大的挑战。需求响应能够增加发电系统的灵活性和调节能力，有利于可再生能源的应用与消纳。

针对在上海进行的首个需求响应试点项目，牛津大学环境变化研究所等发布了《上海需求响应市场潜力及效益评估》报告。报告重点研究了上海市中小工商业用户及针对工商业用户的需求响应市场潜力。指出在最理想的状态下，到 2030 年，上海的需求响应市场潜力将达到 250 万千瓦，预计高峰负荷将调整 4%，减少约 8 亿元的成本。从以上可以看出，需求响应的实施将具有明显的减峰效应和社会效益，且需求响应在中国的市场潜力巨大。

除此之外，我国还陆续颁布了一系列的政策法规以促进电力系统重视需求侧管理工作，为电力系统明确需求侧管理工作的重点。

### 7.2.3 多目标规划

通过需求响应计划的实施来优化混合能源微电网的运行效益并不能只单一地考虑经济或者环境某一方面的效益，因为经济与环境效益目标之间存在一些冲突，尤其是在需要提高可再生能源消纳的背景下，提高可再生能源的利用率能减少污染气体排放，从而提高环境效益，但目前可再生能源发电的平均成本和运维成本均高于传统发电方式，会造成经济效益的减少，同时还存在着系统安全和设备运行方面的局限性。可以看出，利用需求响应计划来优化混合能源微电网的运行存在着一个目标或指标的优化会使另一个目标或指标变差，难以获得一个理想解满足各个目标函数都达到最优的问题。因此，这实际上是一个典型的多目标优化问题，需要在经济与环境目标之间进行比较衡量和折中处理，使混合能源微电网达到经济与环境效益的均衡。

多目标优化问题（Multiobjective Optimization Problem，MOP），也被称为目标规划，属于数学规划的一个分支，是为了解决多个目标之间的互相冲突而提出的，旨在研究多个目标函数在给定区域内的最优化，是对两个或两个以上相互冲突的目标同时取优的过程。目前其应用范围极其广泛，涉及金融分析、数据挖掘、管理科学、石油化工等诸多学科领域。在多目标优化问题中，往往有两个及两个以上的目标函数、一个或多个决策变量，还可能会有约束条件。其基本数学方程可以表示为[43]：

$$\max \quad F=\lfloor F_1, F_2, \cdots, F_p \rfloor$$

$$\text{s.t.}\begin{cases} F_i=f_i \geqslant (x) & i=1, 2, \cdots, p \\ g_j(x)<b_j & j=1, 2, \cdots, m \\ x=(x_1, x_2, \cdots, x_n) \end{cases} \tag{7.1}$$

其中，$f_i(x)$和$g_j(x)$代表决策函数；x 和 $b_j(j>0)$是一些不确定参数。该模型有 n 个决策参数、m 个限制条件和 p 个目标。

解决多目标优化问题时，最常用的方法是加权求和法，该加权求和法是根据每个目标函数的不同重要性进行加权的，从而聚合为一个目标函数来求解，将多目标问题转化为单目标问题，并通过选择不同的权重组合来获得不同的最优帕累托解决方案。该解决方法对权重的选取和各个目标的重要程度的依赖性较大，而往往缺乏客观性，且需要尽可能多地运行以获得 Pareto 最优解。在多目标优化问题中，保持种群的多样性以便收敛到最佳帕累托前沿非常重要。1940 年，密歇根大学的 John Holland 和他的同事率先提出了用于细胞自动机研究的遗传算法。随着计算机计算

能力的发展和实际应用需求的增加，遗传算法逐渐进入应用阶段，并被广泛应用于计划、数据分析、预测未来趋势、预算等领域。迄今为止，遗传算法是处理多目标优化的问题中应用较广泛且性能较好的算法之一[44]。因此，本章采用遗传算法来获得实施需求响应计划后混合能源微电网优化运行效益的 Pareto 最优解。

然而实际上通过遗传算法处理微电网优化运行效益的问题后，得到的是一组 Pareto 最优解集，即 Pareto 前沿。而在后续的运行效益比较中，对每种需求响应计划下的微电网优化运行效益 Pareto 前沿上的每一个 Pareto 最优解进行比较，工作量巨大且不现实。所以本章考虑先从每一组解集中得到最后的最佳解，对不同需求响应计划实施后微电网优化运行效益的最佳解进行比较。为了获得该最优解，本章采用了 TOPSIS 法。

TOPSIS 法是处理多目标优化问题时常用到的决策方法。在整个决策过程中，需要确定理想点和非理想点。因为 TOPSIS 法就是通过无量纲化后的数据规范化矩阵找出多个目标中的理想点和非理想点，分别计算各评价目标与理想解和非理想解的距离，获得各目标与理想解的贴近度，按理想解贴近度的大小排序，拾取与非理想点的最大距离和距理想点的最小距离的路线作为最佳路线。贴近度取值在 0~1，该值越接近 1，表示相应的评价目标越接近最优水平；反之，该值越接近 0，表示评价目标越接近最劣水平[45]。因为优化目标的维度是多种多样的，所以在进行决策之前，首先要使所有优化目标无量纲化。这里采用欧式无量纲化的方法（Euclidean Non-dimensionalization）[46]。所求得的帕累托前沿上所有解的目标矩阵由 $F_{ij}$ 表示，其中，i 代表帕累托前沿上的每个解，j 代表目标函数。无量纲化的目标 $F_{ij}^n$ 定义为：

$$F_{ij}^{n} = \frac{F_{ij}}{\sqrt{\sum_{i=1}^{m}(F_{ij})^{2}}} \tag{7.2}$$

TOPSIS 法中的理想点是使目标空间中每个目标都处于最优值的点。然而在多目标规划的实际应用中，一般不可能保证每个目标都处于单目标最优的状态。因此，理想点是一个无法实现的理想值且往往并不在帕累托前沿上。在所有目标都欧式无量纲化之后，帕累托前沿上的每个解与理想点的距离确定如下：

$$d_{i+} = \sqrt{\sum_{j=1}^{n}(F_{ij} - F_{j}^{ideal})^{2}} \tag{7.3}$$

非理想点是目标空间中使每个目标都为最劣值的点。同理，在多目标优化中，一般也不可能使每个目标都处于单目标最劣的状态。在所有目标都欧式无量纲化之后，帕累托前沿上的每个解与非理想点的距离确定如下：

$$d_{i-}=\sqrt{\sum_{j=1}^{n}(F_{ij}-F_j^{non-ideal})^2} \tag{7.4}$$

此外，还需要定义一个重要的参数：

$$Cl_i=\frac{d_{i-}}{d_{i-}+d_{i+}} \tag{7.5}$$

在 TOPSIS 决策过程中，选择具有最小的 $Cl_i$ 的解决方案作为最终的解决方案。因此，如果 $i_{final}$ 代表最终选择的解决方案的序号，则有：

$$i_{final}=i\in \max(Cl_i) \tag{7.6}$$

### 7.2.4 多准则决策

根据上文所述，在确定每种需求响应计划下混合能源微电网优化运行效益的最优解后，需要对其进行比较排序才能得到该区域混合能源微电网最适用的需求响应计划。由于需求响应计划的参与主体实际上来自电力的供需两方，是否适用于当地，还需要综合考虑供需双方对于需求响应计划的选择偏好，以及相关的经济环境战略方针。同样地，这三者往往存在的矛盾与冲突，例如，微电网运营商采用需求响应政策旨在改善可再生能源对电力供应的影响、“削峰填谷”以及提高发电系统的稳定性和效率，而这可能要求用户调整用电的模式，会给用户的日常生活工作带来一定的影响，从而降低用户参与需求响应计划的积极性，降低需求响应计划实施的效果。因此，本章采用多准则决策的方法，考虑电力供需两侧对于需求响应计划的选择偏好，对不同的需求响应计划实施效果进行排序，选出最佳的实施计划。

多准则决策（Multi-Criteria Decision-Making，MCDM）法，最早由 Pareto 在 1896 年提出，是分析决策理论的重要内容之一，是在某些相互冲突、不能共同参与的有限（无限）方案集中进行筛选的决策方法。它能够很好地解决复杂的评价问题，20 世纪 60 年代正式进入决策科学领域[47]。多准则决策是指需要同时考虑两个或两个以上目标的决策，实现目标之间联系和制约因素的最佳平衡协调的决策即为最优决策[48]。相较于其他常规的评估方法，多准则决策法有其独特的特点，可以总结为以下几点：①各项重要项目目标制定清晰明确，并且根据实际情况对各项目目标的相对价值做出评价。②多准则决策法可以很好地解决评价复杂问题时因各目标之间的不可公度性而难以进行比较的问题，即将不同量纲的指标无量纲化之后再进行评价。③多准则决策法可以将各评价指标进行分组分类，根据一定的逻辑顺序形成层次结构以解决不同目标之间的矛盾性问题。④多准则决策法还可用于不同项目之间的排序、优选以及评判[49]。因此，将多准则决策法应用于实施不同需求响应方案后混合能源微电网效益比较中，可以有效解

决供需两端对于混合能源微电网效益评价的复杂问题。此外，本章通过策略指标（SI）和策略成功指标（SSI）对各准则进行了评估，以有效比较不同需求响应计划对混合能源微电网的影响。这两个指标的函数属于几何平均效用函数（GAUF），该函数可以在多准则决策过程中实现多目标优化[50]。

假设对不同需求响应计划对混合能源微电网的影响的评估由 m 个备选计划组成方案集，同时拥有 n 个评价指标，通过这些指标对该方案集进行评估。决策矩阵 S 是由 m 个备选计划和 n 个评价指标组成的：

$$S=\begin{bmatrix} s_{11}^1 & s_{12}^2 & \cdots & s_{1n}^t \\ s_{21}^1 & s_{22}^2 & \cdots & s_{2n}^t \\ \cdots & \cdots & \cdots & \cdots \\ s_{m1}^1 & s_{m2}^2 & \cdots & s_{mn}^t \end{bmatrix}=(s_{ij}^t)_{m\times n} \tag{7.7}$$

其中，t=1，2，…，24；i=1，2，…，m；j=1，2，…，n；（$s_{ij}^t$）表示 t 时刻需求项计划 i 的指标 j 的特征值。

假设各指标的权重为 W，该权重可以根据电力市场的条件和优先级改变。需要注意的是，不同的权重可能会导致不同的决策方案，表达如下：

$$W=(w_1 w_2 \cdots w_n),\quad \sum_{j=1}^{n} w_j=1 \tag{7.8}$$

SI 系数描述了（$s_{ij}$）$^t$ 在一天中的总和，其公式为：

$$SI_i=\sum_{t=1}^{24}(s_{ij}^{\ t})^W \tag{7.9}$$

SSI 系数则是 SI 系数的归一化值，其公式为：

$$SSI_i=\frac{SI_i}{\max(SI_i)}\times 100 \tag{7.10}$$

SSI 系数越高的需求响应计划，代表该计划实施效益越好，即 max（$SSI_i$）对应的计划最适用于当前区域的混合能源微电网。

## 7.3　需求响应实施优化建模

### 7.3.1　经济与环境均衡

如前文所述，大量的微电网已经在中国成功运行。特别是，混合能源微电网正在成为微电网的主要形式，也是可再生能源发展创新的重要方向。尽管在当前阶段，火电仍是微电网不可避免的主要动力来源，但可再生能源的使用仍在继续增加。在一定时期内火力发电仍是我国主要的发电形式，以风电、光伏为代表的可再生能源电力是未来主推的有助于优化电力结构、推动能源革命的重要电源，并且这3种发电能源的联合调度已被众多学者证明能有效促进可再生能源的消纳。但随着越来越多的可再生能源连接到微电网，电力供应面临更大的不确定性和波动性。而并网型微电网具有功率平衡的功能，因为它可以与主电网交换发电量，从而确保对该地区用户的稳定电源供应。此外，并网微电网也是有效解决我国大规模分布式可再生能源并网发电问题的主要途径。因此，研究需求响应对并网型混合风光火电力的混合能源微电网的影响具有重要的现实意义。

为不同区域的并网型混合能源微电网实施适当的需求响应方案可以帮助微电网更加经济高效和环境友好地运行。因此，本章提出了一种为混合能源微电网选择合适需求响应方案的方法，具体如图7-2所示。

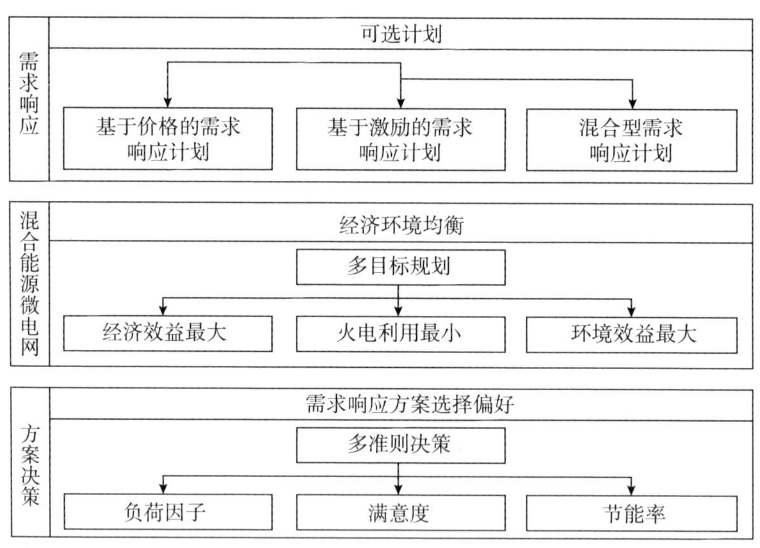


**图7-2 需求响应计划实施优化过程**

基于价格的需求响应方案可以提供长期的电力服务，以维持长期的电力平衡。但是对于电力短缺的紧急情况，其调节能力较差。基于激励的需求响应方案可以激励用户更改其典型需求，以换取特定的激励。它们具有通知时间短和响应时间短的优点，可以快速减少高峰时段的负载，但很难提供长期的电力平衡。目

前，一些国家还实施了两种类型需求响应混合方案。这种混合型方案实现了长期和短期的电力平衡，但可能会导致更高的实施成本。可以看出，不同的需求响应方案既有优点也有缺点，因此应该综合考虑较为全面的需求响应方案类型。

每个需求响应方案都需要确保混合能源微电网的经济效益与环境效益之间的平衡。为了达到平衡，需要考虑三个方面：经济效益、环境影响和能源利用。其中，经济效益是保证微电网稳定运行和发展的关键因素。系统运营商需要保证财务收入，这主要来自电力销售，而支出主要是发电成本。并且，在微电网的实际运行中，当火力发电厂在部分负荷下运行时，燃料消耗率可能会超过设计值。高燃料消耗率不仅可能导致更高的运营成本，还会导致更多的 $CO_2$ 排放量。电力行业贡献了中国44%的 $CO_2$ 排放量，因此减少发电系统的 $CO_2$ 排放十分重要且急迫。在发电过程中，减少 $CO_2$ 排放的成本是昂贵的。此外，$CO_2$ 排放主要来自火力发电。减少化石能源的利用对缓解环境经济问题至关重要，而可再生能源的利用也应增加。火力发电厂需要减少并逐步将其发电量转换为用于弥补可再生能源发电量不足的负荷。但是，火力发电的成本低于可再生能源的发电成本。改善可再生能源利用可能对环境产生帮助，但会降低经济效益。为了解决这三者之间的矛盾，本章采用多目标规划方法来保证环境和经济效益的均衡，同时增加可再生能源的利用占比。

需求响应方案实施效果的优先排序是为混合能源微电网选择合适需求响应方案的重要部分。而需求响应方案实施效果优先排序的关键是比较混合能源微电网中各方案实施效果的优缺点。但是，在发电系统（供电侧）和用户（需求侧）之间，需求响应方案实施效果的评估可能不一致。在需求方面，需求响应方案的实施侧重于用户参与的意愿。如果需求响应方案的实施增加了用户的用电成本或改变了用户的用电习惯，将会对用户的用电体验产生负面影响，从而降低用户参与需求响应方案的积极性。在供应方面，对混合能源微电网实施需求响应方案的目的是优化发电操作，确保电源可靠性，减少 $CO_2$ 排放以及运营成本。因此，需要一系列标准来确保双方各种需求达到平衡。要按给定标准对需求响应方案实施效果进行排名，多标准决策方法是对可选方案进行排序并找到最佳需求响应方案优化结果的合适工具。

### 7.3.2　需求响应计划建模

需求响应计划实施对混合能源微电网运行效益的影响来自其对负荷的调节：降低电网的高峰负荷、提高低谷负荷、平滑负荷曲线、提高负荷率从而稳定电网运行。因此，为了反映不同需求响应计划使负荷产生的改变，应该首先建立负荷需求响应模型。目前响应电价与用户用电量的响应模型分为 4 种[51]，分别为电量电价弹性矩阵、指数函数拟合模型、用户心理学模型、统计学原理模型。其中，电量电价弹性矩阵的应用最为广泛。根据经济学对电量电价的弹性矩阵的定义，电量电价的弹性是指电价变化引起的用户对电量需求的变化，关系曲线如图 7-3 所示。

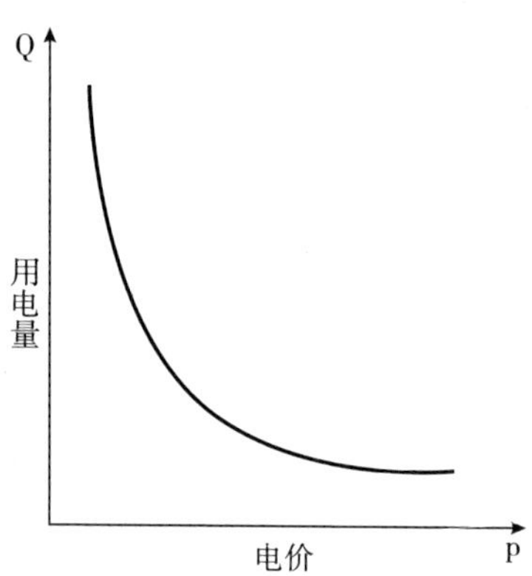


图 7-3　用电量与电价需求曲线

为了处理该曲线中所具有的不确定性，对其做线性化的处理，定义了电量电价的弹性系数，弹性系数的计算公式为：

$$e=\frac{\Delta Q}{Q}\frac{p}{\Delta p} \tag{7.11}$$

其中，e 为弹性系数，ΔQ 为电量 Q 的增加量，Δp 为电价 p 的增加量。

按照一般情况来说，需求响应分为两个时段：只考虑某单一时间内的需求响应和考虑一天内多个时间段内的需求响应，分别叫作单周期和多周期需求响应。在单周期内，用户仅会在某一时段受到电价的影响，而在这段时间以外的任何时间段都不受电价的影响，称为单时段响应。电力用户在多周期内受到不同电价的影响而改变其用电模式，称为多周期响应。实际上，用户的实际电耗模式通常更符合多周期响应的定义。在多周期响应模型中，有两种弹性系数，分别为自弹性系数和交叉弹性系数。当前时段电价造成的用电量改变，称为自弹性系数；其他多时段电价变动造成用电量的改变，称为交叉弹性系数。根据式（7.11）关于弹性系数的定义，其公式表达如下：

$$e_{ii}=\frac{\Delta Q_i/Q_i}{\Delta p_i/p_i} \tag{7.12}$$

$$e_{ij}=\frac{\Delta Q_i/Q_i}{\Delta p_j/p_j} \tag{7.13}$$

其中，$e_{ii}$ 为在 i 时刻的自弹性系数；$e_{ij}$ 为在 j 时刻的交叉弹性系数，且 $i\neq j$。

因此，本章提出了一种基于负荷特性的负荷需求响应模型，其中包括弹性概念和用户需求。如前文所提到的，在实际用户需求中，既要考虑单周期也要考虑多周期负载，这称为复合周期负载。因此，在式（7.14）中给出了基于自弹性和交叉弹性系数的复合周期负载的负荷需求响应模型。

$$D^t = D_0^t\left\{1+\sum_t\left[\frac{(e(t,\ t'))\cdot(a(t)+(p^t-p_0^t))}{p_0^t}\right]\right\} \tag{7.14}$$

其中，$D^t$ 为实施需求响应后用户的需求；$D_0^t$ 为 t 时的初始用电需求；a（t）为 t 时用户每减少单位千瓦时负荷的激励；$p^t$ 和 $p_0^t$ 分别为 t 时的电价和 t 时的初始电价；e（t，t′）为价格弹性。

### 7.3.3 多目标规划模型

#### 7.3.3.1 目标函数

目标 1：最大化经济效益。

根据中国的电价政策，本章考虑的经济利益包括向客户出售电力和向主电网出售剩余电力的收入，以及来自分布式电源的补贴收入。支出包括发电成本、运行成本和维护成本。这个目标可以表示为：

$$\begin{aligned}\max f_1 = &\sum_t D^t\cdot p^t + \left[(1-\partial_w)\sum_t X_1^t + (1-\partial_s)\sum_t X_2^t + \sum_t X_3^t\right]\theta p_{on-grid} + \\ &(1-\partial_w)(1-\theta)S_w\sum_t X_1^t + (1-\partial_s)(1-\theta)S_s\sum_t X_2^t - C_1\sum_t X_1^t - \\ &C_2\sum_t X_1^t - C_3\sum_t X_1^t - h\left(\sum_t X_1^t + \sum_t X_2^t + \sum_t X_3^t\right)\end{aligned} \tag{7.15}$$

其中，$X_1^t$ 代表在时间 t 时的风电输出；$X_2^t$ 代表在时间 t 时的光电输出；$X_3^t$ 代表在时间 t 时的火电输出；$\partial_w$ 和 $\partial_s$ 分别代表弃风弃光率；θ 代表送到主电网的电力比率；$S_w$ 和 $S_s$ 分别代表风能和太阳能发电的补贴；$C_1$、$C_2$ 和 $C_3$ 则分别代表风能、太阳能和火电发电的单位成本；h 代表微电网发电的单位维护成本。

目标 2：最小化火电利用率。

中国的发电产业需要低碳转型。可再生能源的扩张计划与减少碳排放的计划是一致的，并且可再生能源具有资源丰富、成本较低的优点。因此，将可再生能源发电作为基本负荷可以有效地确保混合能源微电网的经济和环境效益。同时，火力发电需要尽可能减少以确保最大程度地利用可再生能源。这个目标可以表示为：

$$\max f_2 = \frac{\sum_t X_3^t}{\sum_t X_1^t + \sum_t X_2^t + \sum_t X_3^t} \tag{7.16}$$

目标 3：最大化环境效益。

环境效益包括使用可再生能源代替传统化石燃料发电所减少的碳排放以及在微电网中实施需求响应方案带来的碳排放减少。为了更直观地反映微电网环境中需求响应的好处，本章仅考虑实施需求响应方案带来的碳排放减少。与需求响应方案实施相关的碳减排源于负荷需求的减少以及火电机组运行效率的提高。这个目标可以表示为：

$$\max f_3 = \left\{\left[(1-\partial_w)\sum_t X_1^t + (1-\partial_s)\sum_t X_2^t + \sum_t X_3^t\right](1-\theta) - \sum_t D_0^t\right\}\sigma_{Co_2} + \Delta\xi \cdot \varphi \cdot \sigma_{Co_2} \Big/ b_g \sum_t X_3^t \tag{7.17}$$

其中，$\sigma_{Co_2}$ 代表碳排放系数；$\Delta\xi$ 代表通过实施需求响应增加的负载率的百分比，每增加一个百分点，单位热量的煤炭消耗量就会减少 $\varphi$；$b_g$ 则代表每千瓦时单位热量供电的煤炭消耗量。

7.3.3.2　约束条件

(1) 风力发电约束。风力发电的主要动力来自风，风机的出力也就与风力的速度有着紧密的联系，具体如图 7-4 所示。

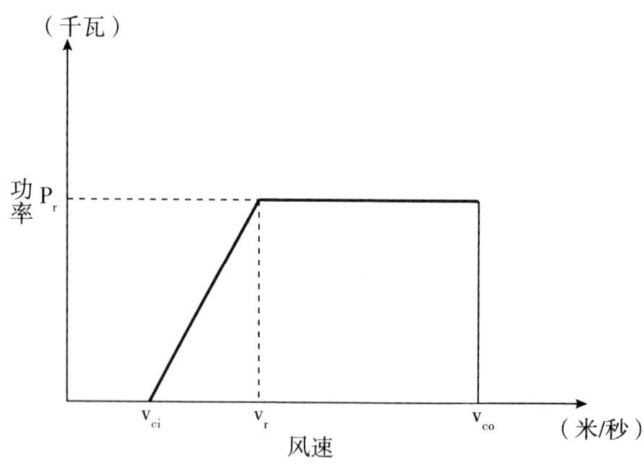


图 7-4　风功率与风速的对应关系

风力速度具有随机波动性，因此合理调度风电存在一定困难。目前主要有瑞利分布、双参数威布尔分布和三参数威布尔分布可以描述风速的分布特性，拟合风速曲线，求出对应的风功率。其中，双参数威布尔分布曲线的拟合精度最高[51]，拟合公式为：

$$F(v)=1-\exp\left[-\left(\frac{v}{c}\right)^{k}\right] \tag{7.18}$$

其中，k 为形状参数，v 为风速，c 为尺度参数。

概率密度函数为：

$$f(v)=\frac{k}{c}\left(\frac{v}{c}\right)^{k-1}\exp\left[-\left(\frac{v}{c}\right)^{k}\right] \tag{7.19}$$

由此得出风速与风电功率之间的对应关系：

$$X_1^t=\begin{cases}0 & 0\leqslant v\leqslant v_{in}\\ P_{w.r}\cdot\dfrac{v-v_{in}}{v_r-v_{in}} & v_{in}\leqslant v\leqslant v_r\\ P_{w.r} & v_r\leqslant v\leqslant v_{out}\\ 0 & v\geqslant v_{out}\end{cases} \tag{7.20}$$

其中，v 为实际风速；$v_{in}$ 为切入风速；$v_r$ 为额定风速；$v_{out}$ 为切出风速；$P_{w.r}$ 为额定功率。

风电输出功率不能超出风电机发电上限，对于每个风电机，都有上下风电输出功率范围，$P_w^{min}$ 和 $P_w^{max}$ 分别代表风电机组最小和最大输出功率。这个约束可以写成并且风力输出不得超过上限和下限：

$$P_w^{min}\leqslant X_1^t\leqslant P_w^{max} \tag{7.21}$$

（2）光伏发电约束。光伏发电的核心部件为光伏电池，其输出功率主要受不确定因素影响，如太阳光强度和温度[52]。

由于光照强度具有随机性和波动性，光伏发电其输出功率会有一定的随机误差。太阳光的强度在一天中会随时间变化。每日总辐射在中午达到最高，在早晨和晚上达到最低。光伏发电输出可以表示为[53]：

$$X_2^t=\eta_s\cdot Z_s\cdot\varphi_{s,t} \tag{7.22}$$

其中，$\eta_s$ 代表太阳辐射；$Z_s$ 代表太阳能面板有效面积［即单元光伏机组的面积（$m^2$）］；$\varphi_{s,t}$ 代表太阳能电池效率。

同样，为了确保机组运行的稳定性和系统的安全性，应该考虑产生的最小和最大功率输出，并且不应超过每小时最大功率输出。表示如下：

$$P_s^{min} \leqslant X_2^t \leqslant P_s^{max} \tag{7.23}$$

其中，$P_s^{min}$ 和 $P_s^{max}$ 分别代表光伏机组最小和最大输出功率。

（3）火电机组的爬坡率限制。爬坡率受到火电机组自身特性的限制。机组爬坡率变动过大会造成资金浪费，损坏发电设备。因此，当火力发电的输出发生变化时，为了在火电厂中保持持续和稳定的利用率，在削减用电需求峰值时火电输出功率的变化限制应被视为重要因素。表示如下：

$$\begin{aligned} & X_3^t - X_3^{t-1} \leqslant \delta_{up} \\ & X_3^{t-1} - X_3^t \leqslant \delta_{down} \end{aligned} \tag{7.24}$$

其中，$\delta_{up}$ 和 $\delta_{down}$ 是火电机组爬坡率的上限和下限。

（4）火力发电的输出约束。正如风力发电和光伏发电一样，火电的装机容量也是有限的，因此火电输出同样存在上下限。表示如下：

$$P_o^{min} \leqslant X_3^t \leqslant P_o^{max} \tag{7.25}$$

其中，$P_o^{min}$ 为火力发电的下限；$P_o^{max}$ 为火力发电的上限。

（5）电力供需平衡约束。为了维持混合能源微电网的可靠性并为用户提供稳定的电力，最基本的发电原则是确保电力供应满足需求。但是，由于本地电力消纳不足、输电线路短缺、机组的能力有限以及缺乏大型储能装置等[54]，2017 年中国西北地区的风电总量甚至减少了 24.6%，太阳能总量减少了 14.1%[55]，并且在短期内很难解决。因此，“弃风弃光”率也是要考虑的因素。那么可以表示为：

$$D^t = [(1-\partial_w)X_1^t + (1-\partial_s)X_2^t + X_3^t](1-\theta) \tag{7.26}$$

（6）输电能力的约束。每条传输线具有上限和下限传输能力。为了确保持续稳定的供电，在时间 t 的输电能力不应超过最大值，该约束可以表示为[56]：

$$M \geqslant X_1^t + X_2^t + X_3^t \tag{7.27}$$

其中，M 代表在 t 时刻输电能力的最大值。

（7）输电稳定性约束。因为风能和太阳能发电具有不确定性，要增强和维持发电系统的稳定性，电力输出幅度的变化必须具有局限性。该约束可以表示为：

$$m^- \leqslant (X_1^t + X_2^t + X_3^t) - (X_1^{t-1} + X_2^{t-1} + X_3^{t-1}) \leqslant m^+ \tag{7.28}$$

其中，$m^-$ 和 $m^+$ 分别代表传输线的传输上限和下限。

（8）系统旋转储备约束。在混合能源发电系统中往往还需要设置备用容量，以确保系统安全稳定地运行。

$$X_1^t + X_2^t + P_o^{max} \geqslant (1+\beta\%)D^t$$

$$X_1^t+X_2^t+P_o^{min}\leqslant D^t \tag{7.29}$$

其中，β%为混合发电系统的负荷旋转备用率。

### 7.3.4 多准则决策模型

在问题描述中提到过，选择最适合的需求响应计划的关键在于对实施效益的比较。对于参与需求响应计划的电力供应方和用户方来说，其对实施效益优劣的评价有所差异，可能导致对需求响应计划的选择不一致。因此，本章采用多准则决策法，综合考虑供需双方对于需求响应计划选择的偏好，为混合能源微电网的经济高效运行选择最合适的需求响应计划。在需求方面，需求响应计划的实施侧重于用户的反馈，而用户对需求响应计划的满意程度对参与度有重要影响，而参与度是影响实施效果的重要因素之一。在供应方面，可再生能源发电具有不确定性，要求实施的需求响应计划能够增强并保持微电网的稳定性。负荷因子是用于评估发电质量的有效指标。通过增加负荷因子，峰值负荷和峰谷负荷之间的差异将减小，从而为微电网更经济地运行提供合适的条件，并减少煤炭消耗碳排放。此外，需求响应方案的实施能够促进可再生能源被整合进发电系统。节能率是从能源角度去探讨需求响应计划在混合能源微电网中效益的指标。节能率不仅涉及替代化石能源的可再生能源的利用，还涉及需求响应计划改善微电网运行效率的效益。因此，本章考虑了包含负荷因子、用户满意度以及节能率三个标准，三个准则的数学模型如下：

$$负荷因子=\frac{\text{Average Load}}{\text{Maximum Demand}}\times 100 \tag{7.30}$$

$$满意度=\frac{1}{2}\frac{\left|\left(D^t-\overline{D^t}\right)\cdot\left(D_0^t-\overline{D_0^t}\right)\right|}{\sqrt{\sum_t\left(D^t-\overline{D^t}\right)^2\sum_t\left(D_0^t-\overline{D_0^t}\right)^2}} \tag{7.31}$$

实施需求响应计划之前的电力需求代表了用户的最高满意度，并将其作为衡量需求响应计划实施满意度的标准。因此，将需求响应计划的用户满意度定义为响应负荷与初始负荷之间的相关性。其中，$\overline{D_0^t}$ 以及 $\overline{D^t}$ 是一天中实施 DRP 前后的平均电力需求。

$$节能率=\frac{Q_f-Q_{microgrid}}{Q_f}\times 100 \tag{7.32}$$

其中，$Q_f$ 则是常规发电系统中满足初始负荷需求的能源消耗量。相应地，$Q_{microgrid}$ 为满足微电网中响应负荷需求的能源消耗量。

# 7.4 案例分析

## 7.4.1 案例基本情况

内蒙古的可再生能源非常丰富，尤其是风力资源和太阳能资源。随着可再生能源发电技术的不断进步，内蒙古的风力发电和光伏发电的巨大潜力也日益凸显。但受到地理环境、建设条件的制约，大型的光伏电站和风电场都建在比较偏远的荒漠、山区，将电力送到负荷相对集中的地区需要通过长距离的输送，这造成了高额的输电成本。并且，由于可再生能源具有不稳定性，将风力与光伏并入发电系统会对系统的供电能力造成很大的冲击，造成电网供电的不稳定性。基于上述问题，混合能源微电网迅速发展起来。2018 年，二连浩特微电网可再生能源示范项目在内蒙古投入建设。

作为中国第一个混合能源微电网示范项目，二连浩特可再生能源微电网示范项目在二连浩特成立，这是探索可再生能源创新利用和微电网发展的核心节点。二连浩特可再生能源微电网连接到蒙西电网，该电网不仅为内蒙古供电，而且还为中国其他地区供电。二连浩特地处内蒙古自治区北部，是一个边贸城市，在近几年发展成以煤电冶金、煤电建材为两大支柱产业的城市，具有一定的负荷需求。二连浩特土地资源也较为丰富，周围又有建立大型风电场和光伏电场的有利条件。二连浩特具有丰富的可再生能源，其风能资源具有较高的稳定性和连续性。风速在 7.2~8.3 米/秒变化，风能密度为 384~528 瓦/平方米。目前，已经建立了三个风电场并网发电，装机容量为 21.9 万千瓦，占混合能源微电网项目风能装机容量的 11.5%。此外，二连浩特的太阳能资源也很丰富，总太阳辐射为 1600~1698 千瓦时每平方米，日照时间为 2907~3341 小时。目前太阳能发电的装机容量已达到 14 万千瓦，占该微电网项目太阳能总装机容量的 25%。除了优质的风能和太阳能资源外，二连浩特的煤炭资源也很丰富，全市火电装机容量已达到 75 万千瓦。

尽管二连浩特拥有丰富的可再生能源资源，是重要的国家能源基地，但如同全国发电能源结构存在的问题一样，二连浩特的电力供应也仍以火力发电为主导。提高可再生能源的渗透率仍然是二连浩特电力供应低碳转型的重要举措。《国家能源局综合司关于征求 2021 年可再生能源电力消纳责任权重和 2022—2030

年预期目标建议的函》中将全国 2030 年的统一可再生能源电力消纳责任权重提高到了 40%。为了响应国家号召，《内蒙古自治区能源局关于印发〈内蒙古自治区可再生能源电力消纳保障实施方案〉的通知》提出全区 2025 年可再生能源电力总量消纳责任权重达到 25%以上的要求。因此，提高可再生能源在发电能源消耗结构中的比例具有重大意义。在环境和能源问题的压力下，提高可再生能源的渗透率会使二连浩特面临供电不稳定的问题。因此，为了确保在稳定电力供应的同时增加可再生能源发电的比例，需求响应计划的实施和优化对二连浩特的电力供需平衡和电网效率的提高具有重要意义。

该示范项目包括七个节点，涵盖锡林郭勒盟的“一市五旗”，即二连浩特市、苏尼特右旗、苏尼特左旗、镶黄旗、正镶白旗及阿巴嘎旗。该示范项目涉及的微电网均采用并网式，在正常运行模式下，微电网在主网用电高峰段向主网送电，在主网用电低谷段从主网取电，使其具备相对稳定、平滑及可控的出力效果，降低电网调峰困难，保障规划区内的电力需求，同时最大限度提升微网的负荷率，提高电网设备的利用率。其中，关键节点二连浩特的混合能源微电网系统由一个风力发电厂、一个太阳能发电厂、两个火力发电厂组成，总装机容量为 90MW。为了体现并网型混合能源微电网特征，保证可再生能源基本实现就近上网、就地消纳，在满足当地电力需求的前提下，传输到蒙西电网的电力不得超过二连浩特总发电量的 25%。

### 7.4.2　数据采集与处理

在进行情景分析前，收集相关数据，分别为电力需求、风能和光伏以及各发电厂的相关参数。表 7-1 给出了混合能源微电网优化运行的相关参数。其中，发电成本和输出功率范围是根据行业统计数据和《中华人民共和国国家标准》（GB/T 32127—2015）得出的。此外，二连浩特的火电基准价格是根据国家公布风能和太阳能上网基准价格得到的。根据中国国家发展和改革委员会 2019 年发布的风电基准价格，中国的陆上风能资源分为四类。在这种分类下，二连浩特市属于第一类区域，风电上网电价为 0.4 元/千瓦时。同时，二连浩特位于中国第一类太阳能资源区，太阳能的上网电价为 0.65 元/千瓦时，均高于火电基准价格 0.2819 元/千瓦时。从表 7-1 中可以看出，上网电价中超过火电基准价格的部分由国家补贴，以促进风能和太阳能发电及消纳。

为了确保实施需求响应计划后有足够的时间生效并充分实现实施效果，不应频繁更改某一区域混合能源微电网的实施方案。但是，如果采用的方案每年仅调

表 7-1 混合能源微网优化运行的相关参数

| 电力参数 | 数据 | 单位 | 电力参数 | 数据 | 单位 |
|---|---|---|---|---|---|
| 风力发电成本 | 0.25 | 元/千瓦 | 最大爬坡率 | 10000 | 千瓦 |
| 光伏发电成本 | 0.35 | 元/千瓦 | 最小爬坡率 | -10000 | 千瓦 |
| 火力发电成本 | 0.3 | 元/千瓦 | 风力和光伏发电输出下限 | 0 | 千瓦 |
| 风力发电补贴 | 0.117 | 元/千瓦 | 风力发电输出上限 | 15000 | 千瓦 |
| 光伏发电补贴 | 0.367 | 元/千瓦 | 光伏发电输出上限 | 10000 | 千瓦 |
| 维护成本 | 0.009 | 元/千瓦 | 火电输出下限 | 20000 | 千瓦 |
| 传输能力 | 80000 | 千瓦 | 火电输出上限 | 50000 | 千瓦 |

整一次，那么单个静态的需求响应计划很难应对全年的电力供应和需求变化。因此，本章以一个月为方案调整周期，以获取每月的需求响应计划决策，从而形成完整的年度需求响应实施计划。此外，需求响应计划的实施旨在确保每天的电力供需平衡。因此，每日的电力供需信息是该区域混合能源微电网需求响应计划决策和年度需求响应计划制定的基础。

受季节周期的影响，同一月份的每日电力负荷之间的差异非常小。因此，一个月的典型日的电力负载可以用来表示该月的电力供需状况。本章根据二连浩特的小时用电量数据，使用 K-means 聚类算法获得一个月的典型日电力负荷。图 7-5 是 2020 年某月典型日的电力负荷。

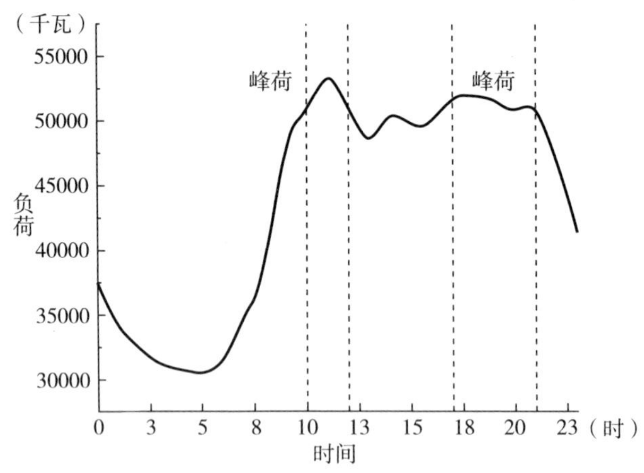


图 7-5 某月典型日的负荷需求

通过对 2020 年每个月的负荷情况聚类，可以看出，典型日用电负荷具有类似的变化模式，即低负荷时段主要是从 00：00 到 05：00，负荷从 05：00 开始增加，然后达到两个高峰时段，即 11：00 至 13：00 和 17：00 至 21：00。

如前所述，中国目前使用的需求响应计划仍然很少，很难适应不同地区发电系统优化运行对需求响应计划的需求。因此，在进行需求响应计划决策之前，有必要安排足够且适用的需求响应计划。本章通过文献梳理，对全球范围内广泛使用和验证的需求响应计划进行分类，并与中国的实际情况相结合，得出了八种适用于中国的需求响应计划，并在表 7-2 中列出。

表 7-2　适用的需求响应计划情景

| 需求响应 | 情景 | 方案 | 电价（元/千瓦时） | 峰荷时段奖励（元/千瓦时） | 峰荷时段惩罚（元/千瓦时） |
|---|---|---|---|---|---|
| 无 | S0 | No DRP | 0.355 | 0 | 0 |
| 基于价格的需求响应 | S1 | TOU | 0.237 谷时段<br>0.355 平时段<br>0.533 峰时段 | 0 | 0 |
| | S2 | RTP | 0.284，0.252，0.241，0.135，0.128，0.128，0.131，0.135，0.263，0.330，0.479，0.540，0.479，0.330，0.479，0.522，0.532，0.540，0.532，0.522，0.518，0.500，0.479，0.327 at 1~24h | 0 | 0 |
| 基于激励的需求响应 | S3 | EDRP | 0.355 | 0.118 | |
| | S4 | I/C | 0.355 | 0.059 | 0.03 |
| 混合型需求响应 | S5 | TOU+EDRP | 0.237 谷时段<br>0.355 平时段<br>0.533 峰时段 | 0.118 | |
| | S6 | TOU+I/C | 0.237 谷时段<br>0.355 平时段<br>0.533 峰时段 | 0.059 | 0.03 |
| | S7 | RTP+EDRP | 0.284，0.252，0.241，0.135，0.128，0.128，0.131，0.135，0.263，0.330，0.479，0.540，0.479，0.330，0.479，0.522，0.532，0.540，0.532，0.522，0.518，0.500，0.479，0.327 at 1~24h | 0.118 | |
| | S8 | RTP+I/C | 0.284，0.252，0.241，0.135，0.128，0.128，0.131，0.135，0.263，0.330，0.479，0.540，0.479，0.330，0.479，0.522，0.532，0.540，0.532，0.522，0.518，0.500，0.479，0.327 at 1~24h | 0.059 | 0.03 |

对于每种方案，都假定所有用户将在每个负载点响应动态电价或激励/罚款。从表 7-2 中可以看出，基准情景 S0 对应于没有实施需求响应方案的情况，电价在所有期间都是固定的。基于价格的需求响应方案包括两个方案 S1 和 S2，分别对应于 TOU 和 RTP。基于激励的需求响应方案包括两个方案 S3（EDRP）和 S4（I/C），组合需求响应方案包括四个方案 S5（TOU+EDRP）、S6（TOU+I/C）、S7（RTP+EDRP）和 S8（RTP+I/C）。没有实施需求响应方案时的基准电价为 0.355 元/千瓦时。此外，每种情景中的电价都围绕固定基准电价变化。

### 7.4.3 优化结果分析

以 2021 年 2 月的月度数据为例，针对 2 月的二连浩特混合能源微电网进行需求响应计划决策以及实施优化，并基于历史数据制定全年的需求响应计划。

7.4.3.1 负荷变化

负荷变化直接反映需求响应实施的效果，图 7-6 给出了八种需求响应方案下典型日负荷的变化情况。

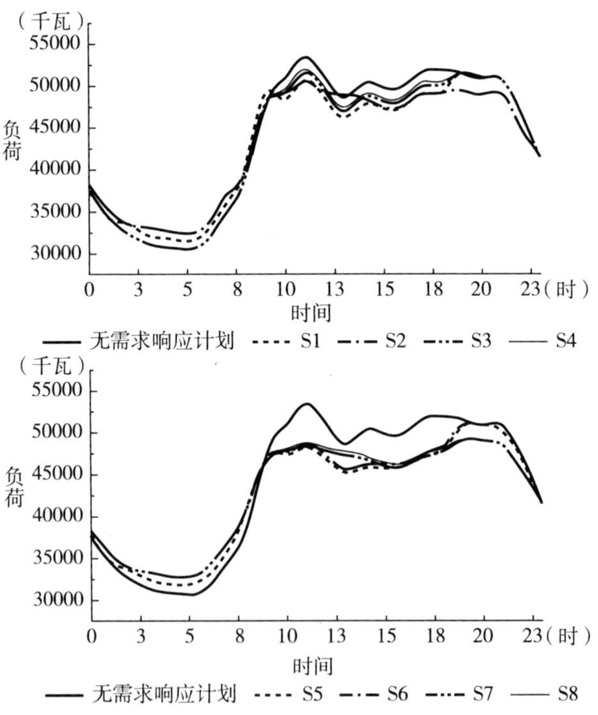


图 7-6 典型日负荷曲线变化

总体来说，需求响应计划的实施能够降低峰荷，使负荷曲线更加平缓。基于价格的需求响应计划调峰的效果优于基于激励的需求响应计划。并且，基于价格的需求响应计划降低峰荷的同时，也将部分负荷转移至了非峰荷时期；而基于激励的需求响应计划也降低了峰荷，但转移负荷的能力并不明显。因此，实施基于价格的需求响应计划调整后的负荷曲线比基于激励的计划更平坦。而混合型需求响应计划具有“削峰填谷”的能力，并且降低峰荷的能力更强，所以混合型需求响应计划在调节负荷的效果上比其他方案更强。此外，实施包含 RTP 的需求响应计划后的负荷曲线比实施包含 TOU 的需求响应计划更平缓，说明价格变动的频率越接近负荷变动的频率，“削峰填谷”的效果越好。

7.4.3.2　目标值比较

图 7-7 表示了八种需求响应方案情景下基于经济环境均衡的混合能源微电网优化运行的帕累托前沿。如前文所提到的，每种方案下该微电网最优运行方案是通过 TOPSIS 法从各自的帕累托前沿上获得的。

对应的混合能源微电网经济效益、可再生能源利用和碳排放减少如图 7-8 所示。

由图 7-8 可知，当混合能源微电网达到经济与环境的平衡时，基于价格的需求响应计划的经济效益最高。向用户销售电力所获得的收入是经济利益中最重要的组成部分。TOU 对应的收入为 410738.33 元，而没有实施需求响应计划的卖电收入仅为 372217.22 元。在实施需求响应计划之后，向用户销售电力的收入已大大增加。实际上，每种情况对应的平均电价都有所提高，且需求响应计划的实施并没有大大降低用户的用电需求。因此，经济效益提高了。另外可以看出，实施需求响应计划后可再生能源利用率都在 28%以上，而目前当地的可再生利用率约 20%，可再生能源的利用率显著提高。结合负荷分析，需求响应计划的实施降低了峰荷，使微电网不再过度依赖于常规火力发电，从而提高了可再生能源的利用率。在碳减排方面，实施需求响应带来的碳减排都大于 0，说明环境效益提高了。当电力需求一定时，增加可再生能源的利用可以增加碳减排。此外，负荷变化和微电网系统效率提高也可以增加碳减排，可以证明需求响应计划的实施对系统运行具有积极的影响。

7.4.3.3　月度需求响应计划

需求响应计划决策应该同时考虑微电网运营商和用户的偏好。因此，假设每个准则的权重是 0.33，通过对各个需求响应计划情景的 SSI 系数进行计算和排序，以获得具有较高用户满意度、系统效率和能源效益的需求响应计划。图 7-9

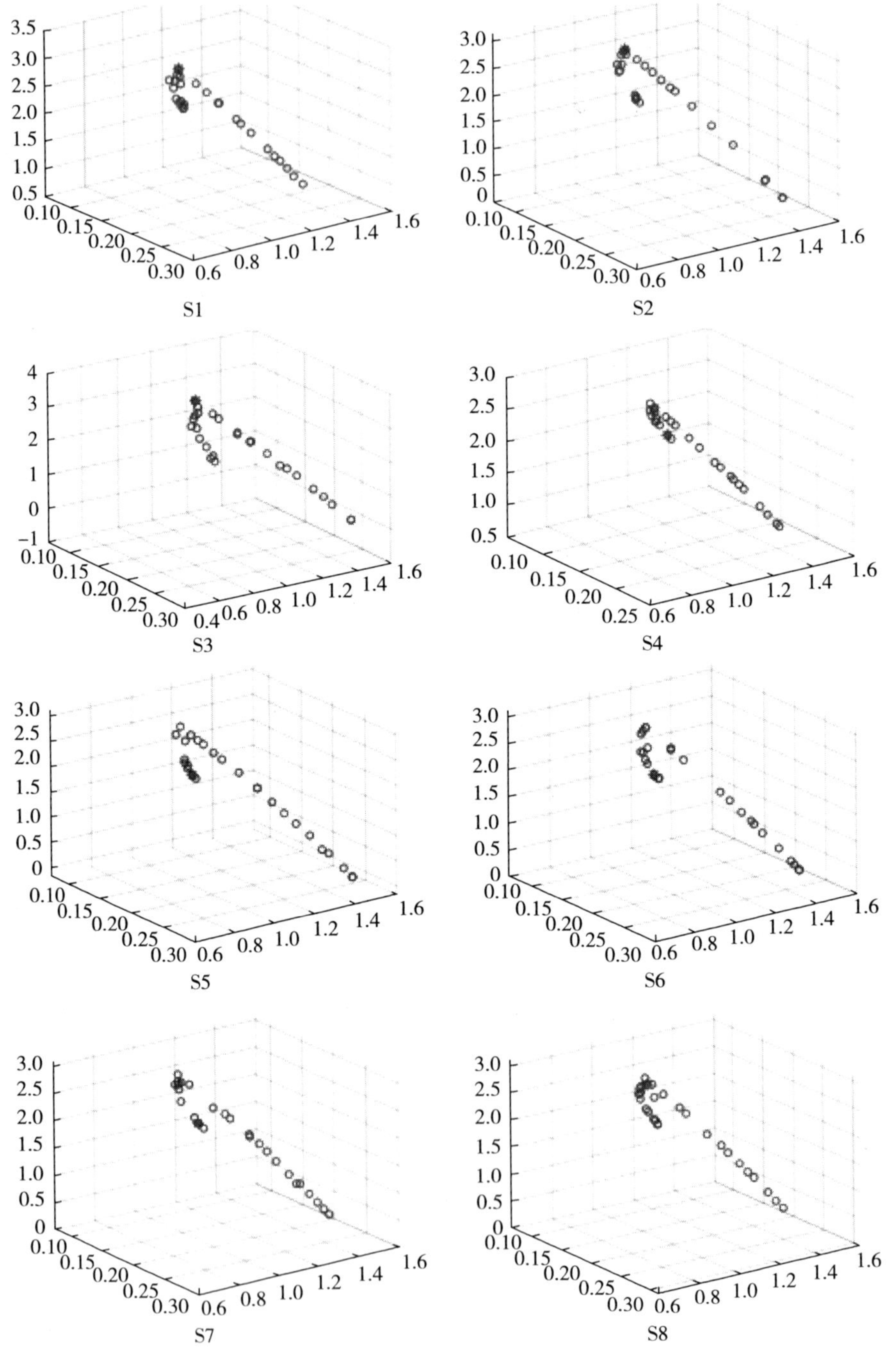

S1

S2

S3

S4

S5

S6

S7

S8

图 7-7　帕累托前沿及最优解

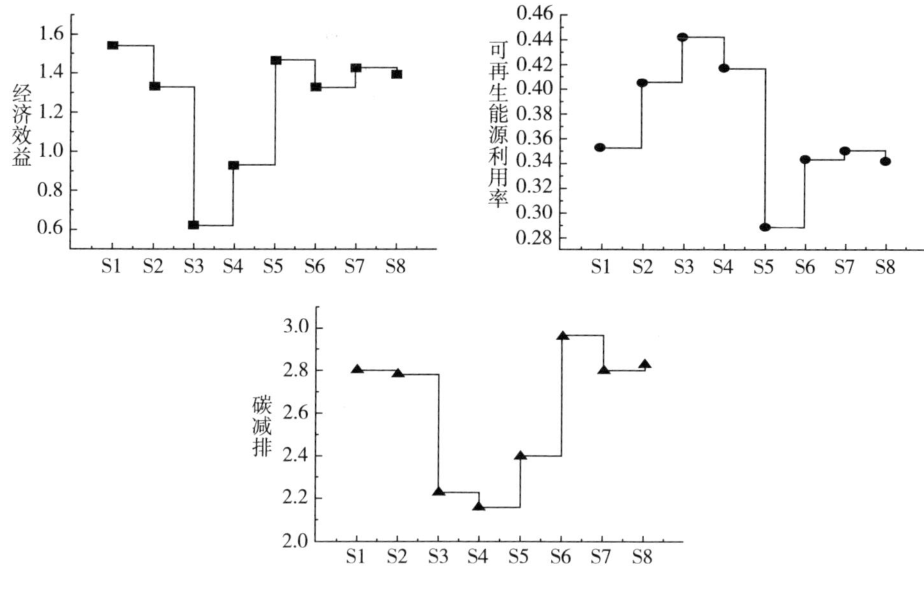


图 7-8　各情景下的目标函数值

详细说明了每种方案的三个标准（负荷因子、满意度和节能率）的 SI 系数值，并在图 7-10 中对备选方案进行优先级排序。

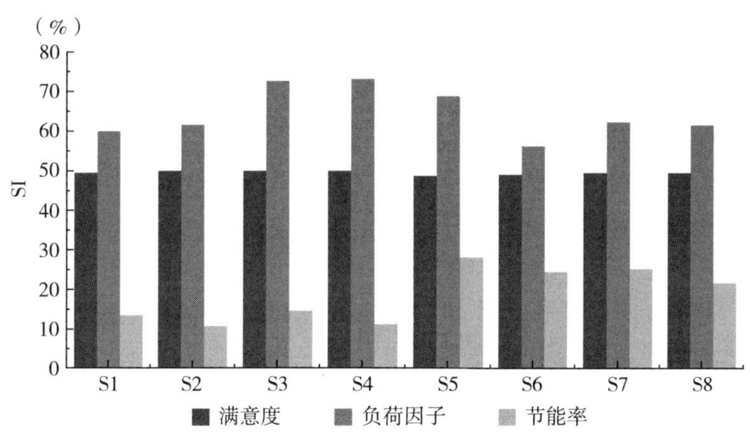


图 7-9　各情景下三个准则的 SI 系数

如图 7-9 所示，用户对于每种需求响应计划的满意度没有太大差异。但是对混合型的需求响应计划的满意度稍低，因为该计划对用户初始的需求影响更大。

各个需求响应方案的负荷因子之间存在明显的差异。基于激励的需求响应计划的负荷因子最高，这是因为它们主要用于高峰时段以减少负载，这有利于提高系统安全性和电源稳定性。同时，这种类型的方案对非峰荷时期的影响较小。此外，混合类型的需求响应计划的负荷因子较低，但节能率明显高于其他方案。因此，没有一个方案能在三条准则下同时优于其他方案。

图 7-10 显示，“RTP+EDRP”(S7) 是 2 月需求响应决策计划，因为“RTP+EDRP”(S7) 的 SSI 系数高于其他值。虽然基于激励的需求响应计划具有较高的负荷因子，但其节能率远低于混合型需求响应计划，因此，基于激励的需求响应计划的 SSI 系数是不理想的。此外，RTP (S2)、“RTP+EDRP” (S7) 和 “RTP+I/C” (S8) 的 SSI 系数高于包含 TOU (S1、S5、S6) 的 DRP 的 SSI 系数。这表明，在案例地区实施包含 RTP 的需求响应计划将获得更大的收益。同样，EDRP (S3)、“TOU+EDRP” (S5) 和 “RTP+EDRP” (S7) 的 SSI 系数略高于包含 I/C 的 DRP (S4、S6、S8) 的 SSI 系数。这表明，在案例地区实施包含 EDRP 在内的需求响应计划具有更多优势。综合负荷变化及对多目标值的分析，对微电网的可调控负荷参与需求响应进行引导以后，负荷曲线得到了显著的改善，所选择的需求响应计划使微电网运行成本和污染物排放量都有了较大程度的降低，同时提高了可再生能源的利用率。

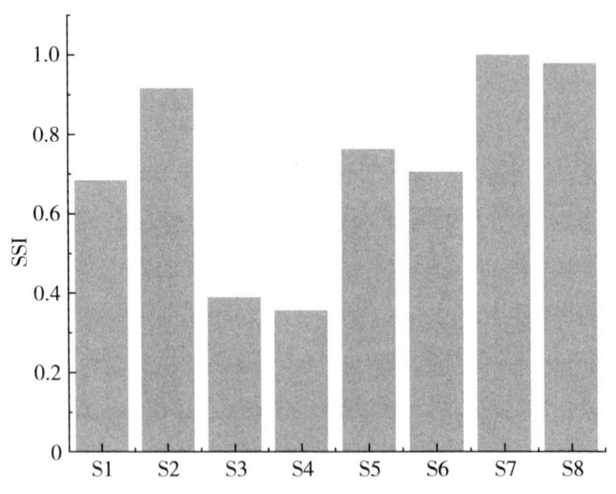


**图 7-10　各情景的 SSI 系数排序**

7.4.3.4　全年需求响应计划

按照上述流程，对 2021 年全年的需求响应计划进行规划。同样假设每个准

则的权重为 0. 33，结果表明，“RTP+I/C”（S8）是 4 月、5 月、8 月和 9 月的方案决策选项，“RTP+EDRP”（S7）是剩余月份的方案决策选项。因此，包括 RTP 在内的需求响应计划更适用于二连浩特。内蒙古积极响应国家号召 2025 年全区可再生能源电力总量消纳责任权重需要到 25%以上。因此，需求响应计划尤为重要。图 7-11 表示 2021 年全年需求响应计划中各月可再生能源发电的比例。

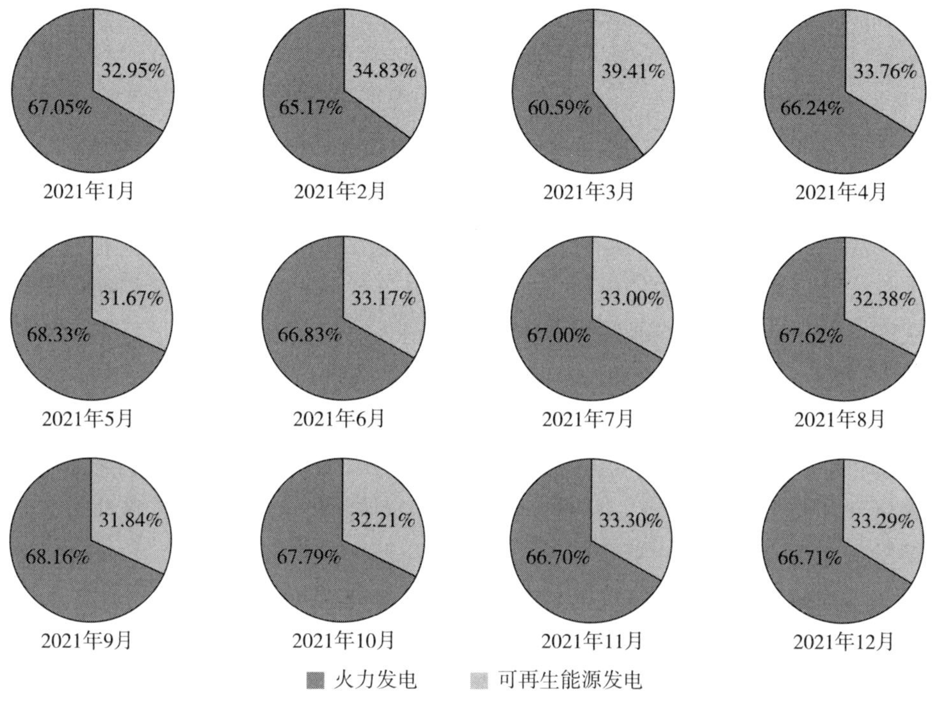


**图 7-11　不同月份的可再生能源发电比例**

从图 7-11 看可以看出，实施需求响应计划之后，微电网可再生能源发电的比例通常集中在 30%~40%。但是，由于中国的微电网仍然倾向于分配更高比例的常规火电，以确保供电的可靠性，所以火电的比例仍然超过 50%。即便如此，可再生能源动力与火力发电的协同作用还是很明显的。可再生能源发电量的增加伴随着火电输出量的减少。当可再生能源发电减少时，为了确保足够的电力供应，火力输出增加。此外，可再生能源发电的比例与季节条件密切相关。冬季和春季的可再生能源发电量较大，3 月甚至达到 39. 41%，因为在此期间，二连浩特的平均风速较高。但是，二连浩特市夏季多云多雨，平均风速低，光伏利用率低，可再生能源发电量的平均比例下降。

结合上一节的分析，提出了年度需求响应计划，具有降低排放、提高利润和提高可再生能源利用的作用。在实施需求响应计划之前，该地区的可再生能源发电比例仅在20%左右；实施需求响应计划之后，可再生能源发电的比例显著提高。当平均风速和光照辐射较强时，可再生能源发电的比例也增大，同时火电输出比例减小，这种协同作用为微电网提供了一种灵活的调度方法，并且可再生能源发电成本低、环境友好，还具有可享受政府补贴等优势，促进了经济与环境效益的提高。

### 7.4.4 对策建议

有必要鼓励混合能源微电网的建设，并且随着需求响应计划的不断完善，确保混合能源微电网中需求响应计划有效实施变得十分重要。为了更好地促进国内需求响应计划在微电网中的应用发展，本书提出了以下发展建议：大规模推广和发展需求响应计划的重点是完善电力市场机制。因此在中国电力市场持续发展的进程中，通过建设现货电力市场和辅助电力服务市场等手段来刺激需求响应资源的市场潜力十分重要。此外，还要继续发展和完善需求响应计划管理和电力市场的衔接机制。完善满足需求响应技术标准的体系，在需求响应项目的设计、建设、运行和维护中，重视技术标准体系的推广和使用，以提高需求响应计划的执行质量，减少对需求响应项目的投资以及运营和维护成本。此外，需求响应计划还应与不同地区的电力市场条件相适应。政府主管部门要充分调查统计各地需求响应资源并归纳分析其特征，对需求响应计划作出针对性的调整，这样才能鼓励电力用户积极采用需求响应型电器及设备，在需求响应计划应用中发挥积极作用。针对电力供应侧，可以设立一个专项基金，以累积除售电以外的其他多样化收入。此外，必须对电网企业进行线上和线下的宣传及培训，培养专业的需求侧管理人才团队，以支持需求侧负荷集成商的发展以及需求响应资源的充分利用，从而提高电力系统可靠性，保证可再生能源的消纳水平。除了对电力市场及其供给侧进行优化建设外，还应增强公民的节电意识，使其积极参与需求响应计划。收集和整合用户负荷数据、电力系统网络系统运行和市场运行等终端数据，提高需求侧大数据分析能力，实现智能需求响应资源调控，构建打破源—网—荷—储数据壁垒的能源互联网。

## 7.5　本章小结

本章研究了需求响应计划在混合能源微电网中的应用，并对其运行效益进行优化。根据相关文献综述，梳理了国内外需求响应发展现状以及其在混合能源微电网中的应用，分析了研究成果及存在的问题，以经济、环境、可再生能源利用为主要目标，考虑了负荷因子、满意度以及节能率三个准则，根据多目标规划和多准则决策方法，建立了基于经济环境均衡的混合能源微电网需求响应计划决策方法，并对其实施效益进行优化。选取二连浩特混合能源微电网示范项目进行案例分析，建立了八种需求响应计划情景，包括基于价格的需求响应计划、基于激励的需求响应计划及混合型的需求响应计划。根据模拟结果系统分析了模型的有效性，并进一步针对需求响应在发电系统中的应用提出了一些建议。

研究结果表明，基于价格的需求响应计划减少了高峰时段的负载，同时在非峰荷时段填补了负载，而基于激励的需求响应计划则主要激励用户减少其在高峰时段的消耗。此外，混合型的需求响应计划则在“削峰填谷”上更具优势。在此基础上，与基础案例相比，不同的需求响应计划会给混合能源微电网带来不同程度的影响。因此，本章采用了多准则决策方法对其优化的效益进行比较排序，并按月度进行需求响应计划决策，该方案可以在电力供需平衡的基础上确保系统的安全性和一定程度的用户满意度，且促进微电网在经济环境均衡下运行，促进可再生能源的消纳。

## 7.6　本章参考文献

［1］许京剑．考虑需求响应的含风电热电联合系统低碳经济调度研究［D］．吉林：东北电力大学，2019.

［2］韩延民，陈军，肖明卫．需求响应机制对电力市场及用户的影响分析［J］．电力需求侧管理，2016，18（1）：18-21.

［3］曾鸣，杨雍琦，向红伟，等．计及需求侧响应的电力系统鲁棒优化规划模型［J］．电力系统自动化，2016，40（17）：137-145.

［4］彭政，崔雪，王恒，等．考虑储能和需求侧响应的微网光伏消纳能力研究［J］．电力系统保护与控制，2017，45（22）：63-69.

［5］Zhang Cuo，Xu Yan，Dong Zhao Yang，et al. Robust coordination of distributed generation and price-based demand response in microgrids［J］. IEEE Transactions on Smart Grid，2018，9（5）：4236-4247.

［6］施念．考虑需求侧响应的配电网风电和储能协调规划方法研究［D］．武汉：华中科技大学，2018.

［7］詹天乐．计及负荷方差特性的峰谷分时电价优化模型研究［D］．郑州：郑州大学，2016.

［8］王稽檀，李义荣，李扬，等．考虑响应不确定性的可中断负荷参与系统备用配置的协调优化［J］．电力自动化设备，2015，35（11）：82-89.

［9］Dong C.，Ng C. T.，Cheng T. C. E. Electricity time-of-use tariff with stochastic demand［J］. Production & Operations Management，2017，26（1）：64-79.

［10］Ruan Wenjun，Wang Beibei，Li Yang，et al. Customerre-sponse behavior in time-of-use price［J］. Power System Technology，2012（7）：86-93.

［11］Muzmar M. A. R.，Abdullah M. P.，Hassan M. Y.，et al. Time of use pricing for residential customers case of Malaysia［EB/OL］https：//ieeexplore. ieee. org/document/7449404.

［12］陈沧杨．计及系统可靠性与收益风险的峰谷分时电价模型研究［D］．重庆：重庆大学，2014.

［13］刘小聪，王蓓蓓，李扬，等．基于实时电价的大规模风电消纳机组组合和经济调度模型［J］．电网技术，2014，38（11）：2955-2963.

［14］Doe U. Benefits of demand response in electricity markets and recommendations for achieving them - A report to the United States congress pursuant to section 1252 of the Energy Policy Act of 2005［EB/OL］. https：//eta. lbl. gov/publications/benefits-demand-response-electricity.

［15］Radaideh A.，Ajjarapu V. Demand response planning in day-ahead market for improving power system flexibility with high wind penetration levels［EB/OL］. https：//ieeexplore. ieee. org/abstract/document/7335137.

［16］窦晓波，徐忞慧，董建达，等．微电网改进多时间尺度能量管理模型［J］．电力系统自动化，2016，40（9）：48-55.

［17］Hajibandeh N.，Ehsan M.，Soleymani S.，et al. Prioritizing the effectiveness of a comprehensive set of demand response programs on wind power integration [J]. International Journal of Electrical Power & Energy Systems, 2019 (107): 149-158.

[18] Wang J., Zhong H., Ma Z., et al. Review and prospect of integrated demand response in the multi-energy system [J]. Applied Energy, 2017 (202): 772-782.

[19] Monfared H. J., Ghasemi A., Loni A., et al. A hybrid price-based demand response program for the residential micro-grid [J]. Energy, 2019 (185): 274-285.

[20] 郝勇生，王培红，高赐威，等. 基于大用户能效的电网需求响应机制 [J]. 电力自动化设备，2019，39 (4): 44-49.

[21] 刘小平，丁明，张颖媛，等. 微网系统的动态经济调度 [J]. 中国电机工程学报，2011，31 (31): 77-84.

[22] 曹慧秋. 计及需求响应的含风电电力系统日前经济调度 [D]. 武汉：武汉大学，2018.

[23] 包侃侃. 考虑需求侧响应的微电网优化配置研究 [D]. 杭州：浙江工业大学，2016.

[24] 赵波，包侃侃，徐志成，等. 考虑需求侧响应的光储并网型微电网优化配置 [J]. 中国电机工程学报，2015，35 (21): 5465-5474.

[25] 杨晓萍，刘浩杰，黄强. 考虑分时电价的风光储联合优化调度研究 [J]. 太阳能学报，2016，32 (4): 403-409.

[26] 赵胤慧，鞠立伟，许长青，等. 基于峰谷分时电价的风火电节能调度优化模型 [J]. 中国电力，2014，47 (2): 34-36.

[27] Montuori L., Alcázar-Ortega M., Álvarez-Bel C., et al. Integration of renewable energy in microgrids coordinated with demand response resources: Economic evaluation of a biomass gasification plant by homer simulator [J]. Applied Energy, 2014 (132): 15-22.

[28] Hajibandeh N., Shafie-khah M., Osório G. J., et al. A heuristic multi-objective multi-criteria demand response planning in a system with high penetration of wind power generators [J]. Applied Energy, 2018 (212): 721-732.

[29] 王泽森，石岩，唐艳梅，等. 考虑 LCA 能源链与碳交易机制的综合能源系统低碳经济运行及能效分析 [J]. 中国电机工程学报，2019，39 (6): 1614-1624.

[30] 米阳，李战强，吴彦伟，等. 基于两级需求响应的并网微电网双层优

化调度［J］. 电网技术，2018，42（6）：1899-1906.

［31］Moreira S.，Kalache N.，Paschoareli D. Improving the hosting capacity of photovoltaic distributed generators in low voltage distribution systems by using demand response［EB/OL］. https：//ieeexplore. ieee. org/document/7977753.

［32］Rahbari-Asr N.，Ojha U.，Zhang Z. Incremental welfare consensus algorithm for cooperative distributed generation/demand response in smart grid［J］. IEEE Transactions on Smart Grid，2014，5（6）：2836-2845.

［33］张倩文，王秀丽，杨廷天，等．含风电场电力系统的鲁棒优化调度［J］. 电网技术，2017，41（5）：1451-1459.

［34］艾芊，郝然．多能互补、集成优化能源系统关键技术及挑战［J］. 电力系统自动化，2018，42（5）：2-10.

［35］虞临波，寇鹏，冯玉涛，等．风储联合发电系统参与频率响应的模型预测控制策略［J］. 电力系统自动化，2019，43（12）：36-46.

［36］Aluisio B.，Dicorato M.，Forte G.，et al. Hybrid energy storage system optimization for improving wind power integration［EB/OL］. https：//ieeexplore. ieee. org/document/7540913.

［37］李盛伟，李鹏飞，白星振，等．计及储能和用户需求响应的并网型微电网优化调度模型［J］. 电工电能新技术，2018，37（9）：51-58.

［38］Krishnamurthy C. K. B.，Vesterberg M.，Böök H.，et al. Real-time pricing revisited：Demand flexibility in the presence of micro-generation［J］. Energy Policy，2018（123）：642-658.

［39］Heydarian-Forushani E.，Golshan M. E. H. Quantitative flexibility assessment of a comprehensive set of demand response programs［J］. International Journal of Electrical Power & Energy Systems，2020（116）：105562.

［40］王蓓蓓，李扬，金午桥，等．需求侧竞价对高峰电价影响的成本效益分析［J］. 中国电力，2006，39（1）：31-35.

［41］赵福林，俞啸玲，杜诗嘉，等．计及需求响应的含大规模风电并网下电力系统灵活性评估［J］. 电力系统保护与控制，2021，49（1）：42-51.

［42］路红池，谢开贵，王学斌，等．计及多能存储和综合需求响应的多能源系统可靠性评估［J］. 电力自动化设备，2019，39（8）：72-78.

［43］Hwang C. L.，Paidy S. R.，Yoon K.，et al. Mathematical programming with multiple objectives：Atutorial［J］. Computers & Operations Research，1980，7（1）：

5-31.

［44］刘江．改进的遗传算法求解多目标优化问题［D］．西安：西安电子科技大学，2016.

［45］李亚东．基于多目标决策的新建高速铁路线路方案优选研究［D］．大连：大连交通大学，2018.

［46］戴东东．基于斯特林循环的能源系统热力学分析及优化［D］．武汉：华中科技大学，2019.

［47］庄惠丹，邓雪．基于前景理论的信息不完全的风险型多准则决策权重的研究［J］．数学的实践与认识，2020，50（24）：1-8.

［48］付亚轩．基于多准则决策法的光伏发电项目综合效益评价研究［D］．北京：中国石油大学，2019.

［49］薛瑜．基于多准则决策的中国钢铁企业对外直接投资区位选择［D］．镇江：江苏大学，2016.

［50］Chen A.，Xu X. Goal programming approach to solving network design problem with multiple objectives and demand uncertainty［J］. Expert Systems with Applications，2012，39（4）：4160-4170.

［51］赵鸿图，朱治中，于尔趣．电力市场中需求响应市场与需求响应项目研究［J］．电网技术，2010，34（5）：146-153.

［52］韩自奋，张柏林，崔凯华，等．考虑新能源消纳能力及发电成本的风光火储联合调度策略研究［J］．电工技术，2020（8）：21-25.

［53］Moghaddam A. A.，et al. Multi-operation management of a typical micro-grids using particle swarm optimization：A comparative study［J］. Renewable Sustainable Energy Reviews，2012，16（2）：1268-1281.

［54］Zhang Y.，Tang N.，et al. Wind energy rejection in China：Current status，reasons and perspectives［J］. Renewable Sustainable Energy Reviews，2016（66）：322-344.

［55］Chen Y.，He L.，et al. An inexact bi-level simulation-optimization model for conjunctive regionalrenewable energy planning and air pollution control for electric power generation systems［J］. Apply Energy，2016（183）：969-983.

［56］徐筝，孙宏斌，郭庆来．综合需求响应研究综述及展望［J］．中国电机工程学报，2018，38（24）：7194-7205.